职业教育酒店管理专业校企"双元"合作

U0670691

导游实务

主　编◎郭艳芳　杜小锋　罗达丽

副主编◎李　津　雷巧莉　郑立冰

重庆大学出版社

内容提要

本书是依据《国家职业教育改革实施方案》要求开发的新型教材，其特点是基于导游岗位需求与全国导游资格考试要求，引入导游岗位典型工作任务，以真实项目的工作过程为主线设计教材内容。本书由易到难，设计了7个项目，43个工作任务。本书配套自建"导游实务"在线开放课程信息化平台，配有200多个教学视频、教学PPT，100多套习题集等教学资源，为培养学生的素质、知识与能力提供了丰富的信息化资源。本书对接导游岗位需求，具有时代性、创新性、实践性与引领性，融入"游客为本，服务至诚"课程思政，进一步强化职业教育的类型特征，树立以学习者为中心的教学理念，落实以实训为导向的教学改革要求。

本书可作为职业院校旅游类专业教材，也可作为全国导游资格考试的辅导用书。

图书在版编目（CIP）数据

导游实务 / 郭艳芳，杜小锋，罗达丽主编 . -- 重庆：
重庆大学出版社，2023.8
职业教育酒店管理专业校企"双元"合作新形态系列
教材
ISBN 978-7-5689-3953-9

Ⅰ . ①导… Ⅱ . ①郭… ②杜… ③罗… Ⅲ . ①导游—
高等职业教育—教材 Ⅳ . ① F590.63

中国国家版本馆 CIP 数据核字（2023）第 097382 号

导游实务
DAOYOU SHIWU

主 编 郭艳芳 杜小锋 罗达丽
副主编 李 津 雷巧莉 郑立冰
策划编辑：顾丽萍

责任编辑：李桂英 版式设计：顾丽萍
责任校对：邹 忌 责任印制：张 策

*

重庆大学出版社出版发行
出版人：陈晓阳
社址：重庆市沙坪坝区大学城西路21号
邮编：401331
电话：（023）88617190 88617185（中小学）
传真：（023）88617186 88617166
网址：http://www.cqup.com.cn
邮箱：fxk@cqup.com.cn（营销中心）
全国新华书店经销
重庆长虹印务有限公司印刷

*

开本：787mm×1092mm 印张：16.75 字数：410千
2023年8月第1版 2023年8月第1次印刷
印数：1—2 000
ISBN 978-7-5689-3953-9 定价：55.00元

总序

　　职业教育与普通教育是两种不同的教育类型，具有同等重要的地位。随着中国经济的高速发展，职业教育为我国经济社会发展提供了有力的人才和智力支撑。教材作为课程体系的基础载体，是"三教"改革的重要组成部分，是职业教育改革的基础。《国家职业教育改革实施方案》提出要深化产教融合、校企合作，推动企业深度参与协同育人，促进产教融合校企"双元"育人，建设一大批校企"双元"合作开发的教材。

　　酒店管理是全球十大热门行业之一，酒店管理专业优秀人才一直很紧缺。酒店管理专业是职业教育旅游类中的重要专业，该专业的招生和就业情况良好，开设相关专业的院校众多，深受广大学生的喜爱。酒店管理专业的课程具有很强的实操性。基于此，在重庆大学出版社的倡议下，重庆市酒店行业协会党支部书记、常务副会长兼秘书长谢廷富老师自2020年开始牵头组织策划本系列教材，汇聚了一批酒店行业的业界专家与职业院校的优秀教师共同编写了这套职业教育酒店管理专业校企"双元"合作新形态系列教材。

　　本系列教材具有以下几个特点：

　　1. 校企"双元"合作开发。为体现职业教育特色，真正实现校企"双元"合作开发，本系列教材由重庆市酒店行业协会牵头组织，邀请了重庆市酒店行业协会、重庆市导游协会、渝州宾馆、重庆圣荷酒店、嘉瑞酒店、华辰国际大酒店、伊可莎大酒店等行业企业的技能大师和职业经理人，以及来自重庆旅游职业学院、重庆建筑科技职业学院、重庆城市管理职业学院、重庆工业职业技术学院、重庆市旅游学校、重庆市女子职业高级中学、重庆市龙门浩职业中学校、重庆市渝中职教中心、重庆市璧山职教中心等院校的优秀教师共同参与教材的编写。本系列教材坚持工作过程系统化的编写导向，以实际工作岗位组织编写内容，由行业专家提供真实且具有操作性的任务要求，增加了教材与实际岗位的贴合度。

　　2. 配套资源丰富。本系列教材鼓励作者在编写时积极融入各种数字化资源，如国家精品在线开放课程资源、教学资源库资源、酒店实地拍摄资源、视频微课等。以上资源均以二维码形式融入教材，达到可视、可听、可练的要求。

　　3. 有机融入思政元素。本系列教材在编写过程中将党的二十大精神、习近平新时代中国特色社会主义思想以及中华优秀传统文化等思政元素与技能培养相结合，着力提升学生的职业素养和职业品德，以体现教材立德树人的目的。

　　4. 根据需要，系列教材部分采用了活页式或工作手册式的装订方式，以方便教师教学使用。

　　在酒店教育新背景、新形势和新需求下，编写一套有特色、高质量的酒店管理专业教材是一项系统复杂的工作，需要专家学者、业界、出版社等的广泛支持与集思广益。本系列教材在组织策划和编写出版过程中得到了酒店行业内专家、学者以及业界精英的广泛支持与积极参与，在此一并表示衷心的感谢。希望本系列教材能够满足职业教育酒店管理专业教学的新要求，能够为中国酒店教育及教材建设的开拓创新贡献力量。

编委会

2023 年 6 月 18 日

前言

导游是旅游业的灵魂，在旅游业发展中具有重要作用。随着旅游业的发展，高品质、个性化旅游成为新趋势，对导游人员的技能水平、职业素养和业务能力要求越来越高。在此背景下，本书进行了以下几个方面的探索和实践。

编写理念体现工作过程导向。按照姜大源教授的"工作过程系统化"理论，根据导游工作的内容和范围，打破将导游业务流程与导游业务知识相分离的传统做法，将各工作环节需要掌握的知识和技能充分融合，避免学生在学习业务知识时再重新回顾工作流程的弊端，有利于学生牢固掌握每一个工作环节的知识和技能，契合工作过程导向理念。

教材内容落实"岗课赛证"融通。本书充分考虑学习者的实际需求，既包含了全国导游资格考试的大纲要求，也体现了导游岗位能力要求，还融入了全国职业院校导游大赛的规范要求，强调理论与实践并重。在此基础上，对接旅游行业新业态，加入当地向导实务相关内容，体现前瞻性。

思政教育有效践行立德树人理念。本书的每个项目都有一个思政教育主题，每个任务设立"立德专栏"，把思政元素与教材内容进行有机融合，实现显性教育与隐性教育的有机结合，促进学生自由全面发展。

教材形式契合数智化新趋势。在每个任务的课前学习环节，我们配套拍摄了微课视频，方便学习者自主学习；在任务考核中，我们设立"跟着大师学带团"，邀请全国知名导游大师和金牌导游拍摄行业一线的实操经验分享视频，为学习者领航。

项目安排遵循学习者认知规律。本书让学习者从业务难度相对较低的景区导游实务（主要是讲解工作和处理游览中的突发问题）开始学习，后续的学习任务（如地陪导游服务实务也有导游讲解）都包含了前一个任务所学的知识，通过不断重复，强化学生的技能，符合学习者的认知规律。

本书由郭艳芳（重庆旅游职业学院讲师、高级导游、重庆市全国导游人员资格考试口试评委）、杜小锋（硕士生导师、重庆市导游协会秘书长、重庆市导游大赛评委）、罗达丽（重庆工程职业技术学院副教授、重庆市全国导游人员资格考试口试评委）担任主编，李津（讲师、重庆市全国导游人员资格考试口试评委）、雷巧莉（重庆航天职业技术学院教授、重庆市全国导游人员资格考试口试评委）、郑立冰（国家文化旅游行业劳动模范、全国导游大赛评委）担任副主编，参加编写的还有聂湘益（重庆旅游职业学院讲师）、黄丹丹（重庆市旅游学校讲师）、杨显波（重庆旅游职业学院中级导游）、李露（重庆市黔江区民族职业教育中心讲师）、顾欢（重庆市璧山职业教育中心讲师）、胡慧洁（重庆市南川职业教育中心讲师）、郭雨菲（重庆市携程国际旅行社有限公司经理）、杨顺华（全国导游技术技能大师、重庆国力国际旅行社总经理）、殷开明（重庆城市管理职业学院副教授）、艾佩佩（重庆市璧山职业教育中心讲师）、焦健（重庆公运渝快行商旅服务有限公司市场总监、国家金牌导游）、童思斯（国家金牌导游、重庆市导游协会专家委员会委员）、左瑞雪（重庆寄北文化旅游发展有限公司总经理、国家金牌导游）、曾珠（国家金牌导游、重庆市导游协会专家委员会委员）、李翔（国家金牌导游、重庆市导游协会专家委员会委员）。

本书由罗达丽、雷巧莉统稿，郭艳芳、杜小锋定稿，郑立冰、殷开明统筹导游大师示范视频的拍摄。具体编写分工如下：项目一任务一由聂湘益编写；项目一任务二由顾欢编写；项目二任务一、任务三由杨显波编写；项目二任务二由胡慧洁编写；项目三由李津和郭雨菲共同编写；项目四任务一至任务五由李露编写；项目四任务六至任务十由李津编写；项目五任务一至任务四由聂湘益编写；项目五任务五至任务八由顾欢编写；项目六由郭艳芳编写；项目七由黄丹编写。全国导游技术技能大师杨顺华、叶文辉，全国金牌导游童思斯、曾珠、何代序、左瑞雪、焦健，重庆市优秀出境领队李小松、刘琳、李翔，南京文华国际旅行社有限公司优秀出境领队鹿维维、符占彬等导游界的专家拍摄了大师示范视频。

另外，本书在编写过程中得到了姜大源教授和熊剑平教授的悉心指导，为本书的编写确立了正确的方向。本书还参考了许多相关的书籍和文献，编者在此对这些参考文献的作者表示衷心的感谢！由于编者水平有限，书中的不当之处，恳请广大读者批评指正！

编　者

2023 年 1 月

目 录

项目五　国内全陪导游服务实务

项目六　入境全陪导游实务

项目七　出境领队实务

参考文献

任务一　导游的内涵及类型

课前准备

查阅书籍资料，结合个人理解，分析导游的内涵和类型包括哪些方面。

序号	名称	内容

时间安排

（1）任务介绍 5 分钟。

（2）任务分析 5 分钟。

（3）教师导学 25 分钟。

（4）学生实训 40 分钟。

（5）总结评价 5 分钟。

任务介绍

小张是旅游达人，在旅游的过程中遇到很多好导游。通过和导游接触，她对导游这份职业产生了浓厚的兴趣，希望自己也可以成为一名导游。但小张对导游这份职业的了解比较少，所以希望能有机会深入了解一下这个职业。

小张可以从哪些方面了解导游这个职业呢？

任务分析

现代服务业的发展历史证明，旅游业中最具有代表性的工作无疑是导游工作。导游是旅游接待工作第一线的关键人员，是旅游业的"窗口"。对于一次旅行来说，导游起着至关重要的作用。事实上，导游是一个宽泛的词语，根据不同的划分依据，可以将导游分为不同的类型。旅游行业中常用的是根据工作内容将导游细分为全陪导游、地陪导游、当地向导、领队、景区导游，本书使用的正是这一分类方法。

那么，小张如果想成为一名导游，首先要了解导游的内涵和类型。

| 导游的内涵 | ➡ | 导游的类型 |

一、任务目标

（1）素质目标：提升导游职业认同和职业荣誉感。

（2）知识目标：熟悉导游的内涵和类型。

（3）能力目标：能够区分不同导游岗位的工作内容

二、任务重点

熟悉导游的内涵和类型。

三、任务难点

能区分不同类型导游的工作内容和范围。

任务实施

第一步：了解导游的内涵

在日常生活中，导游服务的主体被称为导游人员。我国导游人员的概念是根据 1999 年中华人民共和国国家旅游局（简称"国家旅游局"，现中华人民共和国文化和旅游部）颁布的《导游人员管理条例》中的规定确定的。该条例表示，导游人员是指取得导游证，接受旅行社委派，为旅游者提供向导、讲解及其他服务的人员，简称导游。

对导游的内涵可从以下几个方面来理解。

（1）在现代旅游活动中，人们远离常住地来到异国他乡，追求物质生活和精神生活的满足，其活动空间极其广阔，活动内容十分复杂，如果没有导游的参与，这些都会黯然失色。所以，在国际旅游界达成了这样的共识：没有导游的旅行，是不完美的旅行，甚至是没有灵魂的旅行。

（2）导游的工作范围很广。既要指导参观游览，提供导游讲解服务，又要落实安排旅游者的食、住、行、游、购、娱等活动，提供生活服务，还要与旅游者沟通思想、交流感情、建立友谊。因此，导游为旅游者提供的服务是智力与操作兼而有之的综合性劳动服务。

（3）旅游是当今世界最大规模的民间交往活动。在旅游活动中，导游通过自己的辛勤劳动，增进了各国人民和各民族之间的相互了解与友谊，客观上也带动了旅游地经济和社会发展，促进了民族文化的传承和自然生态环境的保护，为旅游业快速、健康和可持续发展做出了贡献。

（4）导游服务的性质和任务决定了从事这项工作的人，必须具备一定的资格和条件。首先要通过旅游管理部门的审查、考核，获取从业资格证书，同时还需要在不断的实践中累积经验，并在工作中不断提高自己的业务水平，方可成为一名合格的导游。

立德专栏

我的理想是当一名导游

在我心中，埋藏着一个理想，我想成为一名导游，一名和游客走遍世界名胜的优秀导游。"航船不能没有方向，青年不能没有理想。"是啊，这一句名言说得好，人不能没有理想。2005年中国十大感动人物中，有一名叫文花枝的导游，她对游客极其负责的精神让我十分感动。在出了车祸后，警察赶来救人时，文花枝伤势最严重，可她却让游客先出去，而自己留在最后，她当时是忍受了多大的痛苦啊！就因为这样，耽误了最佳救治时间，她的左腿被截肢……她的这种高尚情操感染了我，我内心萌发了一个念头：长大后，当一名像文花枝一样的优秀导游。在我旅游时，每每看见导游向游客介绍当地的风俗习惯、名胜古迹和悠久历史时，我的心里不禁暗暗佩服和羡慕他们。他们那么有才干，知识那么丰富。所以，我要向理想的彼岸前进，我要为将来当好一个导游做准备。

（改编资料来源：全国模范导游文花枝[EB/OL].[2022-08-05].百度百科.）

第二步：了解成为一名导游的方法

怎样才能成为一名导游呢？

2018年1月1日，国家旅游局颁布施行的《导游管理办法》（简称《办法》）中，对导游执业的许可、管理作了明确规定：从事导游执业活动的人员，应当取得导游人员资格证。

《办法》规定：

（1）导游人员为旅游者提供服务应当接受旅行社委派。

（2）导游人员在执业过程中应当携带电子导游证、佩戴导游身份标识，并开启导游执业相关应用软件。

（3）旅游者有权要求导游人员展示电子导游证和导游身份标识。导游证的有效期为3年。导游人员需要在导游证有效期届满后继续执业的，应当在有效期限届满前3个月内，通过全国旅游监管服务信息系统向所在地旅游主管部门提出换发申请。

第三步：了解导游的类型

因导游服务的范围广泛、对象复杂，每个国家或地区对导游的分类方法都不相同，本书根据我国的实际情况，从以下角度对导游进行分类。

（一）按业务范围划分

按业务范围划分，可将我国导游分为以下五种类型。

1. 出境领队

出境领队（以下简称"领队"）是指依法取得从业资格，受组团社委派，全权代表组团社带领旅游者出境旅游，监督境外接待旅行社和导游执行旅游计划，并为旅游者提供出、入境等相关服务的工作人员。

2. 全陪导游

全陪导游（以下简称"全陪"）是指受组团社委派，作为组团社的代表，在领队和地陪导游的配合下实施接待计划，为旅游者提供全程服务的工作人员。

这里的组团社是指接受旅游者或海外旅行社预订，制订和下达接待计划，并可提供全程导游服务的旅行社。这里的领队是指受海外旅行社委派，全权代表该旅行社带领旅游者到我国境内从事旅游活动的工作人员。

值得注意的是，根据旅游行业发展，因接待旅游者和工作要求的不同，本书将接待国内旅游者的全陪导游称为"国内全陪"，将接待入境旅游者的全陪导游称为"入境接待全陪"。

3. 地陪导游

地陪导游（以下简称"地陪"）是指受地接社委派，代表地接社实施接待计划，为旅游者提供当地旅游活动安排、讲解、翻译等服务的工作人员。

这里的地接社是指接受组团社的委托，按照接待计划委派地方导游负责组织安排旅游者在当地参观游览等活动的旅行社。

4. 当地向导

当地向导是指借助互联网信息技术平台，利用新媒体营销手段提供旅游目的地向导、讲解、旅行生活服务的从业人员。当地向导的工作具体包括媒体营销、线路设计、内容策划、主题讲解以及咨询、接待服务等内容。

5. 景区导游

景区导游是指在旅游景区，包括博物馆、自然保护区等为旅游者进行导游服务的工作人员。

（二）按劳动就业方式划分

按照职业性质，可将我国导游分为以下两种类型。

1. 旅行社专职导游

旅行社专职导游是指在一定时期内被旅行社固定聘用，以导游工作为其主要职业的导游。这类导游大多数受过中、高等教育，或受过专门训练，为旅行社正式员工，专职为旅行社带团，并由旅行社支付劳动报酬、缴纳社会保险费用。

2. 社会导游

社会导游主体是取得导游资格证书，并在相关旅游行业组织（导游协会）进行注册而取得导游证的导游，也包括旅行社临时特聘的导游。社会导游有自由执业导游和兼职导游两类。

（1）自由执业导游

自由执业导游是以导游工作为主要职业，但并不受雇于固定的旅行社，而是通过签订临时劳动合同为多家旅行社服务，或者通过导游自由执业平台为散客提供导游服务的人员。自由执业导游是西方大部分国家导游队伍的主体，近年来在我国导游队伍中也占据了主体地位，其主要收入来源是旅行社（或旅游者）支付的导游服务费。

（2）兼职导游

兼职导游亦称业余导游，是指不以导游工作为主要职业，而是利用业余时间从事导游工作的人员。此类导游通过了国家导游资格考试并取得导游证，但只是兼职从事导游工作。他们一般有其他职业，只在空闲时从事导游工作。

（三）按使用语言划分

按照使用语言，可将我国导游分为以下两种类型。

1. 中文导游

中文导游是指使用普通话、方言或者少数民族语言从事导游业务的导游。目前，这类导游的服务对象主要是国内旅游的内地居民和入境旅游的港、澳、台同胞。

2. 外语导游

外语导游是指运用外语从事导游业务的导游。目前，这类导游的服务对象主要是入境旅游的外国旅游者和出境旅游的中国公民。

（四）按技术等级划分

按照技术等级，可将我国导游分为以下四种类型。

1. 初级导游

《中华人民共和国旅游法》（以下简称《旅游法》）明确规定，参加导游资格考试成绩合格，与旅行社订立劳动合同或者在相关旅游行业组织注册的人员，可以申请取得导游证。也就是说，具有高中、中专及以上学历，通过文化和旅游部组织的统一考试，获得导游资格证书（图1.1）并进行岗前培训，与旅行社订立劳动合同或在相关旅游行业组织注册后，自动成为初级导游。

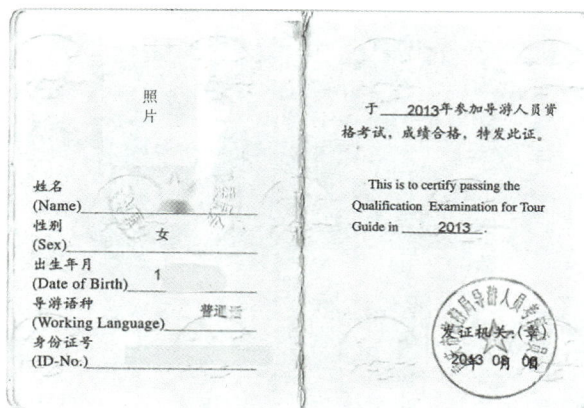

图 1.1　导游资格证书

2. 中级导游

在取得导游资格证书满 3 年，或具有大专以上学历的取得导游证满 2 年，报考前 3 年内实际带团不少于 90 个工作日，经笔试"导游知识专题""汉语言文学知识"或"外语"，合格者晋升为中级导游（图 1.2）。

初级导游报考同语种中级导游和初级外语导游报考中文（普通话）中级导游的，学历不限；初级中文（普通话）导游和中级中文（普通话）导游报考外语导游的，须具备所报考语种大专以上学历。

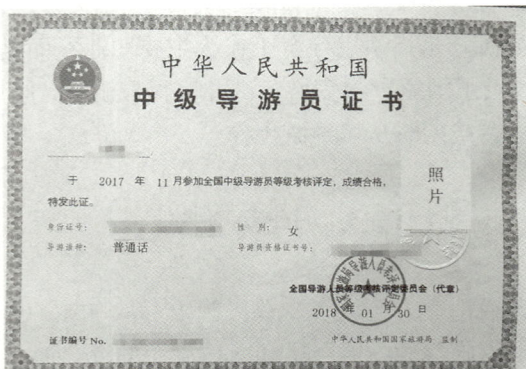

图 1.2　中级导游员证书

3. 高级导游

取得中级导游资格满 3 年，具有本科以上学历或旅游类、外语类大专学历，报考前 3 年内以中级导游身份实际带团不少于 90 个工作日，经笔试"导游能力测试"和"导游综合知识"（包括对旅游政策法规的掌握和运用能力，对旅游业发展趋势的深入了解，对国内外重大事件的及时掌握和分析，以及对旅游相关知识的综合运用能力），合格者晋升为高级导游（图 1.3）。

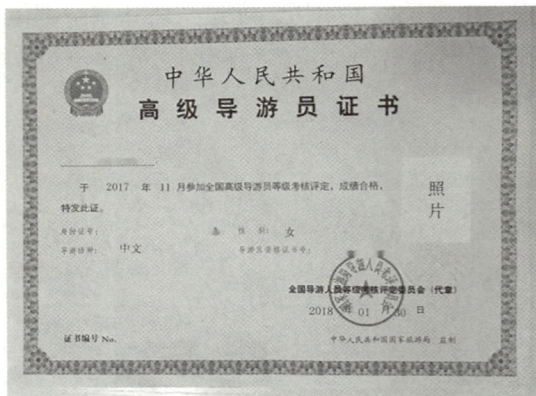

图 1.3　高级导游员证书

4. 特级导游

取得高级导游资格 5 年以上，业绩优异，有突出贡献，有高水平的科研成果，在国内外同行和旅行商中有较大影响，经论文答辩通过后晋升为特级导游。

在初级、中级、高级和特级导游中，中级导游所占比重最大，他们是旅行社业务的骨干；高级和特级导游代表着我国导游服务的最高水平，他们是导游业务的精英。

✎ 技能考核

考核一：旅游行业的迅速发展对导游工作的要求越来越高。请同学们结合个人的看法，谈谈对导游这份职业的认识，时间 1 ~ 3 分钟。

考核二：请同学们采访从事导游工作的学姐学长们，深入了解行业情况，并填写心得体会表。

序号	心得体会

✎ 考核标准

序号	考核细分项目	细分标准	分值	得分
1	课前准备	讨论回答	15	
2	技能考核一	按照考核完成任务	40	
3	技能考核二	按照考核完成任务	45	
总分				

✎ 考核汇总表

组别					
小组自评					
小组互评					
教师评价					
企业导师评价					
总分					

备注：小组自评 10%，小组互评 10%，教师评价 40%，企业导师评价 40%。

任务二　导游的从业素质

课前准备

查阅重庆市地方标准《导游服务质量等级评定》（DB50/T 1019—2020），结合微课视频，分析导游人员从业需要哪些素质。

导游的从业素质

序号	名称	内容

时间安排

（1）任务介绍 5 分钟。

（2）任务分析 5 分钟。

（3）教师导学 25 分钟。

（4）学生实训 40 分钟。

（5）总结评价 5 分钟。

任务介绍

小张通过努力取得了导游证，立志成为一名优秀导游，提供令旅游者满意的优质服务。那他在工作过程中需要具备什么素质，又该如何进一步规范自己的行为呢？

任务分析

现代旅游业的发展对导游的素质提出了更高要求。导游的素质和能力直接影响着旅游服务的质量。因此，导游需要从多方面提升自身的职业素养，从而提高服务水平。

导游的职业素质 ➡ 导游的行为规范

一、任务目标

（1）素质目标：树立提升职业素质的意识。

（2）知识目标：掌握导游职业素质的要求。

（3）能力目标：掌握导游的行为规范。

二、任务重点

掌握导游职业素质的要求。

三、任务难点

掌握导游的行为规范。

✎ 任务实施

第一步：具备较高的思想政治素质

（一）政治素质

导游应具备以下政治素质：

（1）具有爱国主义意识，在为旅游者提供热情有效服务的同时，要自觉维护国家利益和民族尊严。

（2）遵纪守法，自觉遵守国家法律法规，遵守有关的方针、政策和法规。

（3）能够践行社会主义核心价值观和旅游行业核心价值观，积极传播社会主义精神文明，自觉约束自身行为。

（二）思想素质

导游应具备以下思想素质：

（1）导游应具备优秀的道德品质和高尚的情操。

（2）在导游工作中，应倡导集体主义精神，处理好与工作搭档（如司机）的关系，反对利己主义和拜金主义。

（3）模范遵守社会公德，讲文明礼貌，诚恳亲切，举止大方。

第二步：具备高尚的职业道德

导游职业道德是导游在从业过程中应遵守的道德原则和道德规范的总和。导游应具备强烈的工作责任心和工作热情，全心全意为旅游者服务，做到爱岗敬业、诚实守信、宾客至上、热情周到、一视同仁、不卑不亢、耐心友善。

第三步：具备扎实的知识素质

（一）语言文学知识

语言文学知识是导游讲解的基础，导游需要有扎实的语言文学功底，以提高讲解的生动性。

（二）政策及法律、法规知识

政策法规知识是导游必备的知识。在导游服务过程中，导游要始终牢记国家政策法律法规，掌握与旅行社及经营管理有关的法律法规、与导游有关的法规、与消费者权益保护有关的法律法规、旅游服务质量方面的行业规章、导游服务质量方面的国家标准及旅游行业标准等。遇到问题时，导游能够按照国家相关的政策及法律法规进行处理。

（三）旅游地理、历史知识

导游应具备自然旅游资源的地理概貌、概况及其在地理方面的相关知识；具备历史、宗教、民族民俗风情、风物特产、古建筑、禁忌习俗等多方面的综合知识。

（四）心理学、美学知识

导游与旅游者直接交往，引导旅游者感受旅游资源的形象美、艺术美，因而需要掌握必要的心理学知识和美学知识。

（五）目的地和客源地的政治、经济、社会知识

导游应掌握旅游目的地与客源地不同的政治、经济和社会知识，了解旅游目的地的主要旅游景点和线路的基本知识，基本掌握当地主要游览点的导游知识。

第四步：掌握熟练的技能素质

（一）讲解能力要求

导游应掌握不同类型的导游讲解方法和技巧，形成独具特色的讲解风格；在讲解中要充分考虑旅游者的旅游心理和个性化的知识需求；讲解内容要紧扣游览主题，具有针对性、科学性，能够引导旅游者欣赏旅游景观、体验旅游文化。

（二）沟通能力要求

不同类型的旅游者是导游服务的工作对象，导游需要关心旅游者的游兴、动机和偏好，掌握必要的人际沟通知识，营造良好的沟通氛围。

（三）组织协调能力要求

导游与旅游者应建立融洽的人际交往关系。做好导游工作团队（全陪、领队、地陪、讲解员等）、司机和旅游者之间的组织协调工作，针对旅游者的不同意见，多采取鼓舞、激励等积极的办法引导旅游者顺利完成旅游活动。

（四）处理突发问题能力要求

导游在旅游过程中应始终保持清醒的头脑，处事沉着、冷静、有条不紊；处理各方面关系时要机智、灵活，与工作团队成员进行友好合作，在处理突发事件以及旅游者投诉时要善于应对，处理措施要合情、合理、合法。

第五步：增强自身的身体素质

导游工作是脑力劳动和体力劳动的高度结合，工作纷繁，流动性强，体能消耗大，而且工作对象复杂。因此，导游必须有健康强壮的体魄。

第六步：磨炼良好的心理素质

导游的心理素质主要指善于掌握和调节旅游者心理情绪的能力与自身良好的意志品质两个方面。在工作过程中，既要为旅游者提供有针对性的心理服务，同时，也要强化导游自身的心理承受能力，通过工作经验的积累，具备良好的心理素质。

✏️ **技能考核**

考核一：分析案例中导游具备的职业素养和缺失的职业素养分别有哪些，分组汇报分析结果。

案例：伤心的小张

30人的老年旅游团到重庆游玩，担任地陪任务的小张是初次带团。为了给游客留下良好的印象，他特地买了一套名牌服装，戴上贵重的饰品去迎接旅游团。与游客一见面，

小张就谦虚地说："我是新导游，我什么都不懂，请大家多包涵。"在游览过程中，小张感觉讲解完导游词就没什么话可和游客聊的，为此经常一个人走在旅游团的前面，谁知全陪和领队当着游客的面向小张提意见"走路太快，讲话太快，不强调集合时间、地点，不友好等"。小张很伤心，认为导游工作得不到尊重和理解，自己不适合导游这一职业。

考核二：自行观看十佳导游视频，分析优秀导游都具备了哪些素质。

序号	素质	判定依据

✎ 考核标准

序号	考核细分项目	细分标准	分值	得分
1	课前准备	讨论回答	15	
2	技能考核一	按照考核要求完成任务	45	
3	技能考核二	按照考核要求完成任务	40	
总分				

✎ 考核汇总表

组别				
小组自评				
小组互评				
教师评价				
企业导师评价				
总分				

备注：小组自评 10%，小组互评 10%，教师评价 40%，企业导师评价 40%。

任务一 服务准备

导游服务准备

✏ 课前准备

查阅书籍资料，结合微课视频，分析景区导游服务准备工作包括哪些方面。

序号	名称	内容

✏ 时间安排

（1）任务介绍 5 分钟。

（2）任务分析 5 分钟。

（3）教师导学 25 分钟。

（4）学生实训 40 分钟。

（5）总结评价 5 分钟。

✏️ 任务介绍

　　小王刚取得导游证，并在学校组织的岗位实习双选会上顺利通过张家界景区的面试，已经到景区的导游部进行岗位实习。

　　昨天，小王接到办公室的通知，上海某旅行社的总经理刘总一行 15 人将于 3 月 30 日到景区进行考察，公司计划安排他作为本次景区考察活动的导游。小王既兴奋又紧张，兴奋的是他终于可以独立带团了，紧张的是这是他第一次自己独立带团，且这次接待的旅游者又都是旅游企业的专业人士，专业要求肯定很高。

　　那么，小王要做好哪些方面的准备工作才能圆满完成这次的景区接待工作？

✏️ 任务分析

　　景区导游员又称"景区导游""定点导游"，是指受旅游景区委派，在规定景区从事讲解、翻译或向导服务的专业人员，是接待旅游者时间最短的导游。虽然讲解内容相同，但是针对不同的旅游者，也需要提供个性化服务。

　　小王可以从以下五个方面做好景区导游服务的准备工作：

计划准备　➡️　知识准备　➡️　语言准备　➡️　物质准备　➡️　身心准备

一、任务目标

　　（1）素质目标：培养热爱本职工作、勤奋好学的工作态度。
　　（2）知识目标：掌握景区导游服务准备工作的流程及注意事项。
　　（3）能力目标：能根据工作要求独立完成景区导游服务准备工作。

二、任务重点

掌握景区导游讲解服务准备工作的流程及注意事项。

三、任务难点

能根据工作要求独立完成景区导游服务准备工作。

✏️ 任务实施

第一步：计划准备

（一）熟悉旅游者情况

　　景区导游的服务工作具有临时性的特点，不可能像全陪、地陪那样为每个团队做出详细的书面计划。但在接到接待通知后，仍要及时了解和分析旅游者的情况，具体包括以下几个方面：

　　（1）对于临时接待的团队或旅游者，景区导游应尽可能地了解旅游者的相关情况，如旅游者的职业、停留时间、行程安排以及有无特殊需求等。

　　（2）如果是提前预约的团队，应提前熟悉旅游者的有关情况。

　　①景区导游应先了解联络人的姓名及联系方式。

②熟悉和核实所接团队或旅游者的基本情况及行程安排，如旅游者所在地区或国家的宗教信仰、风俗习惯、禁忌、在该景区停留多久、是否用餐、旅游者有无特殊需求等，以便自己的讲解更有针对性。

（二）做出接待计划

（1）针对旅游者特殊需要的讲解内容，事先进行准备。

（2）提前了解服务当天的天气和景区的道路情况。

（3）应急预案的准备。应变能力是景区导游应对和处理突发事件的基础。景区导游应该熟悉景区管理的所有应急预案流程和操作，保存好有关联系电话，这样当意外发生时才能从容应对、妥善处理。

第二步：知识准备

根据旅游者对讲解时间长度、认知深度的不同要求，景区导游应对讲解内容做好两种或两种以上讲解方案的准备，以适应不同旅游团队或个体旅游者的不同需要。

景区导游需要准备的知识具体包括与本景区相关的历史知识、自然地理知识、建筑知识、园林知识、宗教知识、文学知识、时事政治思想教育、艺术知识、环境保护知识、文物保护知识、安全知识和景区的有关管理规定。

第三步：语言准备

（1）景区导游的讲解应在以普通话为普遍使用语言的基础上，根据旅游者的文化层次做好有关专业术语的解释。

（2）对于民族地区的景区，景区导游还应根据旅游者的情况提供民族语言和普通话的双语讲解服务。

（3）对于外籍旅游者，景区导游应准备相应语种的讲解内容。

第四步：物质准备

景区导游上岗前应做好充分的物质准备，主要包括：

（1）佩戴好景区的相关证件，如景区导游工作证。

（2）准备好小蜜蜂、蓝牙耳机等无线扩音设备。

（3）需要发放的相关资料，如景区宣传资料、景区导览图、纪念品等。

（4）接待团队或散客时所需的票证。

（5）VIP 旅游团需要提前跟其他部门沟通好行程和时间，如确认好索道、游船、电瓶车等环节。

第五步：身心准备

（一）形象准备

（1）着装整洁、得体。有着装要求的景区，也可以根据景区的要求穿着工作服或指定服装。

（2）饰物佩戴及发型以景区的要求为准，女士一般以淡妆为宜。

（3）言谈举止应文明稳重，自然而不做作。

（4）讲解活动中可适度使用肢体语言，避免无关的小动作。

（5）接待旅游者应热情诚恳，符合礼仪规范。

（6）工作中应始终情绪饱满，不抽烟或进食。

（7）注意个人卫生。

（二）心理准备

（1）调整心态，克服紧张心理，增强自信心。

（2）做好接受旅游者批评、挑剔和反驳的心理准备。

（三）情绪准备

在实际工作中，景区导游要注意保持好的情绪，并且要善于利用积极情绪。同时，注意工作生活中自我角色的转变，不能把自己生活中不愉快的情绪带到工作中。

情绪格言：
1. 幻想出来的痛苦一样可以伤人。——［德］海涅
2. 对消极的情绪有一个明确的了解，就可以消除它。
——［美］弗农·霍华德
3. 暴躁是一种虚怯的表现。——［法］大仲马

🖊 技能考核

考核一：以小组为单位，自主查询相关资料并进行讨论，从以下两个场景中选择一个，完成景区导游服务准备工作，然后分小组展示汇报。

场景一：小王在一景区实习，4月9日将有300名小学四年级的学生到景区开展研学活动，小王和同事们负责导游接待工作。接到该通知后，小王应该做好哪些准备工作？

场景二：小李是三峡大坝景区的一名导游。公司通知他在5月3日为一个来自宁夏回族自治区的旅游团提供导游服务。小李要做好哪些服务准备工作？

考核二：小赵作为一位宗教景点的景区导游，在带旅游者进入景区前应提醒旅游者注意哪些事项？

序号	错误操作	正确操作

考核标准

序号	考核细分项目	细分标准	分值	得分
1	课前准备	讨论回答	15	
2	技能考核一	语言表达	55	
		技能操作		
		展示效果		
		完成时间		
3	技能考核二	按照考核要求完成任务	30	
总分				

考核汇总表

组别				
小组自评				
小组互评				
教师评价				
企业导师评价				
总分				

备注：小组自评 10%，小组互评 10%，教师评价 40%，企业导师评价 40%。

任务二 导游讲解服务

课前准备

导游讲解服务

查阅书籍资料，结合微课视频，分析景区导游讲解服务包括哪些方面。

序号	名称	内容

🖊 时间安排

（1）任务介绍 5 分钟。

（2）任务分析 5 分钟。

（3）教师导学 25 分钟。

（4）学生实训 40 分钟。

（5）总结评价 5 分钟。

🖊 任务介绍

认真细致地准备后，小王明天就要正式接待刘总一行了。师傅告诉他，一定要多加练习，做好导游讲解工作。

那么，小王要如何做好景区导游讲解服务？

🖊 任务分析

景区导游讲解服务是导游服务的一个重要组成部分，而导游讲解则是景区导游服务的核心工作。景区导游应按照景区导游讲解服务规范，为旅游者提供高质量的导游讲解服务。

具体来说，景区导游讲解服务主要包括三个部分。

游览前服务 ➡ 游览中服务 ➡ 游览后服务

一、任务目标

（1）素质目标：树立正确的职业态度和职业道德观念，树立干一行爱一行的敬业精神。

（2）知识目标：掌握景区导游讲解服务的工作内容和要求。

（3）能力目标：能根据工作要求独立进行景区导游讲解服务。

二、任务重点

掌握景区导游讲解服务的工作内容和要求。

三、任务难点

能根据工作要求独立进行景区导游讲解服务。

🖊 任务实施

第一步：做好游览前的讲解服务

（一）致欢迎词

当旅游者抵达景区后，景区导游应主动迎上前去，向旅游者表示欢迎，致欢迎词。欢迎词的内容主要包括：

（1）代表本景区对旅游者表示欢迎。

（2）介绍本人姓名及所属单位。

（3）表达景区对提供服务的诚挚意愿。

（4）表达希望旅游者对讲解工作给予支持配合的意愿。

（5）预祝旅游者旅游愉快。

各位游客朋友们，大家好！很高兴在这样一个阳光明媚的日子里见到大家。首先，我代表景区对大家的到来表示热烈的欢迎！很幸运能成为大家的导游，我姓王，大家叫我小王就可以了。我们景区的游览时间大约是4小时，因为整个景区比较大，请大家在游览过程中紧跟着我，注意人身和财产安全。同时，也请大家能遵守景区的相关规定，不乱涂乱画、不乱扔垃圾。最后，预祝大家在景区玩得愉快！

（二）介绍景区情况

游览前，景区导游应在景区示意图前向旅游者介绍景区的基本情况，提醒旅游者在参观游览过程中的注意事项。

1. 景区的概况介绍

（1）向旅游者介绍景区的历史背景、规模、布局、特征、价值。

（2）介绍本景区所在旅游地的风土人情。

2. 注意事项

（1）注意游览安排。讲清游览过程中的注意事项，提醒团队旅游者注意自己团队原定的游览计划安排，包括游览线路、所需时间、游览结束后集合的时间和地点。

（2）注意人身、财产安全。提醒旅游者注意人身、财产安全，并随时清点人数防止旅游者走失。

（3）注意文明旅游。导游应向旅游者倡导文明旅游，如请勿吸烟、不插队、禁止攀爬照相、禁止跨越栏杆等。

第二步：做细游览中的讲解服务

（一）参观游览途中导游讲解

1. 善用讲解技巧

（1）景区导游在讲解景区时，要根据不同的旅游者类型、兴趣爱好有所侧重，本着因人而异、简繁适度、准确无误的原则，恰当地使用多种讲解方法和技巧，使讲解生动、形象、通俗易懂，给旅游者留下深刻印象。

（2）在讲解时，语言应准确易懂，吐字应流畅并富有感染力，一定要注意导游和讲解的有机结合，留出足够的时间让旅游者自己去体会、拍照等。

（3）有关景区内容的讲解，应避免同音异义词语造成的歧义。

（4）讲解中若使用文言文，需注意对象，需要使用时，宜以大众化语言给予补充解释。

（5）在时间允许和个人力能所及的情况下，宜与旅游者进行适度的问答互动（如问答、猜谜、歌舞等），讲解中要虚心听取旅游者的不同意见和表述。

2. 甄选讲解内容

（1）讲解中应结合景物或展品宣传环境保护、生态系统维护或文物保护知识。

（2）讲解中涉及的民间传说，应有故事来源或历史传承，景区导游不得随意编造。

（3）对讲解中涉及的人物或事件，应充分尊重历史的原貌，如遇尚存争议的科学原理或人物、事件，宜选用中性词语给予表达。

（4）若讲解的某方面内容系引用他人此前的研究成果，应在解说中给予适当的说明，以利于旅游者今后的使用和知识产权的保护。

3. 服务注意事项

（1）景区导游在讲解时要随时留意旅游者的动向，观察周围环境的变化，防止旅游者走失和意外事故的发生。

（2）对旅游者的提问，回答时要耐心、和气、诚恳，不冷漠、不顶撞或轰赶旅游者，不与旅游者发生争执或矛盾。

（3）在讲解过程中，景区导游应自始至终与旅游者在一起，对旅游者中的老幼病残孕和其他弱势群体要给予合理关照，注意旅游者的安全，随时做好安全提示，避开景区中存在安全隐患的地方，提醒旅游者注意容易碰头和失足的地方，以防意外事故发生。

（4）如在讲解过程中发生意外情况，景区导游应按照景区的应急预案采取相应的措施并及时联络景区有关部门，使问题尽快得到妥善处理或解决。

立德专栏

> **景区导游——坚守岗位为游客提供优质服务**
> 自行观看视频，感悟优秀导游的职业精神。
> （资料来源：景区导游——坚守岗位为游客提供优质服务［EB/OL］.
> （2020—10—01）［2022—06—05］.腾讯视频.）

（二）乘车（乘船）游览时的讲解服务

景区讲解如果是在乘车（乘船）游览时进行，景区导游应注意以下几方面：

（1）协助司机（或船员）安排旅游者入座，在乘坐车船时，提醒旅游者有关安全事项。

（2）提醒旅游者清点自己的行李物品，并对老、弱、病、残、孕和其他弱势旅游者群体给予特别关照。

（3）讲解内容与行车、行船节奏保持一致，应设法让更多的旅游者都能听见讲解声音，努力做好与行车安全或行船安全工作的配合。

（三）旅游者购物时的服务

购物是旅游的六大要素之一，景区导游做好这方面的服务工作，既能帮助旅游地推销商品，又可满足旅游者的购物需求。为旅游者提供购物服务时，景区导游应该注意以下几方面的问题。

（1）严格按照《旅游法》及景区的规定，遵循旅游者"需要购物、愿意购物"的原则提供服务。

（2）根据旅游团的特点，如实向旅游者介绍本地区、本景区的商品内容与特色。

（3）带领旅游者到本景区合法经营的购物场所购物。

（4）购物活动必须根据旅游者的需要来安排，不得强迫或变相强迫旅游者购物。

（四）旅游者观看景区演出时的服务

如旅游者的行程计划中包含景区内观看节目演出，景区导游应该做好以下几方面的工作：

（1）景区导游应提前如实向旅游者介绍本景区演出节目的内容与特色，按时抵达后有序组织旅游者入场，引导旅游者文明观看节目。

（2）在旅游者观看节目过程中，景区导游应自始至终坚守岗位，在恰当的时机向旅游者讲解。

（3）如个别旅游者出于特殊原因需要中途退场，景区导游应设法给予妥善安排。

（4）不得强迫或变相强迫旅游者增加需要另行付费的演出项目。

（5）活动结束后，做总结性讲解并回答旅游者的相关问题，同时要提醒旅游者不要走散，并随时注意旅游者的动向和周围环境，以防不测。

（五）处理突发状况

1. 个别要求的处理

旅游者在景区游览途中，可能会出于种种原因（如个人兴趣、身体强弱、旅游节奏等）提出个别要求。在进入景区游览的初期，大部分旅游者都能随团旅游，但是随着游览路线的延长，有的人喜欢拍照，有的人出于各种原因掉队，无论旅游者是主动脱团还是被动脱团，景区导游都应妥善处理。

景区导游应遵循合理而可能的原则、为大家服务原则和个性服务原则处理旅游者的个别要求。

2. 安全事故的处理

在景区游览过程中，旅游者要求自由活动时，一般情况下，景区导游应请全陪做决定，如全陪同意旅游者脱团自由活动，景区导游应事先向旅游者说明景区游览注意事项，提醒旅游者留意游览时间和离开景区出口（特别需要注意的是进出口不在一个地方的景区），以免旅游者走失（如果旅游者为统一的单位考察或团建，应该让旅游者向其领导或团长申请）。

需要特别注意的是，当旅游者人身和财产安全得不到保证时，如在高海拔地区、治安不好的景区或者有江河湖泊的景区，景区导游原则上不得同意旅游者自由活动的要求，对掉队旅游者也应及时找回，尽量让旅游者随团统一活动。

3. 旅游者走失的处理

在景区游览时，发现旅游者走失，景区导游应做何处理？

（1）了解情况，拨打手机或用微信联系，联系不上则迅速寻找。景区导游带领其他旅游者放慢速度继续游览，由全陪或地陪寻找旅游者。

（2）无法找到旅游者，需及时向当地公安机关和景区管理部门求助。

在景区游览时，如遇旅游者突然受伤发生骨折，景区导游应做何处理？

（1）拨打景区急救电话或者120。

（2）止血。应及时止血。

（3）包扎。包扎前要清洗伤口，包扎时动作要轻柔，松紧要适度，绷带的结口不要打在创伤处。

（3）上夹板。就地取材上夹板，以求固定两端关节，避免转动骨折肢体。

（4）在景区保安和其他工作人员的帮助下，尽快将旅游者送到医院救治。

第三步：做好游览后的服务

（一）致欢送词

致欢送词是景区导游最重要的工作内容之一。参观游览结束后，景区导游要向旅游者致简短的欢送词，内容包括：

（1）回顾总结游览行程中的重要景点和精彩片段。

（2）对旅游者参观游览中给予的合作表示感谢。

（3）征询旅游者对导游讲解以及景区建设与保护的意见和建议。

（4）欢迎旅游者再次光临。

> 各位游客，景区的游览即将结束了。非常感谢大家对我工作的支持和配合。你们的耐心和友善，使我的工作变得更加容易，你们的支持和理解使我们的游览特别愉快。虽然我们只是短暂的相识，但给我留下的却是最珍贵的回忆，我将永远珍藏与大家共度的美好时光，期待着能再次见到大家。最后，祝各位旅行愉快，身体健康。谢谢大家！

（二）进行告别

（1）向旅游者赠送有关宣传资料或小纪念品。旅游者离别时，若备有景区（点）有关资料或小纪念品，可赠予他们，以作留念，使他们留下更美好和难忘的印象。

（2）与旅游者告别。景区导游应将旅游者送上交通工具，在旅游者离开之后方可离开。

（三）填写接待记录

送走旅游者后，景区导游应按照本景区管理部门的要求，认真填写接待记录，做好信息反馈工作。

技能考核

考核一：以小组为单位，完成景区导游的欢迎词和欢送词，然后分小组模拟展示。

考核二：把校园作为旅游景区，进行实际导游接待服务，掌握校园史地文化知识、景区导游工作内容和流程。

考核标准

序号	考核细分项目	细分标准	分值	得分
1	课前准备	讨论回答	20	
2	技能考核一	语言表达	40	
		技能操作		
		展示效果		
		完成时间		
3	技能考核二	语言表达	40	
		技能操作		
		展示效果		
		完成时间		
总分				

考核汇总表

组别					
小组自评					
小组互评					
教师评价					
企业导师评价					
总分					

备注：小组自评10%，小组互评10%，教师评价40%，企业导师评价40%。

任务三 后续工作

课前准备

查阅书籍资料,结合微课视频,分析景区导游服务的后续工作包括哪些方面。

后续服务

序号	名称	内容

时间安排

(1)任务介绍5分钟。

(2)任务分析5分钟。

(3)教师导学25分钟。

(4)学生实训40分钟。

(5)总结评价5分钟。

任务介绍

小王在码头送走了刘总一行。在本次接待过程中,小王凭借自己扎实的专业知识和细致周到的服务态度,赢得刘总一行的肯定和表扬。

送刘总一行返程后,小王就算圆满完成了此次接待任务吗? 他还有哪些工作需要完成?

任务分析

小王送走旅游者后,还应做好总结工作,这是提高导游服务效率和导游服务质量的必要手段,也是发现问题、寻找差距的重要途径。

小王需要做的后续工作，包括以下三个方面：

撰写总结 ➡ 查漏补缺 ➡ 处理问题

一、任务目标

（1）素质目标：培养积极进取的精神和善于反思的职业习惯。

（2）知识目标：掌握景区导游后续的工作内容及注意事项。

（3）能力目标：能根据工作要求独立进行后续工作的操作。

二、任务重点

掌握景区导游后续服务的工作内容及注意事项。

三、任务难点

能根据工作要求独立进行景区导游后续服务工作。

✐ 任务实施

第一步：撰写工作总结

景区导游在完成每次的接待服务后，应认真、按时写好接待总结，实事求是地汇报接待情况。总结主要包括以下内容：

（1）接待旅游者的人数、抵达时间。如是旅游团队，还需记录团队的名称以及旅行社的名称。

（2）旅游者成员的基本情况、背景及特点。

（3）旅游者对接待工作的反映，特别是重点旅游者的反映，要尽量引用原话，并注明旅游者的姓名和身份。

①在导游服务中，旅游者提出的意见和建议涉及景区导游的，景区导游应认真检查，吸取教训，不断改进，以不断提高自己的讲解水平和综合服务质量。

②涉及其他接待部门的，也应及时反馈给相关责任人，以便及时改进工作。

（4）旅游者对景区景观及建设情况的感受和建议。

（5）需要办理的事情。

（6）自己的体会及对今后工作的建议。

（7）如在接待中发生重大问题，则另附情况说明。

第二步：查漏补缺

（1）景区导游在撰写小结过程中，应及时找出工作中的不足或存在的问题，并提出有针对性的改进措施。

（2）如有不清楚的问题，可以请教有经验的同行和前辈，也可以自己查阅资料寻找答案，以不断提高自己的服务水平。

立德专栏

广东省优秀导游格言

十佳导游:

1. 把欢乐传递给每一位游客,做一位传播快乐的使者。——韶关中旅吴淑蕙

2. 用我真诚的服务,给每一位游客留下美好的回忆!——韶关中旅刘德存

3. 自己的品牌要用一生去打造。——风情旅行社何志坚

4. 认识自己,提高自己,超越自己!——粤泰旅行社谢祥英

5. 成功只会伴随有准备的人。——南雄市旅游公司沈学英

6. 志不强者智不达。——韶关广之旅黄国伟

7. 天生我材必有用。——成锐

8. 万水千山总是情,丹霞真情等着你。——仁化丹霞山旅行社许英娜

9. 态度决定一切。——广州教育国际旅行社何素玲

10. 把满意留给客人,把困难留给自己。——曲江旅游公司陈玉梅

优秀导游:

1. 让我的精神在工作中发光发热!——韶关中旅黄劲华

2. 财富并非永久的朋友,而朋友却是永久的财富。——广东中旅(韶关)旅行社韩雯婷

3. 做一个快乐的导游,并把快乐带给每一位游客。——韶关广之旅冯国开

4. 享受工作,享受生活。——曲江风光周新叶

5. 想得到更多的收获吗?请付出你的汗水。——曲江阳光叶佳春

6. 我们能尽情享受的,是施与受的快乐。——韶关中旅龚伟国

7. 带全国各界朋友领略丹山碧水的秀美,向世界八方游客展示韶关导游的良好素质。爱岗敬业,从我做起,为前来游览的客人敞开韶关博大的胸怀!——大丹霞詹春香

8. 人生就像一段旅程,旅途经历可能成为你一生难忘的风景。——中天旅行社胡伟杰

9. 读万卷书不如行万里路,行万里路不如阅万般人。——仁化县丹霞山旅行社段太福

(资料来源:佚名.优秀十佳导游格言[EB/OL].(2018-06-25)[2023-01-04].原创力文档网.)

第三步：处理遗留问题

景区导游在接待完旅游者后，如有旅游者委托代办事宜（如为旅游者代买景区内的特色旅游产品），应向领导请示后再进行妥善处理。

技能考核

考核一：小王接待了一对来自上海的年轻夫妻。在接待过程中，小王用热情周到的服务赢得了他们的信任，他们主动添加了小王的微信，表示如果有朋友来旅游，就请小王进行接待。这对年轻夫妻返回上海后联系小王，想请他帮忙购买景区的一个旅游纪念品。小王应该怎么做？以小组为单位进行模拟展示。

考核二：石林景区导游小杨接待了来自山东的一个旅行团。在游览过程中，小杨讲解风趣幽默，服务热情周到，游客们都非常高兴。在结束石林的游览后，该团的一位游客向小杨索要电话号码。小杨应该怎么处理？

考核标准

序号	考核细分项目	细分标准	分值	得分
1	课前准备	讨论回答	15	
2	技能考核一	语言表达	55	
		技能操作		
		展示效果		
		完成时间		
3	技能考核二	按照考核要求完成任务	30	
总分				

考核汇总表

组别					
小组自评					
小组互评					
教师评价					
企业导师评价					
总分					

备注：小组自评10%，小组互评10%，教师评价40%，企业导师评价40%。

项目三　当地向导服务实务

任务一　认识当地向导

当地向导

课前准备

查阅书籍资料、相关网站内容,结合微课视频,分析当地向导与导游的区别。

序号	名称	不同之处	相同之处
1	当地向导		
2	导游		

时间安排

（1）任务介绍 5 分钟。

（2）任务分析 5 分钟。

（3）教师导学 25 分钟。

（4）学生实训 40 分钟。

（5）总结评价 5 分钟。

任务介绍

随着社会经济的发展,人们的旅游需求趋向个性化。越来越多的旅游者在旅游时不愿意选择跟团,认为普通旅游团的时间安排太紧凑,行程不够舒适;但是选择自由行又担心旅游的深度不够,而且自己做攻略不仅费时费事,还不一定准确。导游小夏通过同行介绍了解到,近年来,有一种叫"当地向导"的新型旅行方式越来越受到旅游者追捧,旅游者可通过手机 App 在旅游目的地自由选择向导,享受定制化的旅游服务。于是,小夏计划向当地向导转型。

那么，小夏如何才能成为一名当地向导？

✎ 任务分析

当地向导服务是符合现代散客个性化旅游需求的服务模式，小夏要成为一名合格的当地向导，首先需要具备相应的资质和技能，通过平台的向导认证后，才能开始当地向导服务工作。小夏必须先全面认识当地向导的"前世今生"。她可以从以下几个方面加深对当地向导工作的认识。

了解当地向导的产生 ➡ 认识当地向导 ➡ 成为当地向导 ➡ 当地向导技能提升

一、任务目标

（1）素质目标：了解旅游业的新趋势、新形态，培养积极进取的精神。

（2）知识目标：了解当地向导的发展历程，掌握当地向导的内涵和概念。

（3）能力目标：能根据旅游市场发展趋势，掌握当地向导工作的新技能和新方法，达到当地向导的职业要求。

二、任务重点

掌握当地向导的内涵和概念。

三、任务难点

能够通过查阅相关网站和平台，弄通学懂当地向导的发展和趋势，以及当地向导的服务流程和工作内容。

✎ 任务实施

第一步：了解当地向导的产生

（一）产生的背景

随着旅游者的知识文化水平不断提高，交通及通信越来越便利，加上旅游者的旅游经验日益丰富，自主意识不断增强，传统的观光旅游已经不能满足其旅游需求，越来越多的旅游者开始追求自主性和体验感更强的旅游方式。因此，定制旅行新业态在国内外热门旅游目的地逐渐兴起，并凭借小团化、私密性高、自主性强、服务细致、无隐性消费等特点而受到旅游者的青睐。随着定制旅行的发展，主要以旅游者需求为导向，为客户提供专享的、个性化的旅行服务全过程的当地向导服务应运而生，进而催生了当地向导这个新的导游岗位。

（二）发展历程

1. 国外发展历程

较早出现的当地向导是 2013 年由 Hai Ho 和 Ha Lam 夫妇创立于越南的 Triip。Triip 以 "The Happiest Way to Enjoy Truly Local Experiences" 为口号，由当地向导在 Triip.me 网站上发布旅游线路，旅游者可以在网站上选择自己心仪的旅游线路，旅游者和向导通过平台进行交易，平台对向导进行直接监管，并收取交易额的 10% 作为佣金。该平台具有双向评分系统，旅游者可以给向导评分，向导也可以给旅游者评分。由于越南的互联网和信息化水平较低，加之国家影响力小等，该网站的当地向导服务未能在旅游行业引起广泛传播。

2. 国内发展历程

2014 年，携程攻略社区就出现了当地向导相关内容，但当时仅作为信息发布渠道，未涉及交易及服务。2016 年，携程试运营当地向导服务，制定服务标准和安全保障，以平台交易模式实现在线预约导游的闭环。2017 年 9 月，携程 App 推出"当地向导"业务。从平台上线至今，已经有累计超过 2 万人注册当地向导，遍布 120 个国家、1700 多个目的地。与此同时，国内其他企业也纷纷推出各类型的共享导游、当地向导式服务。

第二步：认识当地向导

（一）当地向导的概念

当地向导是指借助互联网信息技术平台，利用新媒体营销手段提供旅游目的地向导、讲解、旅行生活服务的从业人员，其工作具体包括媒体营销、线路设计、内容策划、主题讲解以及咨询、接待服务等。

（二）当地向导的分类

1. 根据服务内容分类

根据服务内容可以分为城市旅游向导、自驾车旅游向导、运动探险向导。

（1）城市旅游向导

为城市观光旅游者提供城市观光、娱乐、购物、生活体验等信息，协助旅游者规划旅游活动安排、推荐旅游体验场所和地点等服务的向导人员。

（2）自驾车旅游向导

为采取自行驾驶汽车以灵活性和机动性的方式开展旅游活动的旅游者，提供方向指引、路况指导、行程规划等服务的向导人员。

（3）运动探险向导

为开展山地、荒漠、草原等专项探险活动的旅游者，提供传授基本户外知识、技能和技术、方向指引、户外安全管理等服务的向导人员。

2. 根据服务对象分类

根据服务对象可以分为中文向导和外语向导。

中文向导指在境内或境外旅游目的地使用中文为旅游者提供旅游服务的向导人员；外语向导指使用外语为境外旅游者提供旅游服务的向导人员。

第三步：如何成为当地向导

2021 年 2 月 1 日，中国旅行社协会发布《旅行管家分类、要求与认定》团体标准，提出了关于当地向导的任职要求。

（一）城市旅游向导

（1）应为本城市长住居民，在本城市生活 5 年以上。

（2）掌握本城市方言、少数民族语言或外语，可以用本地方言、少数民族语言或外语与本城市居民交流。

（3）熟悉城市地理布局、街巷道路、公交系统。

（4）熟悉城市的历史沿革、人文风俗、美食特产。

（5）熟悉城市各项公共服务单位（如医院、消防、公安等单位）的联系方式和布局分布。

（二）自驾车旅游向导

（1）具有机动车驾驶资格，并具有 5 年以上驾龄，应有 10 万千米以上的机动车驾驶经历。

（2）熟悉所服务区域的交通、路况。

（3）具有一定的机动车维修和突发状况处理能力。

（4）至少有一次完整的所服务的自驾线路的自驾旅行经历。

（三）运动探险向导

（1）接受过户外探险项目辅导或教练等专业培训，持有相关证书。

（2）对旅游者探险区域的地理环境、气象气候、生态环境有充分的认知和了解。

（3）为旅游者提供户外探险旅游领队服务的前一年内，至少完成一次相同线路的户外探险活动。

（4）掌握野外生存技能、必要的急救、紧急情况处理的技能和方法。

除此之外，结合携程旅游、途牛旅游等平台对当地向导的要求，还需要持有导游证。

立德专栏

从传统导游到"当地向导"，是清流更是主流！

她是胡娜娜，1993 年出生于黑龙江，从 2010 年开始从事导游工作，却在 2013 年春天来到杭州，爱上杭州。两年前一个偶然的机会，她加入携程成为一名"携程当地向导"，现在不仅是携程金牌当地向导，还是一名新杭州人。

起步是最难的。在平台没有推荐位展示的情况下，游客能从 App 端找到她的机会少之又少。但她认真对待每一位游客，不放弃每一个机会，凭着自己专业的讲解、真心服务的态度和活泼开朗的性格攒了一波又一波忠实游客，加上她的努力和对向导这份工作的执着，排序一路上升，一直到现在的推荐位第二名，产品价格也从 300 元提高到现在的 1000 元左右，累计服务次数 629 次，主页收藏数 468 次，点评分 5.0 满分，零差评。

也因为"携程当地向导"这个身份，胡娜娜的"名气"越来越大，订单常常多到"爆"。为此，胡娜娜成立了自己的导游工作室，拥有六七名性格和风格截然不同的导游，按需分配给游客。

胡娜娜说，做这行几年来，结交了五湖四海的朋友，很多游客都成了好朋友，成为一份独特的个人财富。她还会在杭州继续奋斗下去，成为导游界的"一股清流"。

（改编资料来源：从传统导游到"当地向导"，是清流更是主流！［EB/OL］.（2018-11-26）［2022-08-09］.携程旅行.）

第四步：掌握当地向导新技能

随着旅游业的发展，当地向导除了要掌握导游服务的基本技能，还需要结合新趋势提升在新媒体营销、线路设计、产品策划等方面的技能。

（一）旅游新媒体营销

新媒体营销是指借助移动互联网技术，以短视频、直播 App 等新媒体平台为营销渠道，针对企业所提供的服务、产品等内容宣传企业的品牌、价值或促销信息的营销方式，是企业营销战略的关键环节。新媒体营销已经成为旅游市场营销中较为热门的方式。旅游新媒体营销的主要方式有饥饿营销、事件营销、口碑营销、情感营销、IP 营销、社群营销等。

1. 制作新媒体营销内容

当地向导的营销内容制作主要为产品首图、详情页广告图。

产品首图由好看的风景图、吸引眼球的文字两大基本要素构成。携程当地向导要求产品首图三要素：人、车、景，文字需要向导自己构思。

详情页广告图的内容要求更加丰富详细，具体包含以下几方面要素。

（1）产品名称：热门 POI（Points of Interests）＋主题＋特色。

（2）成绩展示，例如当地向导获得过各级导游大赛的荣誉证书，"十佳导游""金牌导游"等荣誉称号。

（3）车辆信息，例如 3 年内新车、一团一洗、多年驾龄司机等信息。

（4）便捷服务，例如机场 VIP 通道、景区快速通道，无须排队等信息。

（5）避坑推荐，例如经典线路设计、旅游六要素推荐等。

（6）常见 Q&A（Questions & Answers），例如费用包含或不含、发票、退改等旅游者关注的信息。

考虑到客人的观看耐心和信息传递的有效性，切忌篇幅过长。

2. 旅游新媒体运营

（1）短视频运营

短视频通常指视频时间在 5 分钟以内，用于受众闲暇时间通过移动设备观看的视频形式。

当地向导可将制作好的短视频上传至抖音、快手、西瓜视频、微信视频号、携程旅拍社区等网络平台进行运营推广。

当地向导制作的短视频核心要素包括价值趣味、精良画质、优质标题、听觉质量等，旅游短视频的主要类型有攻略图文类、知识分享、场景解说、情景短剧、视频博客等。

在短视频运营过程中注意把握一些技巧，例如使用精准的账号名称、靓丽的头像，重点突出的简介设置和主页背景，以及视频发布的时间段要选在受众的闲暇时间。

（2）直播运营

当地向导常见的直播运营形式有旅游产品电商直播、目的地体验式直播、主题分享式直播、知识教学式直播等。直播的形式有走播、走播＋坐播，需要注意的是，走播需使用云台保持画面稳定，避免移动中镜头抖动引起用户观感不适。

以下以携程直播为例，介绍直播运营的流程（图3.1）与注意事项。

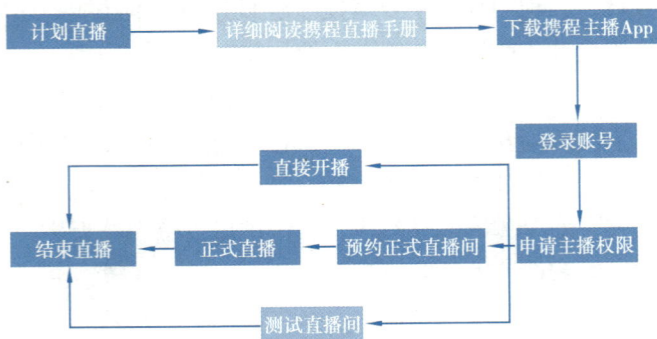

图3.1　携程直播流程示例

（图片来源：携程当地向导平台西南大区提供）

在直播开始之前，当地向导需要做好相应的开播准备工作。

①选择好直播主题,例如川渝地区首选美食主题,云南则侧重体验,新疆选网红景点等。

②要有良好的直播环境：稳定的 4G/5G 移动网络或者 Wi-Fi。

③准备直播设备：

a. 拍摄设备要求画面清晰、晃动小，一般手机摄像头即可使用，若清晰度不够，则需要更换直播设备。

b. 录音设备优先使用无线话筒，没有话筒可戴耳机，前两者比直接用手机收音效果好。

④直播前先行试播，测试网络、画面、收音等。

⑤注意事项：

a. 出发前先规划好直播的路线和时间。

b. 规划好直播时应有的内容输出。

c. 多与观众互动，不要冷场，及时回答直播间内的问题。

d. 保持在镜头前，适当更换场景。

e. 不要做抽烟、喝酒等会被封禁的事情，不要谈论敏感话题。

在直播的过程中首选沉浸式讲解，边走边介绍，带给用户沉浸式游玩体验。其次要突出玩乐特色，选取 3 个以上特色重点讲解，给用户留下深刻印象。同时在直播中与用户互动，引导用户关注主播，加入粉丝群，保持用户的关注度。

（二）线路设计与内容策划

当地向导在售前，需要与旅游者沟通线路行程，给旅游者主动引导，并给出作为本地人的推荐玩法，带领旅游者深入本地生活。因此，向导在线路设计与内容策划上需要有相应能力。

当地向导线路设计流程如下：

1. 关注目的地 POI 热度

POI（兴趣点）会随着季节、自媒体、新闻等的热点变化而变化，比如 2018 年开始重庆被各大自媒体曝光成为网红城市，洪崖洞、李子坝轻轨站、三层马路等成为年轻人追捧的打卡点。所以，线路设计必须以 POI 热度为前提，精准抓取用户需求，这样制作出来的产品才能被用户接受，继而产生销量。

2. 选定 POI 后，深入了解线路中的六要素

一条旅游线路需要有"食住行游购娱"，在拟定线路中 POI 的框架后，用六要素将线路充实。

3. 线路延伸到多层次

一条旅游线路设计完成后，需要根据不同层次客户群体衍生套餐，比如年轻客户对吃住要求不高，那么可以设定经济型套餐；中年客户会带家人出行，更追求品质，那么可以设定舒适型套餐。

4. 开发小众产品

在常规旅游线路基础上，新增一些体验元素，满足小众客人需求。比如重庆的当地向导产品（图 3.2），重庆—武隆一日游，在常规线路基础上，将天生三桥和龙水峡地缝组合，调整为天生三桥和神秘天坑，并增加下午茶和观日落体验，给旅游者带来新奇体验。

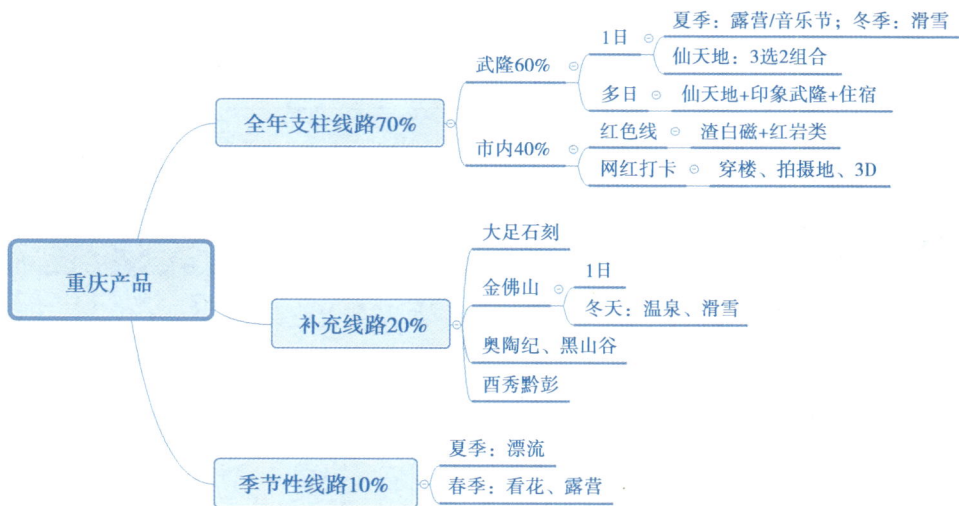

图 3.2　当地向导重庆产品结构图

（图片来源：携程当地向导平台西南大区提供）

✎ 技能考核

考核一：以小组为单位，查阅以下在线旅游平台，分析各个平台当地向导的服务内容、类别和特色，归纳总结然后分小组进行展示汇报。

1. 携程当地向导

2017 年 7 月 5 日，携程旅游宣布，推出以"当地人带你玩"为定位的"全球当地向导"平台，集合国内外的当地导游、向导达人、留学生华人等，为旅游者带去当地陪游、包车接送、特色体验、旅途聚会等目的地服务，解决旅游者旅行中语言不通、交通不便、不知道怎么玩等难题。

2. 马蜂窝当地向导

马蜂窝旅游网是广受中国年轻一代追捧的旅行网站，被誉为中国的旅行圣经。得益于"内容＋交易"的核心优势，马蜂窝将复杂的旅游决策、预订和体验，变得简单、高效和便捷。马蜂窝是旅游社交网站，是数据驱动平台，也是新型旅游电商，提供全球 6 万个旅游目的地的交通、酒店、景点、餐饮、购物、当地玩乐等信息内容和产品预订服务。

当地向导工作室的创建与运营

考核二：跟着大师学带团（学习视频，将导游大师讲的技巧梳理出来写入下表，并拍摄学习心得视频上传到学习平台）。

序号	带团技巧

✏ 考核标准

序号	考核细分项目	细分标准	分值	得分
1	课前准备	讨论回答	15	
2	技能考核一	语言表达	55	
		技能操作		
		展示效果		
		完成时间		
3	技能考核二	按照要求完成考核	30	
总分				

✏ 考核汇总表

组别					
小组自评					
小组互评					
教师评价					
企业导师评价					
总分					

备注：小组自评 10%，小组互评 10%，教师评价 40%，企业导师评价 40%。

任务二　行前准备工作

课前准备

查阅书籍资料、相关网站内容，结合微课视频，分析当地向导行前准备工作有哪些。

行前准备
工作

序号	名称	内容

时间安排

（1）任务介绍 5 分钟。

（2）任务分析 5 分钟。

（3）教师导学 25 分钟。

（4）学生实训 40 分钟。

（5）总结评价 5 分钟。

任务介绍

小吴是一名重庆当地向导，他在携程当地向导平台接到一个订单：一组来自杭州的家庭旅游者预订了 7 月 1 日重庆市内山城文化一日游的行程。这组家庭包括 2 位 65 岁老人、2 位成年人和 1 位 7 岁的儿童。旅游者提出要体验山城文化和红色文化，还想在中午品尝特色美食，但老人和儿童不能吃辣。根据旅游者的特点和要求，小吴应该如何做好本次向导任务的准备工作？

任务分析

当小吴在平台上接到订单后，要及时查看预订信息，明确旅游者的数量、年龄结构，了解旅游者的需求及行程的安排，同时，对于不确定的信息应及时与旅游者取得联系，沟通后书面通知旅游者相关出团信息和注意事项。与旅游者联系落实接待事宜后，小吴应从以下几个方面做好服务准备工作：

确认信息 ⇒ 联系旅游者 ⇒ 沟通调整 ⇒ 服务准备

一、任务目标

（1）素质目标：培养以旅游者需求为导向的服务意识。

（2）知识目标：熟悉当地的旅游信息，掌握当地向导行前准备工作的流程和内容。

（3）能力目标：能根据不同旅游者需求做好行前准备。

二、任务重点

掌握当地向导行前准备工作的流程和内容。

三、任务难点

能够在行前做好相应的准备工作。

✎ 任务实施

第一步：确认行前信息

（一）行程单信息

1. 熟悉旅游者成员情况

旅游旺季会出现临时增加旅游者的情况，向导要及时了解相关信息，避免遗漏客人信息。具体包括出行时间、地点、人数、联系方式、旅游者姓名、年龄、职业、报名平台。

2. 熟悉线路安排

当地向导提供的旅游产品通常是对一地的深度旅游，因此，当地向导要在行前熟悉线路包含的景点，以及确认是否需要预约、由谁负责预约、是否预约好、费用中的自费项目有哪些及付费方式等方面的情况，以避免在后续的行程中出现问题，影响旅游者的旅游体验。

（二）出行通知书

旅游者在成功购买线路之后，平台或旅行社会为旅游者发送出行通知书（表3.1），一般包括以下内容：

1. 集合时间、地点，以及交通指南

集合时间：明确到年月日、星期几，具体集合时间最好用24小时制表明，如15：30，而尽量减少使用下午3：30这样的表述。

集合地点：精确到道路名称、门牌号及楼层，尽量选择易寻找、无争议的集合地点。

交通指南：自驾和公共交通两种方式，自驾提示周边停车场位置，公共交通提示站点、出口等相关信息。

2. 工作人员及联系方式

工作人员主要由向导和平台或旅行社的计调（客服）组成，一般提供双方的联系方式和相关信息。当旅游者人数较少时，一般由一位当地向导独立带团；超过一定人数的旅游团，由两位向导或一位向导和一位助理领队提供服务。因此，工作人员的联系方式需要注明身份、姓名及联系电话或者微信，便于旅游者联系。

3. 建议装备

当地向导的旅游产品游览时间多为 3 ~ 4 小时，旅游者以徒步为主，运动量较大。尤其是亲子团的儿童，体力消耗比较大，当地向导可以针对本次旅游行程给出适当的装备建议，例如准备舒适的旅游鞋、儿童轻便推车等。

4. 活动行程安排

需要注明时间、地点、活动形式，可以是文字形式，也可以是图文并茂的行程安排。

5. 费用说明

报价方式有一价全包式、服务费 + 门票费、服务费 + 门票 + 餐饮 + 交通。

6. 退改说明

一般分用户取消和商家取消两大类，会对双方权益做出明确的说明。

7. 安全责任声明

体验型旅游活动往往安全系数较高，风险度低，但是安全责任声明依然要符合国家对相关问题的规定。

表 3.1　出行通知书示例

出行通知书	
线路名称	四川包车四日游
出发时间	7/13–16
客人信息	张三一行 12 人，电话：133××××××××
行程安排	7 月 13 日： 中午双流接机，航班号：CZ3461，16：45 落地。游览【宽窄巷子】、【市区打卡】，住成都市区。 7 月 14 日： 成都前往【卧龙保护基地】，游览【猫鼻梁】、垭口观景台，住四姑娘山景区内。 7 月 15 日： 上午游览【双桥沟】，晚上住都江堰景区，游览【夜景南桥 + 仰天窝】，游览结束后送酒店入住。 7 月 16 日： 酒店出发游览【元通古镇】，按规定时间送双流机场，航班：CZ3462，起飞时间 18：00。
其他信息	【车型】9 座福特 +9 座奔驰 （含路桥费 + 燃油费 + 停车费 + 司机吃住自理） 【导游】陪同 + 讲解（含导游自己门票 + 住宿） 【客人餐饮】客人自理，师傅自理 【客人门票】客人自理门票，导游协助处理 【线上客服】李四：132×××××××× 【当地向导】王五：134×××××××× 【师傅 + 车牌】……

续表

出行通知书
注意事项： 1. 四川是个多民族聚居的省份，他们在生活习俗上有少数民族的传统，您在游览过程中或与当地人沟通交流时遇到与自己的日常生活认知不一致的地方，请尊重当地习俗。 2. 川西地区因山地气候，现在虽处于夏季，但气温早晚略有温差，请带适合雨天出行的防水易脱的服装。 3. 预防蚊虫叮咬，虽然空气清新，蚊子不多，但毕竟是山区，蚊虫不可不防，提前携带消炎药物。 4. 四川饮食口味偏辣微麻，要预防食辣过多引起肠胃不适，购买街边小吃和当地水果时一定要注意卫生，若有其他饮食要求，请提前告知工作人员。 5. 前往景区多为山路，弯道较多，请提前服用晕车药、贴晕车贴等；如有心脏病、高血压等提前反映情况。 6. 因为山地地貌特点，加之景区面积宽广，有一定的步行时间，旅游者朋友们以穿舒适平底鞋、防滑运动鞋为宜。 7. 随时都会让您得到美的享受，要把您的感受带回家，可别忘记备足电池，数码相机也要备足存储卡。

第二步：联系旅游者并确认信息

（一）媒介选择

（1）在出团前一天，当地向导需要选择适合的媒介与旅游者联系，可通过小程序、微信、短信及电话等方式与旅游者保持联系。

（2）原则上仅允许一位工作人员添加旅游者微信，若旅游者不主动发起，不允许其他工作人员添加旅游者微信，若需要其他工作人员协助沟通，可以建立微信群聊。群名称必须包含××当地向导＋订单号，工作人员在群里需要标明身份，标准的昵称格式为身份＋称呼，便于旅游者辨识，如"向导小张"。

联系旅游者信息示例：

尊贵的客户您好，欢迎加入您的专属服务群，我是入驻××向导平台的××商家，很高兴后续为您服务，后续相关问题可在群内沟通。另烦请您核实群名中的订单号和您的是否一致，谢谢！

（二）活动通知

在活动前一天，当地向导通过适合的媒介向各位旅游者发送通知，这是当地向导与旅游者第一次正式的书面沟通，所以作为专业的旅游从业者要重视活动通知的规范性和严谨性，按照内容的重要性分段或者整段发送，便于旅游者阅读。

一般事务性通知的格式包括标题、称呼、正文、结束语和落款。

1. 标题

标题一般只居中写"通知"二字，有的在"通知"前加事由，如"出团通知""活动通知"等，有的在"通知"前加"重要""紧急"等词语，以提醒有关人员。

2. 称呼

标题下面一行顶格写称呼，即与通知事项有关的人员，如可以用"各位旅游者""各位朋友"这些称谓来称呼旅游者。

3. 正文

正文要写清楚时间、地点、内容和要求。简单内容用一段文字说明，复杂内容可分条来说明。一般包含集合时间、集合地点、出发地点、结束地点、行程安排等重要信息。语言简洁明了，不易产生歧义。

4. 结束语

正文下一行，一般采用邀约的方式作为结束语，如"期待明天与您一同开启美好的旅程"。

5. 落款

写在正文的右下方，右边缩进两格。先署名，后写日期。署名一般用 × × 平台（或旅行社）的当地向导 × ×。

第三步：及时沟通调整旅游者的预期

（1）从发出通知到行程正式开始的期间，当地向导要通过各种媒介渠道及时与旅游者建立联系，通过沟通了解旅游者需求，第一时间及时响应。

（2）如不能及时回复也要告知旅游者可回复的时间段、原因及紧急联系方式，及时沟通避免造成旅游者不必要的焦虑，调整他们的旅游预期。例如，携程当地向导平台规定，旅游者在目的地服务时间段内的咨询、求助、抱怨，当地向导要在 120 秒内首次回复；非服务时间段内的问题，如咨询、求助、抱怨等，当地向导要在 1 小时内回复。

（3）当地向导无法解决旅游者的问题或者无法与旅游者达成一致的，需要告知旅游者下单平台的反馈渠道，以免让旅游者额外耗费等待时间。

第四步：服务准备

（一）个人形象准备

1. 职业化形象

当地向导的形象准备要符合职业的基本要求，具体要求参照导游员着装规范。

2. 个性化形象

个性化的个人形象是当地向导个人 IP 打造的重要组成部分，当地向导与其他旅游接待人员相比往往更加具有鲜明的个人特征，甚至成为个人标签。

（二）心理准备

当地向导要具备良好的心理素质，在接待前要做好以下心理准备。

1. 要有带好团的信心

当地向导往往对当地文化和当地旅游资源非常熟悉、热爱，有着深厚的生活积累和文化储备，要对工作有信心，发挥自身的优势，展示向导的专业和魅力。具有自信心的当地向导才能得到旅游者的信赖和支持。

2. 准备承受投诉与抱怨

当地向导的工作属于服务性的工作，而旅游者受年龄、职业、媒体宣传等众多因素影响，对当地向导的评判往往褒贬不一，尤其是在注重旅游体验的时代，旅游者投诉与抱怨经常会在带团过程中出现，当地向导要沉着冷静地面对挑战，谨记"游客为本，服务至诚"的行业准则。

3. 准备面临艰苦复杂的工作

虽然当地向导提供的旅游产品属于碎片化产品，但在短暂时间内却是高强度的脑力和体力输出，要提供更加优质的服务，这需要当地向导做好准备，以应对各种复杂情况。

（三）知识准备

1. 专题知识准备

（1）目的地概况

包括景区概况、当地风俗概况，例如饮食、衣着、语言等；车程及路况，例如景区间距离、沿途可休息点、可参观的景点、是否有较差路况点等；其他资源，例如当地的低中高档酒店、网红餐饮店、网红打卡点、门票价格及优惠政策、当地特产等信息。

（2）突发事件应对

准备旅途中可能发生的突发事件的应对知识。例如车祸、客人突发疾病、自然灾害等突发事件的预防及应对。

立德专栏

了解一座城，就要走进这座城市的每一条街道

携程当地向导"驴哥"，原名吕晓亮。驴哥总是穿着中式服装，走起路来显得特别精神，说起"海派文化"，他总是有说不完的话题，滔滔不绝地讲述上海城市中心每一个角落的历史。他就是"海派文化"的爱好者，立志于让更多的年轻人了解上海的文化。

他说上海是全球的国际化大都市，是一个快速发展和前进的城市，生活在这里的人，也都跟着城市的节奏，渐渐失去对这座城市的记忆。要了解一座城市的文化和历史，就一定要走进这座城市的街道，去感受每一条街道的风情迥异和历史文化沉淀的色彩。

于是，他做了一件特别的事情，带领所有来到上海找他的游客走完上海的大街小巷，通过对街道文物和建筑的了解，深入上海的每一个角落。

驴哥一直有一个宏伟的目标，就是重新定义传统的旅行，用体验当地生活和文化的方式，逐渐深入城市，了解城市的文化底蕴。所以，他最愿意做的事情，就是带着客人走街串巷，走到上海城市的每一处街道。

（改编资料来源：他说：要了解一座城市的文化和历史，就一定要走进这座城市的每一条街道！[EB/OL].（2017-10-27）[2022-08-09].携程旅行当地向导.）

2. 旅游者感兴趣的知识

当地向导需要提前准备旅途中旅游者比较感兴趣的问题。根据携程当地向导的统计，旅游者最想了解的大致信息见表 3.2。

表 3.2 旅游者感兴趣的问题统计

饮食类	1. 最有特色的美食有哪些？ 2. 哪里用餐的氛围、景观最好？
住宿类	1. 住哪里方便？有什么推荐的酒店？ 2. 可不可以帮我订酒店？
交通类	1. 有什么车型可以选？ 2. 路上需要坐多久的车？
游览类	1. 哪些地方适合老人小孩？ 2. 最值得去的地方有哪些？ 3. 门票我该怎么买？你们能不能帮我买门票？ 4. ×× 岁儿童可以免票吗？
购物类	1. 最值得购买的特产，去哪里买？ 2. 可以快递吗？
娱乐类	1. 去哪里可以有深度体验？有没有危险性？ 2. 最适合带孩子去哪里玩耍？
其他	1. 产品费用包含哪些？ 2. 提前多久预订？

（四）物品准备

（1）当地向导应提前准备好接团期间所需要的物品，主要包括身份证、旅游标识、导游证（或向导挂牌）、导览讲解器等必备物资。

（2）准备一些生活用品，如瓶装水、医药包、清凉油、驱蚊液、酒精棉片、一次性雨衣等。

（3）特殊团队的特殊物资。对于研学团队，当地向导还需要准备研学器材、奖品等；有部分平台和旅行社也会为旅游者准备一些惊喜小礼物或纪念品，如徽章、钥匙扣等。当地向导要整理归纳，保证物资充足。

✎ 技能考核

考核一：以小组为单位，从以下三种服务中选择一种并结合不同的旅游者类型，完成当地向导行前准备工作，然后分小组展示汇报准备内容。

1. 上海迪士尼乐园

上海迪士尼乐园，位于上海市浦东新区申迪北路 753 号，是中国内地第一座迪士尼度假区，也是继加州迪士尼乐园度假区、奥兰多华特迪士尼世界度假区、东京迪士尼度假区、巴黎迪士尼乐园度假区和香港迪士尼乐园度假区之后，全球第六个迪士尼度假区。上海迪士尼乐园是一座王国风格的迪士尼主题乐园，包含七个主题园区：米奇大街、奇想花园、探险岛、宝藏湾、明日世界、梦幻世界和迪士尼·皮克斯玩具总动员。每个园区都有花园、舞台表演、游乐设施等项目，每个园区都有不同故事里的迪士尼形象，如米奇和他的伙伴们、迪士尼公主们、杰克船长、小熊维尼等。

2. 重庆十八梯传统风貌区

十八梯传统风貌区，位于重庆市渝中区中兴路 1 号，南临解放西路，北临中兴路，坐落于长江畔。于 2017 年 5 月开工建设，2021 年 9 月 30 日建成开放。十八梯传统风貌区占地面积约 88 亩（1 亩 ≈ 666.67 平方米），建筑面积约 16.1 万平方米，划分为 A、B、C、D、E 五个地块，共设传统文化体验区、国潮文创体验区、国际交流中心、生活方式中心四大功能区域。分为南北风貌景观带和东西旅游拓展带，两带中打造"十八景"，含有"花街鸟语""黄葛挂月"自然风貌景观 2 个，"古井春风""校场揽胜"等艺术景观 7 个，"于公挥毫"、大轰炸遗址等历史展陈 3 个，以及"响水茶香""巴渝人家"等特色运营景观 6 个。

3. 三亚亚龙湾旅游度假区

亚龙湾国家旅游度假区是我国唯一具有热带风情的国家级旅游度假区，是一个拥有滨海公园、豪华别墅、会议中心、高星级宾馆、度假村、海底观光世界、海上运动中心、高尔夫球场、游艇俱乐部等国际一流水准的旅游度假区。亚龙湾气候温和、风景如画，有蓝蓝的天空、明媚温暖的阳光、清新湿润的空气、连绵起伏的青山、千姿百态的岩石、原始幽静的红树林、波平浪静的海湾、清澈透明的海水、洁白细腻的沙滩以及五彩缤纷的海底景观等，而且 8 千米长的海岸线上椰影婆娑，生长着众多奇花异草和原始热带植被，各具特色的度假酒店错落有致地分布于此，恰似一颗颗璀璨的明珠，把亚龙湾装扮得风情万种、光彩照人。

旅游者类型如图 3.3 所示。

（a）老年旅游者　　　　　　　　（b）亲子家庭

（c）女性旅游者　　　　　　　　（d）入境旅游者

图 3.3　旅游者类型

考核二：结合案例谈一下，如何做好此次当地向导服务的准备工作，并填写考核表。

在台湾生活着 6 位老朋友，他们年龄最大的已经将近 80 岁，都是在 1949 年时由重庆搬到台湾。在 2022 年春节期间，6 位老人相约去重庆看看他们儿时生活的地方，追忆一下童年趣事，同时体验现代重庆的时尚。过去的几十年，重庆发展速度特别快，发生了翻天覆地的变化，6 位老人对重庆是既熟悉又陌生，于是他们在某旅游平台上找了一位当地向导，让他带着他们重游重庆。

准备事项	准备内容

考核标准

序号	考核细分项目	细分标准	分值	得分
1	课前准备	讨论回答	15	
2	技能考核一	语言表达	55	
		技能操作		
		展示效果		
		完成时间		
3	技能考核二	按照要求完成考核	30	
总分				

考核汇总表

组别				
小组自评				
小组互评				
教师评价				
企业导师评价				
总分				

备注：小组自评 10%，小组互评 10%，教师评价 40%，企业导师评价 40%。

任务三 迎接服务

课前准备

查阅书籍资料、相关网站内容，结合微课视频，分析当地向导迎接服务工作有哪些。

迎接服务

序号	名称	内容

时间安排

（1）任务介绍 5 分钟。

（2）任务分析 5 分钟。

（3）教师导学 25 分钟。

（4）学生实训 40 分钟。

（5）总结评价 5 分钟。

任务介绍

按照接待计划，重庆的当地向导小吴需要在 7 月 1 日上午 9 点到重庆渝中区某酒店接来自杭州的张先生一家和来自北京的一对青年情侣，并带领两组客人一起完成"解读红色文化"的行程。

思考：小吴在迎接来自不同城市的不同类型旅游者时需要注意什么？应该提供哪些特色服务？

任务分析

在迎接服务环节，小吴需要核实好迎接旅游者的时间和地点，提前联系所有旅游者并提前到达约定好的地点等候。因为旅游者来自不同地方，互不了解，当地向导就像一条纽带，把旅游者紧密联系在一起。同时，还需要灵活处理迎接时的突发情况。

小吴可以从以下几个方面做好迎接工作：

迎接游客 ➡ 致欢迎词 ➡ 破冰活动 ➡ 行程介绍 ➡ 突发情况

一、任务目标

（1）素质目标：树立主人翁意识和责任意识。

（2）知识目标：掌握当地向导行前迎接工作的流程和内容。

（3）能力目标：能根据不同情况调整服务，妥善处理服务中出现的各种问题。

二、任务重点

掌握当地向导迎接服务工作的流程和内容。

三、任务难点

能够根据不同旅游者的需求提供相应的迎接服务。

✎ 任务实施

第一步：迎接旅游者

（一）认找旅游者

1. 提前到达集合地点

一般情况下，当地向导应提前20分钟到达集合地点。抵达后通知旅游者自己已到位，请他们在集合地点会合。当地向导要站在集合地点醒目的位置，拿好接站标志，便于旅游者认找向导。

2. 认找旅游者

在有微信群的情况下，当地向导可以拍摄集合地点以及个人照片上传到群里，帮助旅游者主动认找向导。如果临近集合时间旅游者还没有及时赶到集合地点，当地向导可以通过电话沟通寻找旅游者。同时，向导也要通过察言观色在人群中寻找团内旅游者，及时确认。

3. 迟到旅游者的处理

由于团队通常只有一位向导，对于迟到的旅游者，向导可以通过微信群与旅游者保持联系，在活动同时邀请其他旅游者拍照，尤其是拍有门牌号的标志性建筑发到群里，便于迟到旅游者找到旅游团。

对于找不到集合地点的旅游者，当地向导不能完全依赖微信的共享位置功能，电子地图往往存在一定的偏差，约定标志性地点更便于寻找旅游者。

（二）核实签到

1. 核实签到

当地向导与旅游者核实好团名称、向导姓名、旅游者姓名和电话号码之后，完成签到。签到形式有小程序签到、微信签到、传统的纸质签名签到等，当地向导可以根据实际情况选择。

2. 分发物品

在完成签到之后，当地向导要向旅游者分发相关物品。导览器分发给旅游者之后，要告诉旅游者正确的使用方法，帮助不会使用的旅游者调试设备。博物馆研学类的除讲解器之外还有研学手册等其他物品要按照数量发放给旅游者，避免出现遗漏、错发等现象。

8D 魔幻之城的老司机

当地向导裴姐出生于 1970 年，是地地道道的重庆本地人。她深深地热爱这座城市，想把它最美的一面展现给你。而且这位还真是"老司机"，有着多年的出租车驾驶经验。要知道，在山城重庆驾驶可不是件容易事儿，而裴姐就是一张活地图。因为爱着这座城，想让更多的人了解这座城，裴姐成功从出租车司机转变为携程当地向导。

"老司机"办事牢靠，热爱旅游，可以为客人私人定制行程。来重庆旅游的朋友跟裴姐预订接机或者送机后，只用告知她航班起抵时间、航班号或者火车班次、时间，剩下的事就无须担忧啦。细心热情的裴姐根据游客的人数和构成，5 座到 55 座的车都可以协调。裴姐说，因建立在重重山峦之上，重庆被称为"山城"。山势起伏，楼房依山而建，使地图在这里显得用处不大，因为地图是平面的，而重庆是立体的。裴姐用自己多年的驾驶经验带领游客认识重庆，使这座城市更加立体鲜活。

（改编资料来源：立交桥如迷宫的 8D 魔幻之城，没老司机带你玩怎么行？
［EB/OL］.（2017-08-31）［2022-08-09］.携程旅行当地向导.）

第二步：致欢迎词

致欢迎词对当地向导来说非常重要，这是当地向导第一次在旅游者面前正式亮相，会给旅游者留下深刻的"第一印象"。致欢迎词时，旅游者会认真审视当地向导的个人形象和语言功底。当地向导成功地完成这一环节，能够在旅游者面前树立良好的形象和较高的威信，帮助旅游者迅速消除因陌生带来的不安和焦虑，从而激发旅游者的游兴，为建立良好的客户服务关系和顺利完成旅游计划奠定心理基础。

欢迎词的内容一般包括四个方面。

（一）欢迎旅游者，拉近距离

问候语：对旅游团或旅游者表示问候。如"各位来宾，大家好！""各位朋友，大家好！"等。

欢迎语：欢迎旅游者光临本地。如"请允许我代表本人欢迎大家来我们××（城市的名称）观光游览"。

在问候语中选择适合的称谓。如"旅游者、嘉宾、贵宾、朋友"等，首次见面尽量不要选用"帅哥美女"或者"亲"这些网络称谓，显得不够尊重。

（二）自我介绍，加深印象

介绍语：介绍自己的姓名等。如"我叫吴××，大家可以叫我'吴导'或'小吴'"。同时注意，介绍自己的时候要介绍全名，不要简单地介绍"我姓吴，大家可以叫我'吴导'"。

另外可以对自己的姓名进行简单阐释，方便旅游者记忆，也便于后续的交流与沟通。

（三）竭诚服务，表达态度

希望语：表示提供服务的诚挚愿望。如"在大家旅游期间我会尽我所能为大家提供优质服务，让大家满意"。适度承诺，并不是旅游者的所有要求都能得到满足，只能满足旅游者合理而可能的要求。

（四）预祝顺利，良好祝愿

祝愿语：预祝旅游愉快、顺利。如"预祝大家此行游得开心，玩得尽兴"。祝愿要简洁、明了、有力，以便进行接下来的首次沿途导游。

欢迎词要因人而异、因时因地制宜，切忌死板、沉闷，如风趣、自然，会缩短当地向导与旅游者之间的距离，使大家很快成为朋友，熟悉起来。

欢迎词示例：

各位旅游者朋友，大家好：首先，我代表成都2100万同胞热忱欢迎大家来到天府之国——成都，我是今天陪同大家进行成都一日游的导游，我叫王××，大家可以叫我小王。我是一个地地道道的成都人，生在成都、长在成都，希望我能给大家带来一段不一样的旅游体验，预祝各位朋友的成都之行吃得巴适、耍得安逸！

第三步：开展破冰活动

旅游者来自四面八方，破冰活动的目的是消除旅游者之间的陌生感，让本不认识的人互相了解，建立融洽的团队关系。旅游者可以根据自身实际情况选择破冰之旅的形式，成年旅游者完全可以通过聊天的方式增进了解，也可以通过游戏的方式增进了解，最常见的是自我介绍或者接龙游戏。

例如：

自我介绍接龙：旅游者围成一圈进行自我介绍，每人可以说自己名字并加一项内容，如爱好。第一个人说"我叫×××，我喜欢看电影"，第二个人则必须说，"我是站在喜欢看电影的×××旁边的喜欢吃火锅的×××"，第三个人就必须说前面两个人的特性和名字，排在最后的旅游者，要说所有人的姓名和爱好，很有挑战，不过他也听得最多，接收的信息最多。这样一圈介绍下来，旅游者的名字就互相都记住了，也活跃一下刚开始旅游的尴尬气氛，消除大家的陌生感。

第四步：进行行程介绍

一般包含介绍主题、调节旅游者预期、行程安排与注意事项等部分。可参照旅游者出行通知书的内容。

第五步：处理突发状况

（一）行程取消

当地向导的产品预订时间比较灵活，在当地旅游过程中经常会遇到各种突发情况造成旅游行程无法开展。突发状况按照原因分类可分为客观原因导致的突发状况和主观原因导致的突发状况两种。

1.客观原因导致的突发状况

根据平台和旅行社的要求，当天气预报出现极端天气，例如天气红色预警，旅游行程可以取消，当地向导要及时通知旅游者，办理相关退团手续。费用由平台和旅行社与旅游者协商处理。

2. 主观原因导致的突发状况

出于旅游者自身的突发原因不能参加旅游活动，当地向导需根据旅游合同（或约定）进行处理。旅游者有特殊原因，例如突发疾病等，可出示诊断书、病历等相关凭证，协商处理。

（二）行程变更

随着城市发展，道路、场馆及景点经常会出现临时闭馆、展品外借、景点维修等特殊情况，造成旅游行程变更。当地向导要及时通知旅游者，并且在讲解过程中弥补旅游者。如部分展馆不能进入内部参观，当地向导可以在馆外通过讲解介绍来弥补旅游者的遗憾。

（三）临时增加旅游者

由于多数旅游产品允许旅游者当天报团，这给当地向导的接待工作提出了较高要求。

（1）首先通过平台（旅行社）了解旅游者的相关情况，及时联络旅游者告知相关事项。

（2）当地向导要及时增加相关物资，如讲解器、购买门票等，旅游者加入旅游团后当地向导要平等对待。

（3）如果有旅游者带了自己的亲友临时参团，当地向导要及时通知平台（旅行社），征得同意，办理入团手续，缴纳相关费用。如果亲友不按要求办理手续，当地向导要及时向旅游者和亲友解释说明。

✎ 技能考核

考核一：以小组为单位，从以下十条红色线路中选择一条并结合不同的旅游者类型，完成迎接服务环节的欢迎词，然后分小组展示汇报准备内容。

上海红色之旅

上海市文化旅游局研发了建党百年上海红色旅游 10 条精品线路，带领市民旅游者深度体验红色探秘之旅。

线路一：开天辟地·革命启航

中共一大发起成立地—中共一大代表宿舍旧址—中共一大纪念馆—浙江嘉兴南湖红船—浙江嘉兴南湖革命纪念馆。该线路为文化和旅游部"建党百年百条精品红色旅游线路"，旨在让广大旅游者穿越历史，沿着共产党人的足迹，重温初心，共同探寻共产党人的精神密码。

线路二：大国海陆空·科技向前冲

上海汽车博览公园—上海洋山深水港—中国商用飞机总装制造中心浦东（祝桥）基地—春秋航空模拟机基地（飞培中心）。该线路为文化和旅游部"建党百年百条精品红色旅游线路"，旨在让旅游者了解汽车工业的历史、现在及未来，体验洋山深水港的自然风光、壮观大桥、繁忙港区，感受航运强国力量，同时旅游者可在国产大飞机 C919 生产基地，详尽了解 C919 的生产过程，并可在春秋航空模拟机基地逼真模拟飞机驾驶过程。

线路三：初心之地·红色之城

中共一大纪念馆—中国共产党代表团驻沪办事处旧址—中国社会主义青年团中央机关旧址—中共二大会址纪念馆—平民女校旧址—中国劳动组合书记部旧址—中共四大纪念馆—中共中央联络处旧址。该线路将国家5A级旅游景区中共一大、二大、四大纪念馆串联起来，并开通了红色旅游专线，实现"一张车票，一站一景、一票畅游、多点上下"。同时，此线路还联动多处红色资源，进一步宣传中国共产党在上海的光荣历史、奋斗历程，更好地传承信仰之光、理想之火。

线路四：百年风华·上海浦东

吴昌硕纪念馆—上海环球金融中心、金茂大厦、上海中心大厦—陆家嘴金融城党群服务中心（原金领驿站）—上海证券交易所—船厂1862—浦东开发陈列馆—望江驿5号。该线路展示了浦东改革开放日新月异的发展过程，从30多年前曾经是滩涂荒芜之地，如今成为中国经济版图上闪亮的明珠。

线路五：追寻伟人足迹·传承红色基因

留法勤工俭学出发地（黄浦码头、汇山码头遗址）—周恩来避难地（礼查饭店）—1920年毛泽东寓所旧址—茂名路毛泽东旧居。该线路通过追寻伟人学习、生活足迹，了解一批批优秀共产党人从追寻真理的青年变成坚定的马克思主义者，让广大旅游者特别是青少年实地感受红色文化魅力，不断赓续红色血脉。

线路六：红色精神·薪火相传

龙华革命烈士陵园—外滩历史纪念馆及纪念塔—顾正红纪念馆—李白烈士故居—上海解放纪念馆。该线路旨在让市民旅游者感受无数革命英雄的赤胆忠诚和无私奉献，为党的革命事业抛头颅、洒热血，追寻红色记忆，感悟使命担当。

线路七：革命歌声·鼓舞前进

百代小楼（《义勇军进行曲》灌制地）—聂耳旧居—金城大戏院旧址（《义勇军进行曲》首次播放处）—国歌展示馆。该线路旨在让旅游者感知人民音乐家聂耳等早期中国共产党人，是如何通过电影、音乐等文艺创作来唤醒民众的意识，凝结群众的力量，共同谱写红色精神，创造历史伟业的。

线路八：隐蔽战线·红色往事

中共中央和中央军委秘密联络点旧址—秦鸿钧秘密电台旧址—李白烈士故居—中共中央政治局联络点遗址—五卅运动秘密指挥部遗址—中共中央早期无线电训练班旧址。该线路旨在让广大旅游者了解没有硝烟的战场，隐蔽战线上的无名英雄，学习李白等烈士始终不忘隐蔽战线初心，在各种危难关头，屡建奇功，书写了足以彪炳史册的不朽功勋。

线路九：文化先锋·摇旗呐喊

丁玲旧居—中国左翼作家联盟成立大会旧址—鲁迅存书室旧址—溧阳路郭沫若旧居—鲁迅故居—山阴路156弄茅盾旧居—鲁迅墓—上海鲁迅纪念馆。该线路旨在让旅游者感受一批批仁人志士以满腔热情介绍与传播革命文艺理论，倡导无产阶级革命文学，培育进步文艺队伍，创作反映时代精神的文艺作品。

线路十：魅力衡复·卓越水岸

武康大楼—夏衍旧居—衡复艺术中心—草婴书房—徐汇滨江规划展示馆—西岸美术

馆—滨江龙腾大道。该线路旨在让广大旅游者感受"街区是可漫步的、建筑是可阅读的、绿地是可休憩的、城市是有温度的",以及全球城市卓越水岸的澎湃活力。

旅游者类型如图3.4所示。

（a）老年旅游者

（b）亲子家庭

（c）女性旅游者

（d）入境旅游者

图3.4　旅游者类型

沟通技巧
与话术

考核二：跟着大师学带团（学习视频，将导游大师讲的技巧梳理出来写入下表，并拍摄学习心得视频上传到学习平台）。

序号	带团技巧

考核标准

序号	考核细分项目	细分标准	分值	得分
1	课前准备	讨论回答	15	
2	技能考核一	语言表达	55	
		技能操作		
		展示效果		
		完成时间		
3	技能考核二	按照要求完成考核	30	
总分				

考核汇总表

组别					
小组自评					
小组互评					
教师评价					
企业导师评价					
总分					

备注：小组自评 10%，小组互评 10%，教师评价 40%，企业导师评价 40%。

任务四 行中服务

课前准备

查阅书籍资料、相关网站内容，结合微课视频，分析当地向导的行中服务工作有哪些。

行中服务

序号	名称	内容

时间安排

（1）任务介绍 5 分钟。
（2）任务分析 5 分钟。
（3）教师导学 25 分钟。
（4）学生实训 40 分钟。
（5）总结评价 5 分钟。

📝 任务介绍

当地向导小吴接到一个暑假期间的订单，客户是从东北来重庆旅游的一家人。其中有四位老人、两位成人和两位儿童。因为四位老人的童年是在重庆度过的，所以他们想去寻找童年记忆。两位成人计划带着老人儿童去体验重庆的温泉，一洗旅途的疲惫，还想品尝地道的重庆美食。

那么，小吴应该如何做好行中服务？

📝 任务分析

无论是城市微旅游还是深度体验，满足的是人们的某种特殊旅游需求。从旅游活动的形式来分，这次旅游属于深度文化旅游，旅游者体验的核心是聆听和感受当地生活，挖掘当地文化内涵，感受不一样的生活体验。在旅游过程中，当地向导要为旅游者提供规范化与鲜明个性化并重的品质化服务，比其他形式的旅游服务要求更高。

因此，小吴需要做好以下几个方面的工作：

讲解服务 ➡ 文娱服务 ➡ 特殊接待

一、任务目标

（1）素质目标：树立时刻充当文化传播大使的意识。

（2）知识目标：熟悉当地向导行中服务工作的流程和内容，掌握当地向导行中讲解的方法。

（3）能力目标：能根据不同的旅游者需求，提供有针对性的行中服务。

二、任务重点

掌握当地向导行中服务工作的流程和内容。

三、任务难点

能够根据不同客户群体提供相应的行中讲解服务。

📝 任务实施

第一步：现场讲解服务

（一）常规讲解

1. 常规服务

当地向导通过深度讲解、互动探讨等形式让旅游者感受当地文化，融入当地生活。

（1）在进入景区前，当地向导要明确告知旅游者游览所需的时间、游览路线、集合时间和停（上）车的位置等，对于不能进行讲解的景区，还要对景区（点）做简要介绍。

（2）在景区游览过程中，当地向导要注意讲解的规范性，言之有据、言之有物。

2. 个性化服务

（1）当地向导可以在讲解内容中通过增加个人的生活经历来营造氛围，如增加一些当地方言的学习活动，通过现场演绎来增加讲解的趣味性。在讲解过程中要注意观察旅游者的兴趣点，适时增加旅游者感兴趣的内容。如回答旅游者关于当地的物价、房价等问题。

（2）当地向导也要善于使用现代多媒体技术，为旅游者提供与众不同的旅游体验。如利用 AR（增强现实）技术实现时空链接，增加科技感。

（3）当地向导也可以在行程中增加惊喜小活动，让旅游者有更加丰富的旅游体验。如在端午节，当地向导为旅游者准备小香囊、五色绳，午后行程为旅游者准备一小杯咖啡，还可以向旅游者赠送自己制作的纪念品，让旅游者有更好的体验。

立德专栏

刘国杨：　"导游是文化传播者，也是我的使命"

17 岁到西安读大学，23 岁暂别西安奔赴拉萨做导游，28 岁回到西安，成为携程"当地向导"……新冠疫情至今，陕西首位"90 后"高级导游刘国杨，以专业的趣味讲解为标签，一年时间内服务超过 600 次，订单确认率达 100%。2020 年 5 月后，他尝试用"趣味 + 深度"的讲述方式，通过短视频直播，一跃成为拥有近百万粉丝的流量博主，为旅游目的地带来线上 + 线下流量。

在携程平台做"当地向导"，刘国杨专门讲解陕西历史博物馆，并将这个产品命名为"刘大使讲历博"。这是他把"讲解服务"做成线下产品的开始。

近几年，以家庭为核心的个性化定制游应运而生。面对这一变化，刘国杨成立了自己的公司，命名为西安霞客文化旅游有限公司。2018—2021 年，他个人服务近 3000 人次，好评率 100%。2021 年，他的团队服务游客 14086 人次，好评率 99.4%。

2020 年 1 月 17 日，一个来自北京的家庭报名参加了他的博物馆定制游。然而，由于疫情，这家人未能成行，刘国杨为用户无损取消订单，并与他们约定"后会有期"。400 多天后，2021 年 5 月 3 日，刘国杨和这家人在陕西历史博物馆相逢，度过了美好的一天。这次难得的重聚，让他更坚定了心中的信念："我选择逆流而上，重塑行业价值和信心。"

（改编资料来源：任丽.刘国杨："导游是文化传播者，这也是我的使命"〔EB/OL〕.（2021-12-02）〔2022-08-10〕.百家号.）

（二）不同客户群体讲解服务

旅游者从年龄、婚姻状况、职业收入上划分，主要包含家庭亲子、老年人、白领等人群，当地向导为不同的消费人群提供的讲解服务也需要体现差异。

1. 家庭市场讲解技巧

（1）客户分析

家庭市场旅游者，通常是两代或三代人同游。在家庭同游中，其成员少的有二十至三十岁的年龄差，多的则超过六十岁。因年龄差大，他们的需求与喜好也就存在较大差异。因此，同时兼顾同游人的不同年龄层次和需求爱好，是向导讲解服务所要面对的旅游者要求。

亲子团在家庭客户整体中占比是最高的。亲子团重点关注的对象是未成年人，因他们年纪小、好奇心强，又好动，同时对讲解的要求很高，所以既需要注重知识性，又要注重趣味性。

（2）讲解技巧

当地向导能针对家庭同游人员之间年龄及兴趣爱好的差异，在讲解的过程中兼顾老人、小孩和中青年对具体知识和信息的接受能力，做到平衡。

讲解要简短浅显、深入浅出，符合儿童的认知规律，遣词造句和讲解语气要更能让儿童接受，吸引家庭市场中儿童群体的注意力。

2. 老年市场讲解技巧

（1）客户分析

根据《中华人民共和国老年人权益保障法》，我国老年人的年龄起点标准是60周岁。60岁以上的老人一般都退休在家，拥有大量可自由支配的时间，因而外出旅游也就成为很多老年人日常生活的主要内容。旅游是老年人重要的休闲方式，也是其基本的生活权利。"银发旅游"是传统旅游市场的基石，老年人的旅游蕴含着巨大的、多样性的市场机遇。

对老年人的服务，首先，要把握老年人的特点：年龄大，记忆力减退，反应迟缓，会反复提问，体力渐减，腿脚不太灵活等。其次，要把握好服务态度：对老年人要谦恭尊敬，耐心细致，体贴入微。最后，要有恰当的方法：对老人，讲解不在于长，而是要有氛围感，老人一般不喜欢长久站立听讲解，喜欢听有趣的、有代入感和参与感的讲解。

（2）讲解技巧

当地向导在服务中，要正视并尽量消除与老年群体的思想代沟、心理隔阂和观念鸿沟，把老年旅游者当作自己的长辈，耐心、谦虚而真诚地与他们交流，以引起共鸣。

当地向导的讲解要大方自然，语言简朴，尽量使用短句，少用老年人不易理解的网络热词。

当地向导的行为举止要亲切，体现对老年人的尊重、关心和耐心。

3. 城市白领市场讲解技巧

（1）客户分析

白领一词泛指有教育背景和工作经验的人士，主要从事脑力工作，有较为稳定的收入，包括技术人员、管理人员、销售人员、文职人员、财会人员等。他们一般工作环境良好，工作时多穿白色衬衫或职业正装，故而被称为白领。

白领群体因有较为稳定的收入，具有一定的消费能力，乐于接受新鲜事物，对生活品质和生活方式都有一定的追求。因此，鉴于当今白领队伍的不断扩大，在某种意义上，他们的消费偏好引领着旅游市场的新风向和新潮流。

白领的旅游消费易受同事和自己"朋友圈"的影响，他们除了关注传统媒体和线上旅游平台，也会通过微信、大众点评、小红书、抖音、美团等网络平台及意见领袖的推荐，获得旅游资讯和攻略。

（2）讲解技巧

当地向导要善于将网络热词、网红景点、小众秘境、社会热点、热播影视剧、热门歌曲等潮流时尚内容融入讲解，投其所好，拉近与旅游者的距离。

当地向导不仅可以借用自己的语言要素为工具，还可借用平面可视的向导工具以及数字化虚拟化技术等。这种新的非语言讲解形式和剧情参与式体验方式，非常容易被都市白领接受、喜爱。

第二步：文娱服务

文旅融合成为旅游业的一大特点，欣赏具有当地特色的文娱演出、参加特色体验娱乐活动是旅游者喜欢的特色活动。

（1）当地向导应组织旅游者安全、有序、文明、理性参与娱乐活动。

（2）提示旅游者在观赏演艺、比赛类活动时遵守秩序，如按时入场、有序出入，中途入场或离席以及鼓掌喝彩应合乎时宜，根据要求使用摄像设备，慎用闪光灯。

（3）当地向导应提示旅游者观看体育比赛时，尊重参赛选手和裁判，遵守赛场秩序。

（4）旅游者参与涉水娱乐活动时，当地向导应事先提示旅游者听从工作人员指挥，注意安全，爱护环境。

（5）当地向导应提醒旅游者在参加和其他旅游者、工作人员互动的活动时，文明参与、大方得体，并在活动结束后对工作人员表示感谢，礼貌话别。

（6）除此之外，如果是一日游或者多日游，要为旅游者提供食、住、行等方面的服务。如有些旅游者带着行李来参团，可以帮助旅游者找到行李寄存的地点，便于轻装游览。

技能考核

考核一：以小组为单位，结合小吴的订单，从以下三种服务情况中选择一种并结合不同的旅游者类型，完成行中接待和讲解服务，然后分小组展示汇报准备内容。

1. 重庆红岩村

红岩村原名红岩嘴，位于重庆市渝中区化龙桥附近的红岩村 52 号，北濒嘉陵江。红岩村因其地质成分主要为侏罗纪红色页岩而得名。20 世纪 30 年代，这里是饶国模女士经营的"刘家花园"。抗日战争时期，中共中央南方局和八路军驻渝办事处设于红岩村。周恩来、董必武、叶剑英、博古、吴玉章、王若飞、邓颖超等中国共产党著名领导人曾在此生活、工作，为中国抗日战争的胜利作出了卓越的贡献。红岩村的主要景点有八路军驻渝办事处大楼、红岩革命纪念馆、红岩村八路军重庆办事处等。红岩村是中国共产党在国统区的指挥中心。当时周恩来等领导同志或以中共代表、或以国民参政会参政员的身份进行活动，与国民党当局谈判，进行统一战线工作。抗日战争胜利后，毛泽东亲赴重庆，莅临红岩四十日。重庆谈判、上党战役，毛泽东坐镇红岩，运筹帷幄，决胜千里，为红岩的历史增添了最为光辉的一页。

2. 重庆磁器口古镇

磁器口古镇，原名龙隐镇，国家 AAAA 级景区，中国历史文化名街，重庆市重点保护传统街，重庆"新巴渝十二景"，巴渝民俗文化旅游圈。磁器口古镇位于重庆市沙坪坝区嘉陵江畔，始建于宋代，拥有"一江两溪三山四街"的独特地貌，形成天然良港，是嘉陵江边重要的水陆码头。

3. 重庆统景温泉

统景温泉风景区位于重庆市渝北区美丽的御临河畔，景区面积 15 平方千米，统揽山、水、林、泉、峡、洞、瀑、天池、小岛、古寨、鹰群诸景，堪称"自然博物馆"，被历代文人墨客盛赞为"武陵仙境"。景区温泉资源尤其丰富，更因其流量大、水温高、水质优，且集"硫酸钙型温泉""重碳酸钙型冷泉"冷热双泉于一体，位居国内前列、西南第一。

旅游者类型如图 3.5 所示。

（a）老年旅游者

（b）研学团

（c）女性旅游者

（d）入境旅游者

图 3.5　旅游者类型

考核二：跟着大师学带团（学习视频内容，将导游大师讲的技巧梳理出来写入下表，并拍摄学习心得视频上传到学习平台）。

讲解

序号	带团技巧

✏️ **考核标准**

序号	考核细分项目	细分标准	分值	得分
1	课前准备	讨论回答	15	
2	技能考核一	语言表达	55	
		技能操作		
		展示效果		
		完成时间		
3	技能考核二	按照要求完成考核	30	
总分				

✎ 考核汇总表

组别					
小组自评					
小组互评					
教师评价					
企业导师评价					
总分					

备注：小组自评 10%，小组互评 10%，教师评价 40%，企业导师评价 40%。

任务五　送行服务

✎ 课前准备

查阅书籍资料、相关网站内容，结合微课视频，分析当地向导迎接服务工作有哪些。

送行服务

序号	名称	内容

✎ 时间安排

（1）任务介绍 5 分钟。

（2）任务分析 5 分钟。

（3）教师导学 25 分钟。

（4）学生实训 40 分钟。

（5）总结评价 5 分钟。

✎ 任务介绍

结束了一天的行程后，旅游者有的要返回酒店休息，有的想品尝特色美食，有的想欣赏重庆夜景，当地向导小吴应该如何做好送行及后续服务？

任务分析

行程结束后，小吴要做好送行服务。若是旅游者有其他要求，还可以继续提供相应的单项服务，并适当为旅游者推介其他类型的特色旅游项目，例如夜间娱乐项目等。同时，引导旅游者在网络平台分享行程的精彩瞬间。

小吴需要从以下几个方面提供送行服务：

致欢送词 ➡ 清理结账 ➡ 热情道别 ➡ 引导分享

一、任务目标

（1）素质目标：培养细致认真的服务态度、热爱旅游事业的职业态度。
（2）知识目标：掌握当地向导送行服务工作的流程和内容。
（3）能力目标：能根据不同情况调整工作内容。

二、任务重点

掌握当地向导送行服务工作的流程和内容。

三、任务难点

能够妥善处理不同客户群体的送行需求。

任务实施

第一步：致欢送词

（一）致欢送词的必要性

不同的旅游者对游程的期待不同，行程结束后，个别旅游者的心中可能会有遗憾甚至少许的不满，如何化解这些不满成为当地向导的重要工作之一。当地向导要充分利用致欢送词的宝贵机会，化解旅游者心中的不满，为整个行程留下美好的印象。

（二）欢送词的内容

欢送词一般包含总结行程，表示惜别，感谢合作，表达歉意、征求意见，期待重逢五个部分。

（1）总结行程是指与旅游者一起回忆这段时间所游览的项目、参加的活动，将许多感官的认识上升到理性的认识。

例如，各位游客，我们在重庆一起度过了一段愉快的时光，各位游览了中山四路，欣赏了每一幢建筑的美，了解了每一幢建筑背后的故事，还拍摄了许多珍贵的照片，可以说是高兴而来，满载而归。

（2）表示惜别是指欢送词应该对分别表示惋惜之情、留恋之意。讲此内容时，面部表情应庄重，要给客人留下"人走茶更热"之感。

例如，大家在这三个小时里结下了深厚的友谊，马上就要分别了，心中有些不舍，但是"天下无不散的宴席"。这次的分别代表下次的相聚，愿我们重逢在阳光灿烂的日子。

（3）感谢合作是指感谢在旅游中旅游者和助手的支持、合作、帮助、谅解。

例如，我很庆幸，我遇到了你们。你们是那么包容，那么善解人意。大家对我像朋友一样，你们的热情和友好让我深受感动。更多的时候，我感到是各位朋友在照顾着我。小吴在这里真诚地对大家说声谢谢了！

（4）表达歉意、征求意见。在旅游接待过程中，当地向导的服务可能存在着不尽如人意的地方，在欢送词中当地向导真诚地道歉会让旅游者感受到尊重和诚意。征求意见，一方面表达对旅游者的尊重，另一方面有助于改善旅游接待，更好地满足旅游者的需求。

（5）期待重逢是指要表达对旅游者的情谊和自己的热情。一次旅游结束的同时就是另一次旅游的开始，在旅游结束时发出真诚的邀请可以为旅行社带来回头客，扩大客源。

例如，在长江中上游有一个立体的重庆，在重庆有一个你信任的旅行社，希望各位上海的朋友有机会再到重庆来，小吴将为您提供更多更好的服务。最后祝大家归途一切顺利、一路平安！希望在冬季我们能在重庆再相见，我相信仙女山的雪、重庆的温泉会让大家有一个不一样的冬日体验！

同时，当地向导也可以借这个机会推介城市旅游产品，包括网红餐厅、热门景点等。

第二步：清理物品、账目

在致欢送词之后，当地向导向旅游者收取讲解器等物品，结清行中自费体验项目等费用，帮助办理积分兑换等手续。

第三步：热情道别

送别服务对于旅游者旅游体验来讲非常重要，根据心理学中的"近因效应"，在人际交往中，人们留给交往对象的最后印象是最深刻的。服务结尾的完美和完善，能够塑造当地向导有始有终、始终如一的整体形象。一般情况下，在旅游者离开后当地向导方可离开。

第四步：引导分享

（一）自我分享

基于移动互联网的发展，当地向导要善于运用微博、微信、抖音等社交媒体来宣传自己，扩大产品影响力。

（二）客户分享

客户分享有助于产品的精准宣传，当地向导可以引导旅游者在社交平台分享行程，或是通过转发优惠等信息，实现互利互惠。

立德专栏

守护青海的"图狼"团队

青海湖，最大的特点是像天空一样澄澈干净。它是中国最大的内陆湖泊，也是青海省名称的由来。湖泊地域面积辽阔，环湖一圈约360千米，湖水浩瀚无边又蔚蓝空灵。湖的周围被群山环抱，而贴近湖畔则是苍茫的草原，景色壮观优美。

在遥远的青海，有一个普普通通的当地人，青海出生，青海长大，青海创业，青海成家，他就是携程当地向导谈虎。他的经历平凡得不能再平凡，但因为"青海"，他的生活中常常有惊喜，因为始终坚持自己想做的事情，他的生活永远充满着乐趣。

从一人一车，到今天各部门、设备齐全的户外旅行公司，只有谈虎和他的妻子，还有参与到这份事业中的伙伴们才知道其中的艰辛。谈虎深深爱着他的家乡，想把家乡的美传递给更多人，于是他和他的团队一直努力着。

开发成熟旅游线路，定期培训员工，只有一个信念，让更多人爱上青海，爱上他们的团队"途狼"。事实证明：他们做到了，每当看见每一条点评中大家的赞美，内心满是难以言表的满足和自豪。

（改编资料来源：马鼻子下湖泊含盐，在青海他将带你来一场纯净的旅行［EB/OL］（2017-09-04）［2022-08-09］.携程旅行当地向导．）

技能考核

考核一：以小组为单位，从以下两种服务情况中选择一种，并结合不同的旅游者类型，完成旅游产品推介，然后分小组展示汇报准备内容。

1. 重庆两江夜游

"不览夜景，未到重庆。"重庆两江游是指乘坐观光游船，夜游长江和嘉陵江。从朝天门码头出发至黄花园大桥，调头至两江交汇处，再到喜来登酒店附近后返回朝天门码头。航程约 20 千米，游览时间约 60 分钟。山城夜景，早在清乾隆时期就已有名气，被时任巴县知县王尔鉴，列为巴渝十二景之一。"两江游"将重庆的山水与重庆夜景相结合而成为城市名片，是一个让外界直观、立体、动态、全方位、近距离了解认识重庆、展示魅力重庆的最佳窗口。

2.《重庆·1949》舞台剧

《重庆·1949》剧目故事以重庆解放前夕为背景，以磁器口为中心，多条主线并行演绎。一条主线展现了林子杰、林子豪、林子雄三兄弟之间的骨肉亲情、矛盾纠葛和家国情怀，以及他们在各自理想和信仰面前作出的不同抉择；一条主线围绕着以金秀为代表的、被关押在渣滓洞、白公馆的共产党人、民主人士，他们在狱中坚贞不屈，最后英勇牺牲；一条主线围绕着重庆地下党营救狱中同志、保护重庆重要设施展开；还有一条主线聚焦狱中幸存的孩子，展现了先烈们选择坚守信仰、不惜牺牲的精神和对未来的希望。这几条主线并行交织，共同构筑了整部剧恢宏的历史画卷。

旅游者类型如图 3.6 所示。

（a）老年旅游者

（b）亲子家庭

（c）女性旅游者

（d）入境旅游者

图 3.6　旅游者类型

考核二：跟着大师学带团（学习视频，将导游大师讲的技巧梳理出来写入下表，并拍摄学习心得视频上传到学习平台）。

短视频运营

序号	带团技巧

✏ 考核标准

序号	考核细分项目	细分标准	分值	得分
1	课前准备	讨论回答	15	
2	技能考核一	语言表达	55	
		技能操作		
		展示效果		
		完成时间		
3	技能考核二	按照要求完成考核	30	
总分				

✏ 考核汇总表

组别					
小组自评					
小组互评					
教师评价					
企业导师评价					
总分					

备注：小组自评10%，小组互评10%，教师评价40%，企业导师评价40%。

任务一　服务准备

课前准备

查阅书籍资料，结合微课视频，分析地陪服务准备工作包括哪些方面。

准备工作

序号	名称	内容

时间安排

（1）任务介绍 5 分钟。

（2）任务分析 5 分钟。

（3）教师导学 25 分钟。

（4）学生实训 40 分钟。

（5）总结评价 5 分钟。

✎ 任务介绍

小刘接到旅行社计调的通知，安排他接待从北京来的旅游团。收到通知的小刘既兴奋又紧张，因为这是他第一次以地陪导游的身份独立带团。

小刘要做好哪些方面的准备工作才能圆满完成这次带团任务？

✎ 任务分析

地陪作为地接社的代表，服务质量的高低决定了旅游者在当地旅游体验的好坏。地陪服务工作千头万绪，做好准备工作是地陪提供良好服务的重要前提，准备不周就可能出差错。因此，地陪小刘的准备工作应细致、周密，做到事必躬亲。小刘还应在接到旅行社分配的任务、领取了盖有旅行社印章的接待计划后（同时接收盖章的电子计划书）立即开始准备工作。

小刘的地陪服务准备工作可以从以下六个方面进行：

业务准备 ➡ 知识准备 ➡ 物质准备 ➡ 形象准备 ➡ 心理准备 ➡ 其他准备

一、任务目标

（1）素质目标：培养细致认真的工作态度，养成良好的工作习惯。

（2）知识目标：掌握地陪服务准备环节的服务质量要求和要点。

（3）能力目标：能够根据旅游接待计划落实接待事宜，在认真了解分析旅游者基本情况的基础上做好有针对性的准备工作。

二、任务重点

掌握地陪导游服务准备工作内容。

三、任务难点

能根据工作要求独立进行服务准备环节操作。

✎ 任务实施

第一步：业务准备

旅游接待计划（表4.1）是组团旅行社委托各地方接待社组织落实旅游者活动的契约性文件，是导游了解旅游者基本情况和安排活动日程的主要依据。地陪在接受任务后，应在指定时间到旅行社领取旅游接待计划。在旅游团抵达之前，应认真阅读接待计划和有关资料，详细、准确地了解旅游者的服务项目和要求，重要事宜做好记录。

表 4.1　重庆 × × 国际旅行社旅游接待计划

团号	人数	地区	等级	T. C.	N. G.
HNCYS041025GR TSBA01	14+2+2	H.K.	BA	Mr. …	Mr. …
组团社	联系方式	结算方式			特服：
中青旅	……	团款 55 支 / 餐宿车签 / 票现			1 病，3 素，1 婴
D1	KA532 渝 A× × ×	16：40 接机			凤凰厅	渝通宾馆 贵宾楼双标
D2	渝 A× × ×	市内一日	凤凰西早	金玉满堂	玉楼东总	渝通宾馆 贵宾楼双标
D3	渝 A× × ×	大足石刻	凤凰西早	祥龙紫光厅	祥龙紫光厅	渝通宾馆 贵宾楼双标
D4	渝 A× × ×	天生三桥、地缝、仙女山	祥龙中早	仙女山庄	祥龙紫光厅	祥龙主楼 单套
D5	渝 A× × ×	蚩尤九黎城、摩围山	祥龙中早	芙蓉镇酒家	湘西部落	祥龙主楼 单套
D6	渝 A× × ×	11：05 送机	祥龙中早			

备注：渝 A× × × ×（21+6）杨 × × 渝 B16120（18+4）田 × ×。

（一）熟悉基本情况

地陪要熟悉以下几个方面的情况：

（1）地接社名称（计划签发单位）、联络人姓名和电话号码，客源地组团社名称、团号、结算方式、全陪姓名、电话等。

（2）旅游团的团名、人数（含儿童）、用车、住房、餐标（风味餐、是否含酒水）等情况。

（3）在食、住、行、游、购、娱等方面是否有特殊要求，是否有特殊要求的旅游者（如残疾旅游者、高龄旅游者等）。

（二）熟悉行程计划

（1）了解所乘交通工具情况，如旅游团抵离本地时所乘飞机（火车、轮船）的班次、时间和机场（航站楼、车站、码头）的名称。

（2）落实交通票据的情况，前往下一站或返程的票是否订妥。

（3）了解旅游团特殊要求和注意事项，如该团是否要求有关方面负责人出面迎送、会见、宴请等礼遇；有无考察、访问交流、会务等安排；该团有无需要办理通行证地区的参观游览项目，如有则要及时办理相关手续。

（三）落实接待事宜

1. 落实旅游车辆

（1）与提供交通服务的车队或汽车公司联系，确认司机的姓名、车牌号、联系电话。

（2）了解车况，确认车上的辅助设施是否正常和完善（如安全带、麦克风、垃圾袋、干净的座椅座套等）。

（3）接大型旅游团时，提醒司机车上应贴上编号或醒目的标记。

（4）确定与司机的接头时间、地点，并告知司机活动日程安排。

2. 落实接待酒店

（1）地陪应熟悉旅游者所住酒店的名称、位置、概况、服务设施和服务项目。

（2）与酒店销售部或总服务台联系，核实该团旅游者所住房间的数量、房型等，了解房间楼层、房间号码、房内设施，用房时间是否与旅游接待计划相符合，房费内是否含早餐等。

（3）向酒店提供该团抵店时间。

（4）优秀的地陪通常会在旅游者入住当天，提前从酒店获取有关信息和确认房号，然后编写短信发给团长或全陪，以便提前做好分房等有关准备工作。这样可以有效避免团队到达酒店后在大堂的长时间停留和等待，能让旅游者较快进入房间休息。

知 识 拓 展

短信模板

张先生您好，呈上今晚入住的 ×××大酒店有关信息以及咱们团队使用的房间的号码，请转告客人：

酒店名称：重庆×××大酒店

酒店地址：渝中区解放碑沧白路××号（距重庆机场25千米；重庆港1千米；重庆火车站5千米）

酒店大堂：11楼

自助洗衣房：8楼（835房间旁），24小时，凭房卡免费使用

酒店总机：63992×××，酒店内线电话：总机："0"

房间拨房间分号：6-9楼房号前+20（例：20+601）；10楼房号前+2（例：2+1001）

房号与房型：酒店依崖面江，单号客房为朝江客房，双号客房为朝崖客房

早餐时间：7:00—10:00,地点:酒店6楼半山花园餐厅，客人凭房卡刷卡用餐，中西自助早餐

酒店周边游玩点：

（1）解放碑：步行10分钟；

（2）长江索道：步行约10分钟；

（3）交运两江游码头：景区1楼；

（4）罗汉寺：步行6分钟；

（5）朝天门（来福士）：步行10分钟。

酒店电梯4楼可进入景区小吃街，请随身携带房卡，返回时有门禁,刷卡进入。

> Wi-Fi 账号：×××大酒店—客用，无密码
>
> 房间提供免费矿泉水 2 瓶 + 咖啡和茶包
>
> 房号：标间：801、803、805、807、809、8011
>
> 大床：8015
>
> 全陪房：806

3. 落实用餐安排

（1）地陪应提前与各有关餐厅联系，确认日程表上安排的每一次用餐的情况，包括用餐时间、用餐人数、餐饮标准、特殊要求等。

（2）旺季高峰时段应注意错峰调整用餐时间，以保证行程顺利进行和带给旅游者较好体验。

4. 落实行李运送

（1）如配有行李车，地陪应落实提供行李服务的车辆和人员。

（2）提前与行李车和行李员联络，使其了解旅游者抵达的时间、地点和下榻的酒店。

5. 掌握不熟悉景点的情况

对新的旅游景点或不熟悉的参观游览点，地陪应事先了解景点概况：

（1）开放时间和最佳游览路线。

（2）厕所位置和休息场所。

（3）停车场位置。

（4）注意事项和优惠政策等。

此外，地陪应和全陪提前联系，约定接团的时间和地点，防止漏接或空接事故的发生。

第二步：知识准备

地陪应根据旅游者的特点，对当前的热门话题、国内外重大新闻、旅游者可能感兴趣的话题等做好相应的知识准备。为更好地与旅游者交流，还应该准备客源地的相关知识。如 VIP 团、定制团、政务团、商务团等所需的专业知识，新开放的游览点或特殊游览点的知识等。

第三步：物质准备

《导游服务质量标准》要求，地陪应做好必要的物质准备，带好接待计划、导游证、导游旗、接站牌、结算凭证等物品。

（一）领取必要的票证和表格

地陪按照旅游团人数和活动安排的实际需要，领取门票结算单和旅游团餐饮结算单等结算凭证，领取与该团有关的表格（如旅游者意见反馈表等）。注意在填写各种结算凭证时，具体数目一定要与该团的实到人数相符，人数、金额要用中文大写。

（二）备齐上团必备的证件和物品

（1）证件。导游上团必须佩戴导游证，同时携带身份证。

（2）导游服务用品。盖章的计划书（同时备存电子版）、结算单，景区、酒店、游船等确认函，扩音器（耳麦）以及计划行程所要求的物资（如矿泉水、雨伞、路餐点心等）、意见表等，10人以上团队必须携带本社导游旗，有关通信联系信息、接站牌，有时还应准备旅行车辆标志。

（3）自己的生活用品。换洗衣物、洗漱用品、充电器、太阳镜、帽子、雨伞、个人常备药物等。

第四步：形象准备

导游的美好形象不是个人行为，在宣传旅游目的地、传播中华文明方面起着重要作用，也有助于在旅游者心目中树立导游的良好形象。因此，地陪在上团前要做好仪容、仪表方面的准备，尤其是炎炎夏日，更要打扮得体。

（1）导游的着装既要遵循TPO原则，又要符合导游的身份，要方便导游服务工作。

（2）衣着要清洁、整齐、大方、自然、得体，佩戴首饰要适度，不浓妆艳抹。

知 识 拓 展

导游着装规范

在着装方面，导游除遵循职业工作者的基本服饰礼仪规范要求外，还应该注意以下五个方面：

1.应按照旅行社或有关部门的相关规定统一着装。无明确规定者，则以选择朴素、整洁、大方且便于行动的服装为宜。带团时，导游的服装穿着不可过于时尚、怪异或花哨，以免喧宾夺主，使旅游者产生不必要的反感。

2.无论男女，导游的衣裤都应平整、挺括。特别要注意衣领、衣袖的干净；袜子应常换洗，不得带有异味。

3.男士不得穿无领汗衫、短裤和赤脚穿凉鞋参加外事接待活动。女士可赤脚穿凉鞋，但趾甲应修剪整齐。穿裙装时，注意袜口不可露在裙边之外。

4.进入室内，男士应摘下帽子，脱掉手套；女士的帽子、手套则可作为礼服的一部分允许在室内穿戴。无论男女，在室内都不可戴墨镜，如有眼疾非戴不可，则应向他人说明原因。

5.带团时，一般除代表本人婚姻状况的指环外，导游的饰物佩戴不宜过多。

第五步：心理准备

地陪在接团前的心理准备主要有两个方面：

（一）准备面临艰苦复杂的工作

在做准备工作时，地陪不仅要考虑按合同计划要求给旅游者提供热情的服务，要有充分的思想准备应对各种问题和突发事件。

（二）准备承受抱怨和投诉

由于旅游者组成的复杂性，地陪不得不面对一些旅游者无端的挑剔、抱怨、指责，甚至提出投诉。对于这种情况，地陪要有足够的心理准备，要冷静、沉着地面对。

立德专栏

洪伟：向上向善　做游客的"守护者"

"导游不仅是景区的解说员、宣传员，帮助游客更好地了解景区文化，更应该是景区的安保员，保障游客的人身财产安全是我们每位导游义不容辞的责任。"

导游洪伟1986年出生于黄山区汤口镇，从业9年来，他不仅在带团中锻炼了自己的导游专业能力，还学会了很多应急救援技能知识，每当有游客出现突发状况，他都能沉着应对，化危机于无形，帮助游客度过险情。"我平时带团都会随身携带很多应急物品，特别是糖，好多游客在爬黄山时会出现低血糖的情况，一块小小的糖就成了'灵丹妙药'。"

不久前，市导游员协会收到来自上海的唐小姐的一封感谢信和一面锦旗，她向导游洪伟的爱心之举表示感谢。唐小姐在信中写道：6月8日，他们一家三口自行前往黄山风景区游玩，中午从白云宾馆往玉屏索道步行下山的途中，唐小姐的母亲冯女士突然身体不适，是导游洪伟在关键时刻伸出援手。"面对母亲的求助，洪伟导游并未因为我们是自由行游客而对我们的求助视而不见，反而十分耐心地询问母亲的身体状况，并帮助紧急联系景区工作人员，询问急救医生联系电话，详细转达病情。"唐小姐说，在等待救援的过程中，洪伟对他们表现出了如家人般的关怀，一边积极安抚他们紧张的情绪，一边向过路游客寻求紧急支持，还拿出自己的登山补给品为母亲补充水分和糖分，全力为救治工作争取时间，他们一家都十分感动。救援队抵达后，洪伟立即向医生转达冯女士的病情："这位女士手脚发冷，嘴唇发紫，很可能是低血糖引起的，麻烦医生您再仔细检查。"见冯女士情况逐渐好转，洪伟便与冯女士一家道别了，甚至连姓名都未曾留下。"幸好当天我从急救医生那里获得了洪伟导游的信息，才能联系他。"唐小姐说，为了表示对洪伟的感谢之意，准备赠予洪伟1000元现金，但被他拒绝了。"这钱我不能收，这是我们黄山导游应该做的，我相信就算是其他导游遇到这样的情况，都会义不容辞地伸出援手，欢迎你们再次到黄山游玩。"洪伟说。

（改编资料来源：倾听导游故事丨洪伟：向上向善 做游客的"守护者"［EB/OL］（2021-06-19）［2022-8-10］.西部文明播报.）

第六步：其他准备

（1）备齐并随身携带与有关接待社各个部门、行李员、车队、餐厅、饭店、剧场、商店、机场、车站等单位联系、问讯的电话号码。

（2）地陪上团前要检查自己的手机等现代通信设备是否好用，电力是否充足，以保证与旅行社之间的联络畅通，并开启"全国导游之家"手机 App。

✎ 技能考核

考核一：以小组为单位，研究以下某旅行社团队接待计划书，完成服务准备环节工作，然后分小组展示汇报准备内容。

　　FR：重庆 GQ 国旅　　郑　　　136×××××××
　　　　　　　　　　　　苏　　　133×××××××
　　RE：1130 团重庆市内 + 武隆六日游行程
　　　　26 人（24 大 2 小）+ 1 全陪　用餐 3 桌、用房 12 间 + 1 全陪床
　　　　地接导游：陈 138×××××××
　　D1. 11 月 30 日（一）：淮安—重庆　　　　住：杨家坪酒店
　　　　航班信息：GS3221（20：15—22：50）
　　　　单接机，送酒店休息。
　　D2. 12 月 1 日（二）：重庆市区　早午餐　　　住：杨家坪酒店
　　　　早餐后 9 点出发，前往沙坪坝区，参观：
　　　　【白公馆】：当年被誉为"两口活棺材"之一的白公馆监狱，是人们了解和学习红色文化的必来景点之一。
　　　　【磁器口老街】："一条石板路，千年磁器口"，原汁原味的老建筑，迎来了现代商业的新景象，游人如织，不亦乐乎。
　　　　午餐：大礼堂广场附近，重庆小面体验，每人一碗牛肉面 + 一个煎蛋，酒水自理。
　　　　下午参观：
　　　　【大礼堂】外观 +【三峡博物馆】：重庆中国三峡博物馆，以东西走向的人民大礼堂对称轴为主轴线，形成博物馆—人民广场—大礼堂"三位一体"的四维效果，是重庆的地标建筑群。
　　　　【洪崖洞】重庆必来打卡点之一：充分展示出"悬崖上的吊脚楼、记忆中的老重庆"的样子，是 2018 年国庆节黄金周接待旅游者仅次于故宫的第二热门旅游景点。晚餐自理。
　　　　【大剧院】看夜景（30 分钟）、【南滨路】看夜景（10 分钟）
　　D3. 12 月 2 日（三）：重庆市区　早午餐　　　住：杨家坪酒店
　　　　【二厂文创公园】：带着问号去体验，著名的网红打卡地。前世是陪都政府的印钞厂，今生是走红银屏的文创打卡地。
　　　　【三层马路】：身为"山即是城、城即是山"的重庆，马路岂止又只有三层呢？

让咱们用脚步去一探究竟吧。

【轻轨穿楼体验：李子坝—曾家岩】先有楼还是先有轨道呢？

【最美街道——中山四路】（外观周公馆、桂园）：中山四路是保存民国风最好的一条街，历史遗迹很多，除中国民主党派博物馆的特园外，此地还有桂园、周公馆、戴公馆、国民政府总统府旧址等。

午餐：桌餐（三桌、40元/人、不含酒水）

【长江索道】：重庆必来打卡点之一，电影《疯狂的石头》引爆的城市奇观，被誉为"万里长江第一条空中走廊"和"山城空中公共汽车"。

【朝天门广场】：作为重庆最古老的城市名片，朝天门是"九开八闭重庆城"十七门的老大，也是新重庆的地标和网红打卡地。

之后送回酒店（或者客人自愿留下自由活动），行程结束，晚餐自理。

晚餐：自理

D4. 12月3日（四）：重庆—武隆（全程200千米，行车约3.5小时）

早午晚餐　　住：仙女镇酒店

上午：8点出发，前往武隆景区。

午餐：（桌餐，40元/人、不含酒水）

下午：午餐后，游览芙蓉洞景区（约2小时）

乘坐索道上山（16分钟）参观被誉为"洞穴博物馆"的【芙蓉洞】（1小时），然后乘坐索道返回山下停车场（16分钟），开车前往仙女山半山的仙女镇，入住酒店。

晚餐：桌餐，40元/人、不含酒水

晚上：驱车20分钟前往桃园天坑剧场，观看大型山水实景演出《印象武隆》（19：30—20：40，演出时长70分钟）

D5. 12月4日（五）武隆—重庆（全程200千米，行车约3.5小时）

早午餐　　住：杨家坪酒店

上午：【仙女山国家森林公园】，海拔2000米的高山草场，炎炎夏日里，它就是清凉避暑的天堂，秋冬季节里，云雾缭绕宛若缥缈仙境。

午餐：桌餐，40元/人、不含酒水

下午：【天生三桥风景区】，世界遗产地、大自然鬼斧神工之作，《满城尽带黄金甲》《变形金刚4》的拍摄地，绝对令人叹为观止、不虚此行。

之后下山，返回重庆市区。

晚餐：自理

D6. 12月5日（六）重庆—淮安　NS3222（17：15-19：25）

全天自由活动。14：00酒店集合，送机。

12：00以前，请大家把行李自行存放酒店行李房，之后自由活动。

14：00酒店集合，统一前往机场。

备注：

1. 此为太原海外组团的 ×× 总公司系列团第三批，为淮安分公司员工。去武隆的行车途中，客人会搞一个活动，全陪主持，员工们表演节目互动。在仙女山上，如果天气好，也会有一个游戏互动。

2. 游览芙蓉洞，我司将免费提供 1 名解说员服务。

3. 仙女镇海拔 1200 米，预计 11 月上旬温度在 5 ~ 10 ℃，下雨天温度会更低，请带羽绒服。

4. 整个行程中，会有较多时间涉及步行（石梯），请务必穿健行的鞋子。

5. 景区都需要刷身份证进入。

6. 请准备 5 件矿泉水，中间四天行程中，每人每天一瓶矿泉水。不限品牌，结算 24 元一件。

7. 白公馆和三峡博物馆的预约参观，由公司完成。洪崖洞和磁器口的预约，请发公众号给全陪，同时告知参观时段，让客人自行预约。

8. 请师傅帮忙上下车行李，然后给师傅全程小费 400 元。

9. 关于餐补：

　　司机餐补：1 号午餐 30 元 +1 号晚餐 30 元 = 60 元。

　　地陪餐补：1 号晚餐 30 元

　　全陪餐补：1、2、4 号晚餐各 30 元 + 5 号午餐 30 元 = 120 元

10. 30 号晚上接机，给地陪提供 50 元打车补贴。

11. 请不要在行程中推荐自费火锅。

12. 仙女镇酒店，客人用房为 13 间，全陪一间，即共用房 14 间，司陪免费安排。

13. 小孩不含餐费、不占床、不含门票和所有景区交通费用，如产生费用，请客人自理。

考核二：请各组模拟完成落实接待事宜的相关工作，并录制视频上传到学习平台。

✎ **考核标准**

序号	考核细分项目	细分标准	分值	得分
1	课前准备	讨论回答	15	
2	技能考核一	语言表达	55	
		技能操作		
		展示效果		
		完成时间		
3	技能考核二	按照要求完成考核	30	
总分				

✎ **考核汇总表**

组别				
小组自评				
小组互评				
教师评价				
企业导师评价				
总分				

备注：小组自评 10%，小组互评 10%，教师评价 40%，企业导师评价 40%。

任务二 接站服务

✎ **课前准备**

查阅书籍资料，结合微课视频，分析地陪接站服务工作包括哪些方面。

接站服务

序号	名称	内容

✎ **时间安排**

（1）任务介绍 5 分钟。

（2）任务分析 5 分钟。

（3）教师导学 25 分钟。

（4）学生实训 40 分钟。

（5）总结评价 5 分钟。

✏️ 任务介绍

小刘接到旅行社计调的通知，广州的一个旅游团将于6月5日乘坐动车到达重庆西站，小刘作为地陪，在充分做好前期的服务准备工作后，前去火车站迎接旅游团。

小刘要怎样做好接站服务才能圆满完成这次的接站工作呢？

✏️ 任务分析

接站服务是地陪向旅游者直接提供导游服务的开始，在旅游者心目中往往会留下深刻的印象，是地陪树立第一印象的关键环节。小刘要格外重视这个环节的工作，让旅游者在刚刚抵达本地就得到及时、热情、友好的接待。

小刘的地陪接站服务可分为五个部分：

抵达前安排 ➡️ 接站准备 ➡️ 迎接工作 ➡️ 车内工作 ➡️ 问题处理

一、任务目标

（1）素质目标：树立质量兴旅、质量强旅的意识。

（2）知识目标：掌握地陪接站服务的具体操作流程。

（3）能力目标：能够顺利完成接站服务，并能够恰当处理接团服务中的突发情况。

二、任务重点

地陪接站服务的操作程序。

三、任务难点

地陪接站服务的操作流程和服务细节。

✏️ 任务实施

第一步：旅游团抵达前的安排

（1）确认旅游者乘坐的交通工具及抵达时间。接站当天，地陪要再次与全陪或者领队联系，了解全团信息及交通状况。

（2）与旅游车（行李车）司机取得联系。跟全陪或者领队联系后，再与司机取得联系，告知旅游者到达时间和地点，与司机商量旅游大巴到达时间和停车的位置。

第二步：接站准备

（1）确认旅游者抵达的准确时间；在出发迎接旅游者之前，地陪要通过与全陪的微信和 App 软件（12306、航旅纵横、飞常准等），随时关注交通工具的运行状况，确保万无一失。

（2）与旅游车、行李车会合

①在确认旅游者的抵达时间后，地陪应立即联系旅游车司机，告知活动日程和具体时间安排，与司机商定出发的时间，确认见面地点，提前半小时到达接站地点，与司机商量好停车的位置。

②在赴接站地点途中，地陪应调试车载音响系统，调整话筒音量，以免出现噪声。

③如果此次行程安排有行李员，地陪在出发接团之前，应与行李员取得联系，向行李员交代旅游团的名称、人数，了解行李抵达酒店的大体时间，并通知其提前抵达机场（车站、码头），以便将旅游者行李及时送达下榻的酒店。

④地陪在抵达接站地点后，应迅速查阅航班（车次、船次）抵达的显示信息，核实航班（车次、船次）抵达的准确时间。

⑤如被通知所接班次晚点，推迟时间不长，地陪可留在接站地点继续等候，迎候旅游团；如推迟时间较长，地陪应立即与旅行社有关部门联系，听从安排，重新落实接团事宜。

第三步：迎接工作

（一）等候旅游者

（1）在旅游者出站前，地陪持接站标志，站在约定出口处的醒目位置，热情迎候旅游团。

（2）接小型旅游团或无领队、全陪的散客时，要在接站牌上写上旅游者姓名，以便旅游者能主动与地陪联系。

（二）认找旅游者

（1）旅游者出站时，地陪要设法尽快找到所接旅游团。

（2）地陪举接站牌站在明显的位置上，让领队或全陪（或旅游者）前来联系。

（3）地陪应根据旅游者的民族特征、衣着行李、组团社的徽记等作出判断，可主动询问，问清该团领队（或旅游者）姓名、人数、国别、团名，一切相符后才能确定是自己所要接待的旅游团。

（三）清点人数

（1）地陪在找到所要接待的旅游者后，向全陪（领队或客人）作自我介绍，及时向领队核实实到人数，如与计划人数不符，则要及时通知旅行社，以便作相应的调整。

（2）集中清点交接行李

①如旅游团是乘坐飞机抵达的，地陪应协助所接待旅游团的旅游者将行李集中到指定位置，提醒他们检查各自的行李物品是否完好无损。

②与领队、全陪、行李员一起清点并核实行李件数，并填好行李卡（一式两份），与行李员双方签字，一份交予行李员。

③如在检查过程中发现有行李未到或破损现象，地陪应协助当事人到机场失物登记处或有关部门办理行李丢失登记和赔偿申报手续。

④若所接旅游团乘坐火车抵达，在接到旅游团后，地陪应向全陪或领队索取行李托运单，并将单据交接给行李员，同样需填写行李卡，行李卡上应注明团名、人数、行李件数、所下榻酒店，一式两份，并由双方签字。

（四）询问团队情况

（1）地陪还应向领队询问团内旅游者的身体状况、有无特殊要求，如白天到达，则应与全陪、领队商定是先回饭店，还是马上进行游览。

（2）若有特殊要求，和领队、全陪协商后，应按照"合理而可能"的原则进行团队行程的安排。如果没有特殊要求，应按照团队计划正常进行游览活动。

（五）引导登车

（1）清点完行李后，地陪提醒旅游者带好随身行李，引导旅游者前往乘车处，并给旅游者以必要的帮助。

（2）旅游者上车时，地陪要站在旅游车车门靠近车头的一侧，协助旅游者上车。

（3）上车后，地陪应协助全陪或领队安排旅游者就座，并安置好随身行李。

（4）待旅游者全部坐稳后，先检查一下行李架上的物品是否安稳，再礼貌地清点人数。

（5）最后请司机开车，再次提醒旅游者坐稳，拉好扶手，系好安全带。

立德专栏

金牌导游钱秀珍：以心换心，把每一位游客都当家人

因为热爱，14年来足迹遍布苍洱大地；因为热爱，从初涉旅游行业的"小菜鸟"，一步步成长为"国家金牌导游"……今年45岁的钱秀珍说，"我活在自己的热爱里，终其一生，都只想要讲好家乡故事，讲好中国故事"。

2006年，自主经商的钱秀珍忽然转行，参加了全国导游资格考试；2007年，她取得国家导游证进入导游行业。刚工作的时候，钱秀珍接了一个团，当时正逢吃饭时间，一位女士的手机没电了，钱秀珍当即为这位女士买回了电池，女士很感谢钱秀珍，为她写了一封表扬信，原因是这位女士当时在炒股，钱秀珍的小小举动帮了她很大的忙……从那时起，钱秀珍开始思考导游这份职业的意义，逐渐明白"导游"一词的重量。

于是，钱秀珍开始充实自我，通过看书、向前辈请教、实地开展调研等多种方式，努力提高自身的知识储备量，在一次次带团的过程中，改善和提升服务质量和水平，一路奔赴，一路收获，一路成长。

从2008年开始，钱秀珍就被邀请参与到了导游年检的培训当中；2009年，获得了云南省百年旅游先进产业人物称号；2010—2012年，获得了大理州创先争优先进工作者称号；2015年获得中国好导游和大理州最美金牌导游称号；2016年获得云南省文明交通导游；2020年入选"国家金牌导游"培养对象；2021年7月8日，大理州旅游行业协会导游分会成立，被选举为会长……然而，钱秀珍始终谦逊低调，每一项荣誉的获得，都是她生命的一次全新开场。

作为一名金牌导游，最大的技巧是什么？钱秀珍说，最大的技巧就是没有技巧，即以心换心，从细节处出发，想客人之所想，急客人之所急。从开始工作，钱秀珍就会提前记得团里每一位游客的名字，不管这个团有多少人。她的细心、亲切及对每一位游客无微不至的关心，都会在不经意间，让大家感觉舒服、暖心。

（改编资料来源：大理白族自治州文化和旅游局文旅融媒体．"心"大理人｜金牌导游钱秀珍：以心换心，把每一位游客都当家人［EB/OL］．（2021-09-21）［2022-08-10］．百家号．）

第四步：车内工作

（一）致欢迎词

（1）问候语：各位来宾、各位朋友，大家好。

（2）欢迎语：代表所在旅行社、本人及司机欢迎旅游者光临本地。

（3）介绍语：介绍自己的姓名及所属单位、司机。

（4）希望语：表示提供服务的诚挚愿望。

（5）祝愿语：预祝旅游愉快顺利。

欢迎词还可以包括以下内容：

（1）介绍当地天气。

（2）介绍行程安排及注意事项。

（3）说明从接站地到参观景点（或餐厅、下榻酒店）的行车时间。

（4）告知旅游者自己的联系方式和旅游车的车牌号。

（二）调整时间

如接入境团，地陪在致完欢迎词后要介绍两国的时差，请旅游者将自己手机及手表的时间调到北京时间。

（三）首次沿途导游

首次沿途导游，是指旅游者在机场（车站、码头）前往下榻酒店或首个游览参观景区景点的途中，地陪结合沿途情况所做的导游讲解工作。

地陪必须做好首次沿途导游，以满足旅游者的好奇心和求知欲。首次沿途导游也是显示地陪的知识、技能和工作能力的大好机会，精彩成功的首次沿途导游会使旅游者产生信任感和满足感，在旅游者的心目中留下良好的第一印象。

地陪在做首次沿途导游时，应根据路途情况和时间长短主要介绍以下内容：

（1）当地概况。

（2）沿途风光。

（3）当地风情。

（4）下榻饭店的情况。

（四）引导下车

（1）旅游车行驶至下榻的酒店，地陪应在旅游者下车前向全体成员讲清并请旅游者记住旅游车车牌号码、标志、停车地点和再次集合的时间。

（2）提醒旅游者带好随身行李物品下车，地陪应先于旅游者下车，恭候在车门旁，热情地协助每一位旅游者下车。

第五步：问题处理

在接站服务环节中，出于接待人员的主观原因或客观原因，容易造成两类常见的接站事故：漏接和空接。

（一）漏接事故

1.漏接的原因

（1）主观原因：

①地陪工作不细致，没有认真阅读接待计划，弄错接站的时间、地点，导致旅游团抵

达后无地陪迎接。

②地陪迟到，没有按约定的时间提前半小时到达接站地点。

③旅游团行程变化，提前到达，地陪没有认真核实，仍按原计划接站。

④地陪没有查对最新的航班时刻表，按照旧时刻表接站。

⑤地陪举牌接站的位置选择不当，导致在空间上错过了旅游团。

（2）客观原因：

①上一站旅行社原定的计划变更却漏发变更通知。

②接待社接到变更通知却没有及时通知地陪。

③司机迟到。

④交通堵塞或其他不可控因素造成地陪未能及时抵达接站地点。

⑤航班提前到达等。

2. 漏接的预防

分析清楚易造成漏接事故的原因后，需要地陪在日常接团中做好预防工作。

（1）认真阅读计划，弄清楚旅游团到达的日期、时间、接站地点，具体是哪个机场、车站、码头。

（2）多次核实交通工具到达的准确时间，必须提前30分钟抵达接站地点。

3. 漏接的处理

一旦出现漏接事故，无论什么原因，都会影响旅游者的情绪，地陪可采取以下措施进行弥补。

（1）如实向旅游者说明情况，并诚恳致歉。

（2）尽量采取弥补措施，降低旅游者的损失。

（3）后续提供更加热情、高质量的服务，以消除旅游者的不满情绪。

（4）必要时请旅行社领导出面赔礼道歉或给旅游者一定的物质补偿，从而让旅游者有一个满意的旅程。

（二）空接

空接是指出于某种原因旅游团推迟抵达某站，地陪仍按原计划预定的班次或车次接站而没有接到旅游团的现象。

1. 空接的原因

（1）出于天气、机械故障或交通管制等原因造成临时变化，旅游团仍滞留在上一站或途中，上一站接待社全陪或领队无法及时得知并通知地方接待社。交通工具班次变更后旅游团推迟到达。

（2）由于临时变化，团队不能正常抵达，接待社接到上站通知，由于疏忽造成错误记录信息或忘记及时通知地陪而造成空接。

2. 空接的处理

（1）地陪应立即与本社有关部门联系并查明原因。

（2）如推迟时间不长，地陪可留在接站地点等候，迎接旅游团的到来。

（3）如推迟时间较长，要按本社有关部门的安排，重新落实接团事宜，包括接站时间，预订酒店、餐馆、用车等。

技能考核

考核一：以小组为单位，分析以下两种接站服务的案例，简述地陪应如何完成接站服务环节的工作，然后分小组展示汇报。

（1）某旅游团按计划乘 MH456 航班于 10 月 25 日 16：20 飞抵 S 市。地陪小王提前20 分钟到机场迎接。航班准时到达，但小王未接到旅游者。请问应如何处理这一空接事故？

（2）某湖北旅游团在 21：00 飞抵海口机场，出站后旅游者们发现没有任何人前来迎接，在焦虑不安地等待了近一小时后，地陪才匆匆赶来，并解释是旅行社安排环节出了问题。旅游者们不听解释，依然怒气冲天。如果你是该地陪，该如何处理这一问题？

地陪带团
技巧之讲
解服务

考核二：跟着大师学带团（学习视频，将导游大师讲的带团技巧梳理出来写入下表，并拍摄学习心得视频上传到学习平台）。

序号	带团技巧

考核标准

序号	考核细分项目	细分标准	分值	得分
1	课前准备	讨论回答	15	
2	技能考核一	语言表达	55	
		技能操作		
		展示效果		
		完成时间		
3	技能考核二	按照要求完成考核	30	
总分				

考核汇总表

组别				
小组自评				
小组互评				
教师评价				
企业导师评价				
总分				

备注：小组自评 10%，小组互评 10%，教师评价 40%，企业导师评价 40%。

任务三　核定日程

课前准备

核对商定
日程

查阅书籍资料，结合微课视频，分析地陪核定日程的工作包括哪些方面。

序号	名称	内容

时间安排

（1）任务介绍 5 分钟。

（2）任务分析 5 分钟。

（3）教师导学 25 分钟。

（4）学生实训 40 分钟。

（5）总结评价 5 分钟。

任务介绍

接到旅游团后，第一次独立带团的地陪小刘接到旅行社的电话，叮嘱他一定不要忘了和旅游团的全陪或领队核对商定行程。小刘胸有成竹地满口答应。

小刘要怎么做才能圆满完成核对日程这个环节？

任务分析

旅游团抵达后，小刘应把旅行社有关部门已经安排好的活动日程与领队、全陪一起核对、商定，征求他们的意见。这样做，一则表明对领队、全陪、旅游者的尊重；二则旅游者对行程有知情权，同时地陪可利用商谈机会了解旅游者的兴趣、要求。所以，核对、商定日程是做好接待工作的重要环节，也是小刘和领队、全陪之间合作的"序曲"。日程一经商定，必须及时通知每一位旅游者，保障各项活动有序进行。

核定日程时，小刘可以从以下几个方面进行：

核定细节 ➡ 遵循原则 ➡ 意见处理

一、任务目标

（1）素质目标：培养契约精神，践行"旅游者为本、服务至诚"的旅游行业核心价值观。

（2）知识目标：掌握地陪核定日程的内容以及核定日程的原则。

（3）能力目标：能根据工作要求独立进行核定日程环节操作。

二、任务重点

掌握地陪核定日程的内容。

三、任务难点

能根据工作要求处理核定日程环节出现的问题。

任务实施

第一步：确定核定日程的时间、地点和对象

（一）核定日程的时间

在旅游团抵达的当天，正式游览开始前核定日程。

（1）对一般观光旅游团，可在首次沿途导游过程中，也可在旅游团进入酒店，待一切安排完毕后再进行。

（2）对重点团、学术团、专业团、考察团，则应较慎重地在旅游团到达酒店后进行。

（二）核定日程的地点

（1）一般在酒店的大堂，有时也可在旅游车上。

（2）对重点团、专业团、考察团，必要时可租用酒店会议室。

（三）核定日程的对象

（1）一般旅游团可与领队商谈，也可由领队请团内有名望的人参加。

（2）对重点团、专业团，除领队外，还应请团内有关负责人参加。

需要注意的是，因网络信息发达，地陪也可以在领取计划后，添加领队或者全陪的联络方式，在旅游团队抵达前，核对、协商行程安排。

地陪如果发现和组团社的行程有出入，需要立刻告知旅行社，在团队抵达前提前确认处理方式。

立德专栏

李滨：用心服务，传播国旅"好声音"

李滨是中国国旅（江苏）国际旅行的一位高级导游，也是出境游和台湾游领队。在旅游行业积淀多年，他荣获了全国优秀导游员、江苏省金牌导游员的称号。2012年还被国家旅游局授予全国模范导游员荣誉称号，2013年获评"南京好市民"，2016年，被人社部和国家旅游局共同授予"全国旅游系统劳动模范"荣誉称号。

这些荣誉的背后，是他十余年如一日的坚持。工作多年，李滨有着自己特殊的工作习惯。

带团前他会细分旅游者年龄层，核实游客生活饮食等风俗习惯、天气变化和交通住宿等情况，确认后给每位游客发短信提示注意事项。在旅游途中，他会先把年龄较大的游客安置好，下雨的时候也习惯性地多带几把伞，因为总是会有粗心的游客出门没有带伞。有的年纪较大的老人在旅途中经常会身体不适，李滨会细心地去查房照顾，甚至亲自按摩。

一批来自重庆的游客在写给江苏省长的表扬信中给李滨起了一个"三他导游"的美称，意思是刚开始"怀疑他"，后来"信任他"，最后"敬佩他"。"导游行业的乱象太多，一些导游缺乏责任感，导致游客对我们这个行业有一些不好的刻板印象。"李滨说。

"像亲儿子一样照顾我们团队中几位年近八十（岁）的老人，没有鼓动、煽动、诱导我们购物。这时我们才相信我们遇到了诚实、守信、敬业的好导游，我们开始理解他、信任他、敬佩他。"李滨带过的老年团非常认可他的工作。

"没有有问题的游客，只有有问题的导游。"这是他常常挂在嘴边的一句话，他从来不挑团，别人不愿意带的老年团、问题团，他都不声不响地接手。

2014年，李滨带了一个平均年龄73岁的三十多人的老年团，结束后游客给他写信："你优质的服务让我们感动，八天的时间里光伸手扶我们上下车就六千多次"，"同行一次友情一生"。

但李滨并不总是做"老好人"，遇见游客乱扔垃圾、不遵守公德的现象他也会指出来，要求大家爱护环境，注意安全，遵守交通规则。他带过的团，基本都井然有序。

李滨经常利用业余时间给年轻导游上课，分享自己的经验，还总结出了一个"五多一少"的培训方法，即：多示范、多讲解、多测定、多帮教、多鼓励、少指责，鼓励年轻的导游投身旅游行业。

（改编资料来源：杨海琴.李滨：用心服务，传播国旅"好声音"［EB/OL］.（2018-06-20）［2022-08-11］.中青在线.）

第二步：遵循核定日程的原则

日程安排既要符合大多数旅游者的意愿，又不宜对已定的日程安排做大的变动。核定日程时，必须遵循的原则如下：

（1）遵守合同计划的原则。

（2）宾客至上、服务至上的原则。

（3）主随客便的原则。

（4）合理而可能的原则。

（5）平等协商的原则。

第三步：不同意见的处理

（一）提出较小修改意见

当旅游者或全陪、领队提出一些较小的修改意见时，地陪在不违背旅游合同的前提下，尽量满足合理而可能的要求。例如新增旅游项目，在不影响整个行程的情况下可以向旅行社汇报后尽力安排，但事先一定说明费用和合同问题。

（二）提出较大变动

（1）当对方提出的要求与原计划日程变动较大或涉及接待规格的，地陪一般应该婉言拒绝。例如旅游者提出要变更行程，更换旅游活动等。

（2）如经领队和全体旅游者提出的要求，并的确有特殊原因，例如老年团旅游者因身体原因要求更换爬山的行程，地陪必须请示领导，请领导指示。

（三）接待计划有出入

（1）当领队或全陪手中的计划与地陪的接待计划有部分出入时，如领队所持的接待计划是5日4晚的行程，而地陪手中的接待计划是4日3晚的行程。地陪应立即报告旅行社查明原因，分清责任。

（2）若是接待方责任，地陪则要向旅游者和领队说明情况、致歉，并及时调整接待计划。如是对方的责任，必要时地陪可请领队或全陪向旅游者做好解释工作。

✎ **技能考核**

考核一：以小组为单位，分析以下案例，如果你是小夏，该如何完成核定日程工作？然后分小组进行情景模拟展示。

北京某旅行社导游小夏担任一新加坡旅游团的地陪。旅游团到了酒店后，小夏就和领队核定日程安排。在核定过程中，小夏发现领队手中计划表上的游览点与自己接待任务书上所确定的游览景点基本一致，只是领队的计划表上写得更详细，细致到每个景区的每个景点，而小夏的计划只是把每个景区最著名的景点标注上。小夏心想都说日本团队做得细致，没想到新加坡的团队也做得这么细致。

在游览颐和园时，小夏按计划买了普通门票（颐和园分为普通门票和联票，联票包括苏州街、德和园等景点）。小夏带领旅游者游览到了苏州街，让旅游者在外面留影，这时领队却提出他们的计划里颐和园的景点包括苏州街，且坚持要按他手上的景点来安排行程。为让领队和旅游者没有意见，小夏答应了。

在游览结束后，领队和旅游者较满意，但小夏回旅行社报账时却被经理狠狠地批评了一顿，并责令他赔偿这个景点的门票费用。

考核二：请结合立德专栏谈一谈在导游服务中如何落实"五多一少"。

考核标准

序号	考核细分项目	细分标准	分值	得分
1	课前准备	讨论回答	15	
2	技能考核一	语言表达	55	
		技能操作		
		展示效果		
		完成时间		
3	技能考核二	按照要求完成考核	30	
总分				

考核汇总表

组别					
小组自评					
小组互评					
教师评价					
企业导师评价					
总分					

备注：小组自评10%，小组互评10%，教师评价40%，企业导师评价40%。

任务四 住宿服务

课前准备

查阅书籍资料，结合微课视频，分析地陪住宿服务的工作包括哪些方面。

进住饭店 服务

序号	名称	内容

时间安排

（1）任务介绍 5 分钟。

（2）任务分析 5 分钟。

（3）教师导学 25 分钟。

（4）学生实训 40 分钟。

（5）总结评价 5 分钟。

任务介绍

广州旅游团在重庆游览期间将入住重庆的一家五星级酒店。小刘作为该旅游团的地陪，将按照流程完成此次住宿服务工作。

小刘怎样做才能为旅游者提供优质的住宿服务？

任务分析

该旅游团到达重庆的时间是 15：43，车站距酒店大约有 1 个半小时的车程。旅游者到酒店后，需放好行李物品去餐厅用餐。小刘带领旅游者进入酒店后，尽快办理了入住手续，并协助全陪分发房卡。在酒店大厅，小刘还需要为旅游者详细地介绍酒店的相关情况，并及时宣布次日的早餐时间和活动安排。

小刘需要提供的住宿服务工作流程一共有七个：

办理入住 ➡ 介绍酒店 ➡ 用第一餐 ➡ 宣布活动 ➡ 行李进房 ➡ 安排叫早 ➡ 处理问题

一、任务目标

（1）素质目标：树立积极主动、一切为了旅游者的服务理念。

（2）知识目标：掌握地陪服务程序中住宿服务的程序。

（3）能力目标：能（会）将住宿服务工作具体要求落实到日常带团工作当中。

二、任务重点

掌握地陪在住宿服务工作中的程序及其要求。

三、任务难点

妥善处理旅游者提出的住宿方面的问题。

任务实施

第一步：协助办理入住手续

（一）集中旅游团队

（1）抵达酒店以后，地陪首先把旅游者引领到酒店大堂休息区集中等候，避免旅游者走散或者出现意外。

（2）请全陪或领队提前收齐旅游者的有效身份证件。

（二）协助办理登记手续

1. 与前台接待员确认信息

在办理入住登记手续时，地陪需要与前台服务人员进行接洽，确认入住的相关信息。需要确认的信息包括：

（1）旅行社名称。

（2）房间数与房型、房间所在楼层。

（3）早餐方式。

（4）房间内是否有有偿物品（根据团队情况确定是否需要使用）。

2. 提供旅游者的有效证件

地陪与前台接待之间确认完信息以后，需要向酒店提供旅游者的有效证件：境外旅游者需提供团队签证以及旅游者的护照，港澳台旅游者需提供港澳台往来大陆通行证，国内旅游者需要提供身份证。

3. 协助全陪分配房间

（1）地陪拿到房卡以后，需要清点房卡的数量，尤其是团队人数较多时。

（2）接下来应该交由全陪或者领队来负责分配房间。全陪或者领队主要负责分配房间有两方面的原因。

①充分发挥导游工作集体的作用，表达了地陪对全陪或领队的尊重。

②全陪对旅游团的情况比较熟悉，由全陪进行分配可以避免不必要的麻烦。

4. 记下房号

（1）分配好房卡以后，地陪应重点记下全陪或者领队的房间号，必要时也需要重点记下旅游团当中一些重要旅游者的房间号，例如年老体弱者、德高望重者、团队中的领导等。

（2）地陪也要对全体成员的房间号做一个整体的记录。

（3）地陪还要把自己的联系方式与房间号（如果地陪自己也住在酒店）告知全陪以及其他旅游者，以便需要时随时联系。

第二步：介绍酒店设施和设备

旅游者第一次入住该酒店，对酒店的相关设施设备不了解，地陪可以利用旅游者等待办理入住的时间，向全体旅游者介绍一下酒店的服务设施与分布情况以及需要注意的事项。尤其是注意事项，需要反复强调，确保每一位旅游者都清楚酒店的相关规定，以免出现安全事故或给以后的退房工作带来诸多的不便。

需要注意的是，由于酒店大堂里人员多、区域大，信息传递并不是十分畅通，地陪往往会选择在前往入住酒店的旅游车上就向大家说明入住酒店的注意事项。

地陪对酒店内服务设施的介绍总共包含两个方面：

（一）介绍服务设施

服务设施的介绍包括房间设施、中西餐厅、早餐时间与地点、娱乐场所、商品部、外币兑换处、公共洗手间以及该酒店的特色服务项目。

（二）告知注意事项

（1）进房间检查房间内设施，分清常规必备品及一次性用品，检查是否缺少、破损、污染，如有应及时通知服务员或地陪，否则在退房时需要进行赔偿。

（2）房间房卡妥善保管，切勿丢失、折损，否则在退房时需要进行赔偿。

（3）如有染发者，头发吹干后躺在枕头上，否则污染枕头，需照价赔偿。

（4）如吸烟，请将烟灰、烟蒂扔进烟灰缸，切勿烧坏地毯、床单等物品，否则需照价赔偿。

（5）洗澡时将水温调好，小心地滑。

（6）房间门窗打不开请找服务员，不要自己用力推，应注意安全。

（7）晚上休息或外出时，请关好门窗，贵重物品随身携带。

（8）外出时，要拿好酒店名片，3～5人及以上结伴出行，谨防扒手，注意人身财物安全。

（9）有的酒店房间内会有消费品，如果需要可以用，只是退房时要自己付费。

（10）一切问题都可以打前台电话找服务员，如果不方便也可以随时找地陪。告知注意事项，在入住前告知旅游者酒店内部所需电话拨打方式（比如房间拨打房间的方式，房间拨打客房服务或者前台、总机的方式），以及 Wi-Fi 使用方式（用户名、密码），是否涉及网络使用的费用等。

地陪反复强调这些注意事项，既可以保护旅游者的经济利益与健康安全，建立起与旅游者之间的信任，也是为了避免与酒店之间产生不必要的矛盾，从而塑造良好的旅行社形象，是一个双赢的过程。

第三步：带领旅游团用好第一餐

根据旅游接待计划，有的旅游团到达酒店后就需要用餐，这是旅游者在旅游地的第一餐，非常重要。因此，地陪需要做好充分的准备工作。

（1）与所有旅游者约定集中用餐的时间与地点。第一餐是安排在旅游者进房前还是进房后，要根据旅游者入店的时间与旅游者需求而定。

（2）等全体成员到齐后，带领旅游者进入餐厅，向餐厅领座服务员询问预订的桌次，然后带领旅游团成员在指定的餐桌入座。

（3）等旅游者入座后，应向旅游者介绍就餐的有关规定，如哪些饮料包括在费用之内，哪些不包括在费用之内；若有超出规定的服务要求，费用由旅游者自理等，以免产生误会。

（4）地陪还应向餐厅说明团内有没有食素的旅游者，有无特殊的要求或者饮食忌讳。

（5）将领队介绍给餐厅经理或主管，以便直接联系。

（6）等旅游者开始用餐，地陪才可以离开餐桌，并且祝大家用餐愉快。

（7）如果所带旅游团的第一餐安排在外宴请、品尝风味或用便餐，地陪必须提前通知餐厅旅游团的抵达时间、团名、国籍、人数、标准与要求等。

第四步：宣布当日或次日活动

（1）到达酒店之前，地陪应在旅游车上向旅游者宣布当日或第二日的旅游行程。

（2）为了让旅游者明了计划安排，心中有数，到达酒店以后，地陪需要在旅游者各自进入房间之前向旅游者重申当日或次日的活动安排、集合的时间、地点等。

（3）如果团队当中有提前入住的旅游者，地陪必须单独通知他们次日的出发时间及活动安排。

（4）向旅游者介绍酒店内的就餐形式、时间、地点等。如果旅游团队是晚间到达，则需要重点说清楚晚餐的时间与地点。

第五步：照顾行李进房

（1）在旅游者进房的同时，地陪要负责核对行李，督促行李员根据分房登记表将行李送至旅游者的房间。

（2）有的酒店可能不提供此项服务，因此，地陪必须格外关注旅游者以及他们的随身行李是否准确无误地带回到各自的房间。

第六步：安排好叫早服务

（1）地陪应该与全陪（领队）商定第二天的叫早时间，并请全陪通知全团。

（2）地陪应该通知酒店总服务台或者楼层服务台，告知其第二天叫早服务的时间。

第七步：处理旅游者入住后的各类问题

由于旅游者对酒店不熟悉，入住过程中往往会遇到一些困难。因此，旅游者进入房间以后，地陪要在旅游者居住的楼层多逗留一会儿，以便及时解决问题。例如门锁打不开、客房设施不会使用、Wi-Fi 不会连接、空调无法使用、电视不能用、没有热水等等。

旅游者在入住酒店期间，还会提出不同的个别要求，在遵循旅游者个别要求处理原则上，地陪要根据实际情况灵活处理，尽量满足旅游者的合理需求。

（一）要求调换房间

地陪在住宿环节最常遇到的个别要求就是旅游者因为不同的原因要求调换房间。根据不同的原因有不同的处理方式。

（1）房间不干净，若是出现蟑螂、臭虫、老鼠等，应立即要求酒店更换房间。

（2）房间设施无法使用或是清洁不达标，在酒店进行处理后，旅游者仍不满意，应联系酒店更换房间。

（3）旅游者对房间的朝向、层数不满意，在酒店有空房且不涉及差价时尽量予以满足，或者请领队在团队内部调整。如实在无法满足，向旅游者做好解释说明。

热心服务，积极为游客排忧解难

　　导游小李接了一个散客团，由游客自己预订房间。游客订房间时，以为重庆洪崖洞附近的酒店都是可以看江景的，就在网上匆匆下了单。结果到了酒店一看，不是想象中的那种房间，又急忙拖着行李来到前台，要求换江景房，前台接待的工作人员告诉他们如果要调换江景房是要补房费差价的，而且第一晚和第二晚有江景房，第三晚目前网上是显示有空房但是数量只有一间，因为都是散客自己订房，还不知道第三晚人家会不会多住一晚。

　　当时小李是在酒店等游客安排好住宿之后带他们去游览解放碑和洪崖洞，看到游客手忙脚乱的样子，小李便主动同酒店前台沟通，询问有没有江景房、江景房的价格是多少、楼层怎样等方面的情况，并及时把这些情况反馈给游客，请游客自己做最后的决定。

　　虽然这次游客自己订的房出现了失误，但是作为导游，还是要提前了解一个酒店的位置、房间朝向，当游客遇到困难时，不能袖手旁观，多一点积极主动，给游客一些帮助还是很有必要的。

　　（改编资料来源：重庆市导游协会导游大师工作室整理提供）

（4）旅游者要求住高于合同标准的房间，例如要从经济房换到豪华房。如果有空房，且旅游者愿意支付原房间退房损失和房费差价，可以满足旅游者的要求。

（二）要求住单间

旅行社通常安排的是双人标准间或者三人间。旅游者之间可能出于生活习惯不同或其他原因而要求住单间。

（1）地陪首先应该了解旅游者提出住单间的原因，然后请领队或全陪调节，或在旅游团内部进行调整。

（2）如旅游者坚持住单间，在酒店有空房的情况下可以满足，但务必要事先跟旅游者讲清费用问题，一般由提出方自理房费。

（三）要求延长住店时间

旅游者出于某种原因，比如生病、探亲访友、改变行程等，在中途退团或行程结束后要求延长在本地的住店时间。

（1）地陪首先联系酒店，如有空房可协助办理延住。

（2）如酒店没有空房，地陪可协助联系预订其他酒店，但房费由旅游者自付。

（四）要求购买房中物品

在住宿期间，旅游者可能会喜欢房间的某些物品，比如房内陈设的艺术品或是枕头类的床品，提出要求购买，地陪应积极协助旅游者与酒店进行沟通。

技能考核

考核一：以小组为单位，分析地陪小张该怎样做才能让旅游者欣然接受？分小组进行情景模拟展示汇报。

地陪小张在机场接到搭乘晚班机抵达的 VIP 团队之后，带领旅游者集合登车。他协助司机把大件行李放入旅行车的行李箱，之后行驶到达酒店。酒店的行李员热情帮忙从车上取下行李，在客人办理好入住手续后，便根据分房名单和行李上的行李标签，把客人的行李分别送达到房间。在旅游者入住房间 20 分钟后，小张和全陪上楼查房。查到李先生夫妻俩的房间时，李先生告知小张，他们的两件行李只送达了一件，还有一件黑色行李箱没有送到。

请问，此时地陪小张应该怎么做？

考核二：跟着大师学带团（学习视频，将导游大师讲的带团技巧梳理出来写入下表，并拍摄学习心得视频上传到学习平台）。

地陪带团
技巧之住
宿服务

序号	带团技巧	

考核标准

序号	考核细分项目	细分标准	分值	得分
1	课前准备	讨论回答	15	
2	技能考核一	语言表达	55	
		技能操作		
		展示效果		
		完成时间		
3	技能考核二	按照要求完成考核	30	
总分				

✏ 考核汇总表

组别					
小组自评					
小组互评					
教师评价					
企业导师评价					
总分					

备注：小组自评 10%，小组互评 10%，教师评价 40%，企业导师评价 40%。

任务五　游览服务

✏ 课前准备

查阅书籍资料，结合微课视频，分析地陪游览服务工作包括哪些方面。

参观游览服务

序号	名称	内容

✏ 时间安排

（1）任务介绍 5 分钟。

（2）任务分析 5 分钟。

（3）教师导学 25 分钟。

（4）学生实训 40 分钟。

（5）总结评价 5 分钟。

任务介绍

小刘带领旅游团进行参观，第一天的行程安排是上午游览渣滓洞，下午游览解放碑，晚上游船夜游两江。作为地陪，小刘要怎样做才能顺利完成这次地陪游览服务工作？

任务分析

参观游览是旅游团的整个行程中最重要的活动，是旅游者的旅游感受得以实现的核心部分，是地陪服务工作的中心环节，也是一名优秀地陪工作能力的体现。因此，小刘应在带旅游者参观游览前认真准备、精心安排，在参观游览过程中热情服务、生动讲解，以提供令旅游者满意的游览服务。

小刘可以从以下四个方面为旅游者提供参观游览服务：

出发准备 ➡ 途中导游 ➡ 景点导游 ➡ 返程服务

一、任务目标
（1）素质目标：树立讲好中国故事、传播中华文化的意识。
（2）知识目标：掌握参观游览服务中地陪的工作内容和要求。
（3）能力目标：能根据工作要求独立进行游览服务环节操作。

二、任务重点
掌握参观游览服务过程的环节和要求。

三、任务难点
用优美、客观、准确、恰当的语言做好地陪讲解服务。

任务实施

第一步：出发准备

（一）提前到达出发地点

出发前，地陪应提前 10 分钟到达集合地点。提前到达的作用有以下几点：

（1）这是地陪工作负责任的表现，会给旅游者留下良好的印象。

（2）地陪可利用这段时间礼貌地招呼早到的旅游者，询问旅游者的意见和要求。

（3）在时间上留有余地，以身作则遵守时间，应对紧急突发事件，提前做好出发前的各项准备工作。

（二）核实实到人数

（1）若发现有旅游者未到，地陪应向全陪、领队或其他旅游者问明原因，并设法及时找到。

（2）若有的旅游者愿意留在酒店或不随团活动，地陪要报告给地接旅行社，旅行社同意后，需让留在酒店的旅游者签好"情况说明"，再根据旅游者的意愿进行妥善安排。

（三）落实旅游团的当天用餐

地陪要提前落实旅游者当天的用餐，对午餐、晚餐的用餐地点、时间、人数、标准、特殊要求逐一核实并确认。

（四）提醒注意事项

提醒旅游者注意出游期间的细节，会使旅游者感到地陪服务很周到细致。

（1）出发前，地陪应向旅游者预报当日的天气、游览景点的地形特点，行走路线的长短等情况。

（2）提醒旅游者带好衣服、雨具，换上舒适方便的鞋，可以减少或避免旅游者生病、扭伤、摔伤等问题的发生。

（五）准时集合登车

（1）早餐时向旅游者问候，提醒集合的时间和地点。

（2）旅游者陆续到达后，清点实到人数并请旅游者及时上车。

（3）上车时，地陪应站在车门一侧，一面招呼大家上车，一面扶助老弱者登车。

（4）开车前，再次清点人数。

第二步：途中导游

（一）重申当日活动安排

车辆启动后，地陪要向旅游者重申当日活动安排，包括：午餐、晚餐的时间地点；向旅游者报告途中所需时间；视情况介绍当日国内外重要新闻。

（二）沿途风光导游

在前往景点的途中，地陪应向旅游者介绍本地的风土人情、自然景观以及沿途风光等，回答旅游者提出的问题。

（三）介绍游览景点

抵达景点前，地陪应向旅游者介绍该景点的简要概况，尤其是景点的历史价值和特色。其目的是满足旅游者事先想了解有关知识的心理，激发其游览景点的兴趣，并可节省到达目的地后的讲解时间。

（四）组织适当的娱乐活动活跃气氛

如旅途时间较长，地陪还可以视情况在车内开展一些娱乐活动，如唱歌、讲故事、讲笑话、猜谜语等。这时，地陪不应只满足于当一个"演员"，应是一个好的"导演"，要设法让全体旅游者都参与其中，可以讨论一些旅游者感兴趣的国内外问题，或做主持人组织适当的娱乐活动等来活跃气氛。

第三步：景点导游

（一）交代游览注意事项

（1）抵达景点后，在下车前，地陪要讲清并提醒旅游者记住游览车的车型、颜色、标志、车号和停车地点、开车的时间，尤其是下车和上车不在同一地点时，地陪更应提醒旅游者注意。

（2）在景点示意图前，地陪应讲明游览线路、所需时间、集合时间、地点等。

（3）地陪还应向旅游者讲明游览参观过程中的注意事项，如禁止吸烟等。

（二）游览中的导游讲解

抵达景点后，地陪的主要工作是带领本团旅游者沿着游览线路对所见景物进行精彩的导游讲解。

（1）讲解的内容要因人而异、繁简适度，包括该景点的历史背景、特色、地位、价值等方面的内容。

（2）讲解时，语言不仅应使旅游者听得清楚，还要生动、优美、富有表达力；要使旅游者不仅增长知识，而且得到美的享受。

立德专栏

金牌导游故事——导出人间烟火，游尽城市风光

薛文宇，一个在大山里土生土长的贵州人，从小就立志走出大山周游世界，高考过后选择就读贵州师范大学旅游管理专业。在他看来，旅游是一种成长的方式，古人说读万卷书，行万里路正是如此。

参加工作以后，做导游的他拥抱着外面精彩的世界。他阅尽山川湖海，草原雪地，大美风光。此刻的他对贵州的大山又有了新的认识和理解，他想让更多的人看到贵州的美，想让更多的人了解贵州的多彩文化，想让更多的人喜欢甚至爱上贵州这一宝藏之地。

薛文宇从2013年获得导游资格证，至今一直奋斗在旅游行业第一线。他对家乡的热爱、对工作的热爱支撑着他，带每一个团队都保持着热情饱满的工作状态。每次带团接触到新的朋友，他都会将贵州的山水美丽画卷，让远道而来的朋友慢慢品味、细细品鉴。最后离开贵州的时候，也将这一幅画卷放在旅游者的记忆里，带回去珍藏、炫耀与分享。

薛文宇认为，作为一名贵州的导游，肩负着重要的责任，他是解说导游员，更是宣传推广员，他让到贵州的朋友们不只是看到贵州诗情画意的风景，更想让朋友们知道贵州灿若繁星的地域文化。为此，薛文宇一直通过学习在进步，提升自己，让自己变得更强大。

（改编资料来源：金牌导游故事——导出人间烟火，游尽城市风光［EB/OL］.（2022-07-09）［2022-08-11］.爽游贵阳微信公众号.）

（三）严格执行游览计划

在景点景区内的游览过程中，地陪应严格执行旅游合同，保证在计划的时间与费用内使旅游者充分地游览、观赏，不得擅自缩短时间或克扣门票费用。

（四）注意旅游者的安全

（1）在游览过程中，地陪应做到讲解与引导游览相结合，适当集中与分散相结合，劳逸结合，并应特别关照老弱病残的旅游者。

（2）在讲解时，地陪也应眼观八方、耳听六路，注意旅游者的安全。

（3）地陪要自始至终与旅游者在一起活动，景点的每一次移动都要和全陪、领队密切配合并随时清点人数，防止发生旅游者走失和意外事件。

第四步：返程服务

从景点、参观点返回酒店的途中，地陪可视具体情况做以下工作：

（一）回顾当天活动

回顾当天参观、游览的内容，回忆带领旅游者游览的精品景点，回答旅游者的提问。如果在参观游览中有漏讲的内容，可做补充讲解。

（二）风光导游

如不从原路返回所住酒店，地陪应该对沿途风光进行导游讲解。

（三）宣布次日活动

下车前，地陪要通报晚上或次日的活动日程，如出发时间、集合地点等，并提醒旅游者带好随身物品。下车时地陪要先下车，在车门边照顾旅游者下车，再向他们告别。

（四）提醒注意事项

（1）如当天回到饭店较早或晚上无集体活动安排，地陪应考虑到旅游者会外出自由活动，因此，要在下车前提醒旅游者注意：如要外出，最好要结伴同行，带上饭店的地址和电话号码，尽量乘出租车前往。

（2）提醒旅游者关注次日的天气情况，将次日将要游览的景区景点的大概情况告知旅游者，并建议旅游者准备方便出行的一些装备。

（五）安排叫早服务

如该团需要叫早服务，地陪应在结束当天活动、离开酒店之前安排。

技能考核

考核一：以小组为单位分析案例，然后分小组展示汇报。

我市一旅行社组织一个散拼旅游团去外省进行旅游，旅游团没有安排全陪。当行程结束后，几位年长的旅游者直接拿着行李来到组团旅行社，他们强烈"抗议"外地地陪的所作所为，并且要求旅行社赔偿其经济损失和对地陪进行处分。

事情经过是这样的：按照旅游合同规定，在旅游期间，这几位年长旅游者的用餐自理，往返行程为"一飞一卧"（去是乘飞机，返是乘火车）。

旅游者抵达目的地后，他们对当地地陪的讲解及游览活动安排有意见，时常当着大家的面，向地陪提意见。为此，地陪心里憋着一股气，服务态度更加不好。旅游者对地陪的意见也越来越大，双方矛盾越来越尖锐。

第三天，由于这几位年长的旅游者在午餐时喝了一点酒，没有在规定的时间集合，地陪便采取了"报复"手段，不等他们吃完饭，就擅自让旅游车开走，致使他们只能报警，通过当地公安部门的帮助才找到了旅游车……

　　如果你是地陪，该如何提供令旅游者满意的地陪游览服务？

　　考核二：跟着大师学带团（学习视频，将导游大师讲的带团技巧梳理出来写入下表，并拍摄学习心得视频上传到学习平台）。

地陪带团
技巧之讲
解服务

序号	带团技巧

考核标准

序号	考核细分项目	细分标准	分值	得分
1	课前准备	讨论回答	15	
2	技能考核一	语言表达	55	
		技能操作		
		展示效果		
		完成时间		
3	技能考核二	按照要求完成考核	30	
总分				

考核汇总表

组别				
小组自评				
小组互评				
教师评价				
企业导师评价				
总分				

备注：小组自评 10%，小组互评 10%，教师评价 40%，企业导师评价 40%。

任务六 餐饮服务

课前准备

查阅书籍资料，结合微课视频，分析地陪的餐饮服务工作包括哪些方面。

餐饮服务及
问题处理

序号	名称	内容

时间安排

（1）任务介绍 5 分钟。

（2）任务分析 5 分钟。

（3）教师导学 25 分钟。

（4）学生实训 40 分钟。

（5）总结评价 5 分钟。

任务介绍

地陪小刘按照接待计划带领旅游者游览重庆市黔江区城市大峡谷景区，并定于晚上 6 点 30 分在景区旁的民族风情城饭店用餐，品尝当地特色菜——黔江鸡杂。但在下午 4 点游览结束返程中，旅游者提出因为饮食习惯不一样，吃不了辛辣食物，部分旅游者也不习惯吃动物内脏，要求把晚上的黔江鸡杂换成清淡的汤锅。

对于旅游者的要求，小刘应如何处理？

任务分析

中国有句古话"民以食为天"，在旅程中旅游者能否吃饱吃好很大程度上影响了旅游体验，也影响着旅游者对旅游目的地的印象。因此，做好餐饮服务、处理好旅游者用餐的要求和问题也是地陪小刘的重要工作。

旅游团通常的用餐方式有计划内团餐、自助餐、风味餐、宴会等，地陪可根据用餐的形式提供相应的餐饮服务。

地陪小刘要提供的餐饮服务流程如下：

提供服务 ➡ 协调要求 ➡ 处理问题

一、任务目标

（1）素质目标：培养耐心细致、认真负责的工作态度。

（2）知识目标：掌握地陪导游餐饮服务程序和要求。

（3）能力目标：能够按要求完成餐饮服务工作，并能妥善处理餐饮服务中旅游者的个别要求和突发事件。

二、任务重点

掌握地陪导游餐饮服务工作的内容和流程。

三、任务难点

能够妥善处理旅游者在餐饮上提出的个别要求和用餐时的突发事件。

📝 任务实施

第一步：提供餐饮服务

（一）计划内团餐

（1）地陪事先按照接待计划落实用餐，应与餐厅核实用餐地点、时间、人数、标准、特殊要求、饮食禁忌等。

（2）在用餐时地陪引领旅游者进入餐厅，清点人数，介绍餐厅的有关设施、洗手间位置等，并告知旅游者餐饮标准、包含范围与自费项目，以及餐后集合的时间。

（3）地陪应在旅游者用餐时巡餐 1～2 次，及时回答旅游者问题，监督检查餐厅是否按标准提供餐饮。

（4）用餐后根据实际用餐人数和餐标，通过现付或签单的方式与餐厅结账，并索要正规发票。

（二）自助餐

自助餐的用餐形式较自由，餐饮种类丰富，因此也深受旅游者欢迎。除常规服务外，地陪需礼貌提醒旅游者文明用餐，避免造成浪费。

（三）风味餐

风味餐分为计划内和计划外。

（1）地陪除常规服务外还需要向旅游者介绍风味餐的历史、特色、人文精神及其吃法，满足旅游者的好奇心和求知欲，传递知识，弘扬民族传统文化。

（2）如行程中没有安排风味餐，旅游者提出自费品尝，地陪可帮助联系预订，若旅游者盛情邀请，地陪可参加，切记不要反客为主。

（四）宴会

（1）地陪陪同旅游者参加宴请，应重视宴会礼仪、着装符合场合，处理好与旅游者的关系，时刻紧绷服务这根弦。

（2）如需饮酒，地陪饮酒量不要超过自己酒量的三分之一。

立德专栏

为什么导游不与游客一同用餐？

很多游客发现，每次在吃团餐的时候，导游一般都不会跟着游客一起吃。那么导游到底做什么去了呢？为什么导游不跟游客一起吃饭呢？

其实主要有两个原因。首先是因为，每一个旅行社都有明确规定，导游是没有权利享受旅游者的团餐的，如果导游与游客一起享用团餐，很有可能会遭到处罚。游客用餐时，导游需要确定每位游客手中都有饭、有餐具、饭菜是否符合标准，在游客身边随时解答游客的问题，满足游客就餐时一些需求。其次是导游要利用用餐时间，提前与司机沟通行程，甚至还要一遍又一遍地熟悉景区的各条路线，以此来预判接下来很有可能发生的各种情况，提前做好准备。

由此可见，导游的工作是非常辛苦的，对导游的职业操守和职业道德要求也是极高的。

（改编资料来源：新鲜旅行事呀.为什么外出旅游，导游从不跟游客一起吃饭呢？难道其中另有玄机？［EB/OL］.（2022-07-20）［2022-08-12］.搜狐网.）

第二步：处理旅游者个别要求

俗话说"众口难调"，不同国家、不同地区的旅游者由于宗教信仰和生活习惯的不同，对用餐的要求各不相同，因此，地陪需要灵活处理旅游者对餐饮提出的个别要求。

（一）旅游者对特殊饮食的要求

（1）部分旅游者对餐饮有特殊要求，例如素食主义者、食物过敏者、穆斯林旅游者等。如是旅游协议里有明文规定的，旅行社应该提前安排，地陪需要在接团前与餐厅落实，不折不扣地执行。

（2）如是旅游者临时提出，地陪应立即与餐厅联系，尽量满足要求。

（3）若确实有困难，餐厅无法提供特殊饮食，则要向旅游者说明情况，协助旅游者自行解决，但餐费由旅游者自理。

（二）要求换餐

（1）当旅游者提出换餐，首先要确保是否有充足的时间换餐，通常需要至少提前3小时提出（某些风味餐需要提前一天以上）。

（2）落实餐厅是否能够满足旅游者的换餐要求，例如团餐换风味餐，中餐换西餐。如支持换餐，额外产生的费用或差价由旅游者自理。

（3）如餐厅不支持换餐，则向旅游者解释说明；若旅游者仍然坚持换餐，可建议旅游者在其他餐厅另行点餐，但费用自理，原餐费不退。

（三）要求单独用餐

（1）当有旅游者提出要单独用餐时，地陪首先要了解原因，看提出单独用餐的旅游者是否与其他旅游者有矛盾，如有矛盾，应请领队、全陪进行调解。

（2）如果旅游者仍然坚持单独用餐，地陪可协助其与餐厅联系，但需告知费用自理，原餐费不退。

（3）如果旅游者外出自由活动而不随团用餐，地陪可同意其要求并说明原餐费不退。

（四）要求在客房内用餐

旅游者提出在客房内用餐，首先应了解原因，分情况处理。

（1）若旅游者生病，地陪可请酒店提供送餐服务以示关怀。

（2）其他旅游者提出此项要求，地陪必须告知旅游者关于酒店送餐服务的收费标准，请旅游者自行付费。

（五）要求推迟就餐时间

由于旅游者的生活习惯或者游兴未尽等原因，旅游者可能会提出推迟就餐的要求。通常情况下，地陪应向旅游者说明当地的习俗、餐厅的用餐时间，过时用餐可能会额外支付服务费用，请旅游者尽量按时就餐。

第三步：食物中毒的预防和处理

在餐饮服务中，除处理旅游者的各种要求外，地陪还需要特别注意预防旅游团发生食物中毒事故。

（一）食物中毒的预防

（1）地陪应安排旅游者去卫生有保障的正规餐厅就餐。

（2）询问旅游者有无食物过敏史和致敏原。

（3）提醒旅游者不要随便在路边小摊上购买食物。

（4）如发现餐厅食物不卫生、变质等，应立即要求更换，必要时向旅行社汇报。

（二）食物中毒的处理

一旦旅游者出现上吐下泻、腹痛等食物中毒症状，地陪可采取以下措施：

（1）立即让旅游者停止食用可疑食物。

（2）拨打急救电话120，必要时用旅游车直接送往就近的医院。

（3）在救护车来之前，可采取以下相应自救措施。

（4）由于确定中毒物质对治疗来说至关重要，因此，在发生食物中毒后，地陪应要求餐厅保存导致中毒的食物样本，以提供给医院进行检测。

（5）处理食物中毒事故的同时，要将情况汇报给旅行社，追究餐厅的责任。

技能考核

考核一：以小组为单位，从以下三种用餐形式中选择一种并结合不同的旅游者类型，完成餐饮服务环节工作，然后分小组展示汇报准备内容。

（1）旅游团桌餐。由于旅游团队集中用餐人数较多，旅行社选择团队餐较多。团队餐，指经旅行社与具有餐饮服务资格的企业提前签订协议确定的，以配套桌餐为供餐方式的旅游团队就餐形式。

（2）重庆风味餐：火锅。重庆火锅又称毛肚火锅或麻辣火锅，是中国传统饮食方式之一，起源于明末清初的重庆嘉陵江畔，其主要原料是牛毛肚、猪黄喉、鸭肠、牛血旺等。2016年5月，"重庆火锅"当选为"重庆十大文化符号"之首，是重庆的美食符号、城市名片，深受国内外旅游者的推崇。

（3）自助餐，亦称冷餐会，它是国际上所通行的一种非正式的西式宴会。自助餐不预备正餐，而由就餐者随意在用餐时自行选择食物、饮料，然后或站或坐，自由地与他人在一起或是独自一人用餐。因其可以在用餐时调动用餐者的主观能动性，自己动手在既定的范围之内选用符合饮食习惯的菜肴，因此，自助餐受到各类旅游者的青睐。

旅游者类型如图4.1所示。

（a）老年旅游者

（b）研学团

（c）素食主义者

（d）入境旅游者

图 4.1   旅游者类型

考核二：跟着大师学带团（学习视频，将导游大师讲的带团技巧梳理出来写入下表，并拍摄学习心得视频上传到学习平台）。

地陪带团技巧之餐饮服务

序号	带团技巧

✎ 考核标准

序号	考核细分项目	细分标准	分值	得分
	课前准备	讨论回答	15	
	技能考核一	语言表达	55	
		技能操作		
		展示效果		
		完成时间		
	技能考核二	按照要求完成考核	30	

汇总表

项目				
小组自评				
小组互评				
教师评价				
企业导师评价				
总分				

备注：小组自评 10%，小组互评 10%，教师评价 40%，企业导师评价 40%。

任务七　购物服务

✎ 课前准备

查阅书籍资料，分析地陪购物服务工作包括哪些方面。

序号	名称	内容

时间安排

（1）任务介绍 5 分钟。

（2）任务分析 5 分钟。

（3）教师导学 25 分钟。

（4）学生实训 40 分钟。

（5）总结评价 5 分钟。

任务介绍

重庆地陪小刘带领旅游者在重庆参观火锅博物馆，并按照接待计划带领旅游者购买重庆的特色风物特产。

在购物服务工作环节，小刘应该提前做好哪些服务准备？

任务分析

购物是旅游者在旅游活动中的一项重要活动，是旅游者旅游的目的之一。为旅游者做好购物服务，是增加旅游目的地旅游收入的一条重要渠道。因此，地陪小刘应严格遵守《旅游法》的规定，根据接待计划规定的购物次数、购物场所和停留时间为旅游者提供购物服务，不得擅自增加购物次数和延长购物时间，更不得强迫旅游者购物。小刘还要根据旅游者的兴趣喜好，提前了解商品的特色、功用，准备好相关商品的讲解内容。购物中若有部分旅游者不愿参加购物，小刘还需要妥善安排不愿参加购物活动的旅游者。

小刘要提供的购物服务流程如下：

提供服务	➡	协调要求

一、任务目标

通过本次实操任务：

（1）素质目标：树立遵纪守法、诚信服务的理念。

（2）知识目标：掌握购物服务的流程和要求，熟悉当地特色产品的知识。

（3）能力目标：能根据工作要求独立进行服务，并处理购物服务中旅游者的个别要求。

二、任务重点

掌握地陪购物服务工作的流程。

三、任务难点

能够妥善处理旅游者在购物时提出的个别要求。

✐ 任务实施

第一步：提供购物服务

旅游者购物前，地陪首先向全体旅游者讲清停留时间、购物注意事项，介绍本地商品特色和地方特产的历史文化。如是入境旅游者，地陪还需承担翻译工作，并告知海关对旅游者携带出境物品的规定。同时需要切实维护好旅游者的利益。

（一）协助旅游者制订购物清单

目前，我国移动支付尤为方便快捷，很容易造成旅游者冲动消费，看见什么买什么，然而回去之后发现买了很多没有意义的东西，造成了浪费。一些外地或外国旅游者，购物前会准备购物清单，但往往对当地的旅游商品不太清楚，因此，地陪可协助旅游者制订购物清单，提前为旅游者介绍本地旅游商品的类别。例如，旅游工艺品类：荣昌折扇、梁平年画、西兰卡普等；旅游纪念品类：纪念徽章等；土特产类：云南白药、藏红花等；旅游食品类：重庆磁器口麻花、南京盐水鸭、武汉热干面等。

（二）讲解介绍商品

（1）了解旅游者的购物需求和购买能力后，向旅游者推荐适合的旅游商品。

（2）地陪应客观真实地介绍商品，言之有据。着重介绍商品的名称、历史、特色、文化内涵、生产过程、功效等，激发旅游者的购买欲望，促进当地经济发展。

（3）对于自己不熟悉的商品，不可信口开河，应本着实事求是的态度向旅游者解释清楚。

（三）引导旅游者理性购物

（1）地陪应当善于引导旅游者理性购物，避免上当受骗。

（2）地陪要引导旅游者购物时坚持"三要"：要买自己喜欢的物品，买东西一定要开发票，贵重物品要索取保单。

立德专栏

全国道德模范导游刘萌刚：用诚信打开世界了解中国的窗口

刘萌刚从事旅游工作10多年，接待近2万名国内外游客，无一例投诉。他三次援藏，克服严重的高原反应和重重困难，用专业与真诚向国外友人展示一个真实的西藏，赢得各方赞誉。

作为一名导游，刘萌刚按照旅游合同，严格遵守不进购物店、不增加自费景点的约定，引导司机以良好的服务赢得游客的信任与尊重。在他的影响带动下，许多导游、司机都自觉抵制"零负团"。

刚踏入导游行业不久，刘萌刚就曾接到过一位毛里求斯的华侨游客3000美元的货款。原来这名游客在桂林旅游时，看中了一对石狮子。在去机场的路上，游客把3000美元和一张名片交给刘萌刚，请他按照名片上的地址把石狮子寄到毛里求斯，当时他们才认识3天。

　　　　3000 美元是一笔不小的数目。刘萌刚觉得那名游客如此信任他，可能是自己在导游时的言行举止让对方觉得值得托付。后来，刘萌刚不仅及时将石狮子寄出，还把剩下的钱如数退还，这名游客专门写了一封感谢信。

　　　　2015 年，刘萌刚被授予第五届全国诚实守信道德模范称号。2018 年 11 月，刘萌刚被中央宣传部、国家发展改革委授予"诚信之星"称号。他还荣获全国模范导游员、全国十大旅游风采人物、全国援藏导游员先进个人、全国十大最美导游等荣誉称号。

　　　　（改编资料来源：林艳华 . 全国道德模范导游刘萌刚：用诚信打开世界了解中国的窗口［EB/OL］.（2015–11–05）［2022–08–12］. 中国文明网 .）

第二步：处理旅游者个别要求

　　旅游者的购物活动会伴随着整个旅游行程，旅游者往往会有各种各样的特殊要求，地陪要本着"旅游者至上、服务至诚"的旅游行业核心价值观，积极为旅游者排忧解难。

　　（一）要求单独外出购物

　　如果旅游者在自由活动期间要求单独外出购物，地陪要给予力所能及的帮助，比如提供线路、购物攻略等。但是为了预防误机、误车、误船，在离开本地当天的购物要求，地陪应劝阻。

　　（二）要求退换商品

　　1. 旅行社行程安排的商家

　　（1）当旅游者购物后发现残次品、计价有误或不满意，地陪可积极协助退换，必要时可陪同前往。

　　（2）如旅游者因为购物后不喜欢该商品，提出退换，地陪先查看商品属性，是否可以退换，如可以退换，地陪应协助旅游者联系商家。通常情况下，地陪不陪同旅游者前往。

　　2. 自由活动时旅游者自行选择的商家

　　地陪可协助处理，提供建议供旅游者参考，非必要不陪同旅游者前往，且不能影响全团后续的行程。

　　（三）要求再次前往某商店购物

　　旅游者购物时往往有"货比三家"的心理，如有的旅游者在离开购物店后又想返回购买心仪的商品，地陪如有时间可陪同前往，车费由旅游者自理；若不能陪同，可积极协助旅游者联系商家，并请其乘坐出租车前往。

　　（四）要求购买古玩或仿古艺术品

　　（1）地陪带旅游者到正规的古玩商店购买，提醒旅游者保存好购物发票和物品上的火漆印，以便海关查验。

　　（2）旅游者如在非正规渠道购买文物，地陪应劝阻。

　　（3）若发现个别旅游者有走私文物的嫌疑，必须及时报告有关部门。

（五）要求购买中药材

（1）有的旅游者对中医很有兴趣，想购买中药材并携带出境，地陪须告知旅游者中国海关的有关规定。

（2）旅游者携带中药材、中成药前往境外或邮寄出境，地陪需要提醒旅游者遵守海关对数量和种类的规定。

特别注意：2022年3月1日，海关总署废止了1990年6月26日海关总署令第12号发布的《中华人民共和国海关对旅客携带和个人邮寄中药材、中成药出境的管理规定》，对携带出境的中药材或中成药的价值没有作出限制，邮寄出境的中药材根据海关总署公告2010年第43号的相关规定：个人寄往港澳台地区的物品，每次限值为800元人民币；寄往其他国家或地区的物品，每次限值为1000元人民币。麝香、蟾酥、虎骨、犀牛角、牛黄等以及超出规定限值的中药材、中成药不准出境。

（3）国家明确禁止进出境的中药材、中成药：

①《中华人民共和国禁止进出境物品表》规定，濒危及珍贵的动物、植物及其种子和繁殖材料禁止进出境。

②中药材及中成药类的有麝香、蟾酥、虎骨、犀牛角、牛黄等明确禁止进出境，其中配以微量麝香、蟾酥的成药在合理范围内可进出境，但含犀牛角和虎骨成分的严禁进出境。

技能考核

考核一：以小组为单位，从以下三种特色商品中选择一种，并结合不同的旅游者类型，完成购物服务环节的介绍工作，然后分小组展示汇报准备内容。

（1）磁器口陈麻花

早在清朝末期，磁器口古镇的陈麻花就因为其独特的口味在川渝大地上广为流传。陈麻花选料上乘，采用全手工制作，具有香、酥、脆、爽的口味，而且它长时间存放，口感也不会发软。磁器口古镇叫陈麻花的商家有很多，注册陈麻花食品有限公司的就只有一家。该公司在重庆磁器口有三家直营店，为磁器口的繁荣昌盛做出杰出的贡献。目前，陈麻花有甜、椒盐、麻辣、蜂蜜四种口味。甜味麻花香甜可口，入口即化，椒盐麻花口味纯正，麻辣口味的麻花就很"重庆"了，集甜、麻、辣于一体，让味蕾来一场不一样的体验。

（2）新"东北三宝"

新"东北三宝"是指中国东北地区的三种土特产，通常指的是人参、鹿茸和貂皮。东北三宝富含植物蛋白和铁、钙、锌等矿物质，具有通经活络、养心安神的作用，有很高的药用价值，终生不形成菌根，具有极强的抗真菌寄生功能，对关节炎、风湿、坐骨神经痛有养护、预防、保健作用，广受各地旅游者的喜爱。

（3）杭州丝绸

杭州丝绸，浙江省杭州市特产，中国国家地理标志产品。杭州丝绸质地轻软、色彩绮丽、品种繁多，有绸、缎、绫、绢等十几类品种，在中国传统丝织业中占据重要地位。距今4700多年的良渚出土丝织物就已揭示了杭州丝绸的历史之久。唐代大诗人白居易"红袖织绫夸柿蒂，青旗沽酒趁梨花"的诗句又道出了当时杭州丝绸的水准之高，旧时清河坊鳞次栉比的绸庄更见证了丝绸经济的繁荣。

旅游者类型如图 4.2 所示。

（a）老年旅游者

（b）亲子家庭

（c）女性旅游者

（d）入境旅游者

图 4.2　旅游者类型

如何进行正确的购物推介与引导

考核二：跟着大师学带团（学习视频，将导游大师讲的带团技巧梳理出来写入下表，并拍摄学习心得视频上传到学习平台）。

序号	带团技巧

✎ 考核标准

序号	考核细分项目	细分标准	分值	得分
1	课前准备	讨论回答	15	
2	技能考核一	语言表达	55	
		技能操作		
		展示效果		
		完成时间		
3	技能考核二	按照要求完成考核	30	
总分				

考核汇总表

组别					
小组自评					
小组互评					
教师评价					
企业导师评价					
总分					

备注：小组自评 10%，小组互评 10%，教师评价 40%，企业导师评价 40%。

任务八　娱乐服务

购物、娱乐
服务及问题
处理

课前准备

查阅书籍资料，结合微课视频，分析地陪娱乐服务工作包括哪些方面。

序号	名称	内容

时间安排

（1）任务介绍 5 分钟。

（2）任务分析 5 分钟。

（3）教师导学 25 分钟。

（4）学生实训 40 分钟。

（5）总结评价 5 分钟。

✎ 任务介绍

重庆地陪小刘带领旅游者到武隆参观天生三桥景区，旅游者听闻每天晚上在后坪天坑附近有非常精彩的《印象武隆》实景演出，纷纷提出晚上自由活动期间想自费观看实景演出。当小刘正在为旅游者联系演出票时，又有部分旅游者提出更想参加酒店组织的篝火晚会活动。

作为地陪，在娱乐服务工作环节遇到上述问题，小刘应该如何解决？

✎ 任务分析

在旅游者的夜间自由活动期间，文娱活动是非常重要的部分。近年来，旅游演艺活动发展迅速，很多地方推出一系列观赏性高、体验性强的文娱演艺，例如印象系列、千古情系列等，不仅充实了旅游者的夜间生活，也进一步传播了传统文化。因此，小刘应该做好此项服务，让旅游者有更丰富的旅游体验。

小刘需要提供的娱乐服务流程如下：

提供服务	➡	协调要求

一、任务目标

（1）素质目标：培养良好的文化素养与高雅的审美情趣。

（2）知识目标：掌握地陪娱乐服务工作的内容及典型文娱活动的文化内涵。

（3）能力目标：能根据工作要求独立进行服务，妥善处理旅游者提出的问题。

二、任务重点

掌握地陪娱乐服务的工作内容和要求。

三、任务难点

能够妥善处理旅游者在娱乐活动中提出的个别要求。

✎ 任务实施

第一步：提供娱乐服务

地陪的娱乐服务分为计划内和计划外的文娱活动。

（一）计划内的文娱活动

（1）地陪按照接待计划提前落实活动的时间、场次、座位等，并陪同前往，还应向旅游者介绍活动的内容、特点和注意事项。

（2）到达演出场所后，地陪应引导旅游者入座并全程陪同旅游者，向旅游者介绍演出的设施与位置，解答旅游者的问题。

（3）活动结束后，地陪应提醒旅游者带好随身物品依次退场。

（4）在大型的演出场所，地陪应提前告知旅游者结束后的集合时间、地点，并待所有旅游者到齐后再离开。

（二）计划外的文娱活动

（1）地陪应告知旅游者演出的时间、地点和票价，协助他们购票，但一般不陪同前往。

（2）地陪应提醒旅游者注意夜间活动安全，及时返回酒店休息，并告知旅游者，所有费用由旅游者自理。

立德专栏

新疆导游员秀出"十八般武艺"

2021年新疆导游大赛才艺展示环节，要求选手结合导游这个职业展示个人才艺。诗朗诵、舞台剧、剪纸、舞蹈串烧、单口相声……选手们十八般武艺齐上阵，娴熟的讲解和多才多艺的表演，充分展示了他们的业务水平和文化底蕴。

"忽如一夜春风来，千树万树梨花开。"北庭学研究院的讲解员刘潇，以声情并茂的诗朗诵开场。他身上的服装吸引了不少人的注意力，"像不像电视剧《长安十二时辰》里的服装？如果想详细了解这些文化，欢迎到我们那儿去。"朗诵之余，刘潇还为大家埋了一个小伏笔。

库尔勒市参赛选手吴慧利，从小就喜欢播音，在抖音平台、微信群开了免费的播音教学。这次，她精心准备一场单人舞台剧，将朗诵和表演结合起来，短短3分钟的表演，包含了她几个月的努力。

何银平是库尔勒民俗文化博物馆的讲解员，也是一位非遗传承人。她喜欢用形象生动的文物剪纸讲博物馆的故事。她现场为大家剪的立体"春"字，瞬间"吸粉"一片。

喀什地区选手努尔比亚·卡热木巴尔地　　带来的舞蹈串烧，将新疆各种舞蹈的代表性动作结合起来，让观众　　　了新疆舞蹈。

大赛评委点评本次比赛的参赛选手　　　　同时讲解也有各自的特色和风格。诗歌朗诵、剪纸展示、单口相　　　舞表演等，选手们多才多艺、各显其能，展现了导游员的风采和素养。

（改编资料来源：张小宓.新疆导游员秀出"十八般武艺"［EB/OL］.（2022-01-19）［2022-08-12］.天山网.）

第二步：处理旅游者个别要求

"一千个读者有一千个哈姆雷特。"对于文娱活动，旅游者喜好不一，会提出种种要求，最常见的是旅游者要求调换计划内的文娱节目。地陪在合理而可能的情况下，根据不同的情况具体处理。

（一）全体旅游者提出更换

全团旅游者对某些文化类节目不感兴趣，想换成大众化的文娱活动或体验性、参与性更强的娱乐活动，地陪应与旅行社计调部联系，按照旅行社的指示办理。如无法更换，需要向旅游者耐心解释，做好说明和安抚工作。

（二）部分旅游者提出更换

部分旅游者提出更换，处理的方式与全团旅游者一样。地陪首先积极协调，如无法更换，则请旅游者自理相关费用。在交通上，如果部分旅游者更换的活动与原活动在同一线路，地陪可请司机送他们到目的地，如不同路，可为旅游者联系车辆，车费旅游者自理。

技能考核

考核一：以小组为单位，从以下三种娱乐活动中选择一种，并结合不同的旅游者类型，完成娱乐服务环节的介绍工作，然后分小组展示汇报准备内容。

（1）观看"印象·武隆"实景演出

"印象·武隆"实景歌会由印象"铁三角"张艺谋任艺术顾问，王潮歌、樊跃任总导演，100多位特色演员现场真人真情献唱，以濒临消失的"号子"为主要内容，让观众在70分钟的演出中亲身体验自然遗产地壮美的自然景观和巴蜀大地独特的风土人情。

剧场选址在重庆市武隆区桃园大峡谷，距仙女山镇约9公里。峡谷呈"U"形，高低落差180米，远山神秘、近山雄奇，沟壑清幽。剧场的选择不仅保护了生态，也为演出提供绝佳的表现空间。剧场共设计安装观众座位约2700个，舞台延伸至看台，看台又融入舞台，演员与观众零距离接触。"印象·武隆"实景歌会将在幽静的山谷里重新唱响久违的"号子"。

（2）观看川剧表演

川剧，俗称川戏，主要流行于中国西南地区川渝云贵四省市的汉族地区，是融会高腔、昆曲、胡琴（即皮黄）、弹戏（即梆子）和四川民间灯戏五种声腔艺术而成的传统剧种。川剧脸谱，是川剧表演艺术中重要的组成部分，是历代川剧艺人共同创造并传承下来的艺术瑰宝。川剧分小生、须生、旦、花脸、丑角5个行当，各行当均有自成体系的功法程序，尤以"三小"，即小丑、小生、小旦的表演最具特色，在戏剧表现手法、表演技法方面多有卓越创造，能充分体现中国戏曲虚实相生、遗形写意的美学特色。2006年5月20日，川剧经国务院批准列入第一批国家级非物质文化遗产名录。

（3）参加篝火晚会

篝火晚会是中国民间一种传统的欢庆形式。相传在远古时代，人们学会了钻木取火之后，发现火不仅可以烤熟食物，还可以驱吓野兽，保护自己的生命安全。于是，先民们对火产生了最初的崇敬之情。后来，人们外出打猎满载而归，互相庆祝获得了丰厚的战利品。傍晚，在用火烤熟食物的过程中，便互相拉手围着火堆跳舞以表达自己喜悦愉快的心情，这种欢庆的形式一直延续到今天，就形成了篝火晚会。

旅游者类型如图4.3所示。

（a）老年旅游者

（b）研学团

（c）女性旅游者

（d）入境旅游者

图 4.3　旅游者类型

考核二：结合文旅融合，请梳理中国非物质文化遗产名录中适宜开展旅游娱乐体验活动的项目。

考核标准

序号	考核细分项目	细分标准	分值	得分
1	课前准备	讨论回答	15	
2	技能考核一	语言表达	55	
		技能操作		
		展示效果		
		完成时间		
3	技能考核二	按照要求完成考核	30	
总分				

考核汇总表

组别				
小组自评				
小组互评				
教师评价				
企业导师评价				
总分				

备注：小组自评 10%，小组互评 10%，教师评价 40%，企业导师评价 40%。

任务九 送站服务

课前准备

查阅书籍资料，结合微课视频，分析地陪送站服务工作包括哪些方面。

送站

序号	名称	内容

时间安排

（1）任务介绍 5 分钟。

（2）任务分析 5 分钟。

（3）教师导学 25 分钟。

（4）学生实训 40 分钟。

（5）总结评价 5 分钟。

任务介绍

小刘带领的团队即将完成在重庆的 5 日 4 晚的旅游行程。旅游团将乘坐早上 9 点的飞机由重庆江北国际机场返程。按照服务规范，小刘估算出早上的交通情况和送机路程时间需 30 分钟，于是在早高峰之前 6 点半准时出发前往机场。当旅游车行驶在机场路时，有位旅游者突然发现身份证遗漏了，称退房时和房卡一起交给了前台，要求返回酒店取证件。小刘看时间比较充足，答应了旅游者的要求。但返回酒店后旅游者并未找到身份证，这时，小刘建议旅游者到机场后去机场派出所开具乘机证明。当旅游车再次行驶在机场路时，遇到了早高峰堵车，这时离航班起飞只剩一个小时了，时间一分一秒过去，小刘该怎么办？

在送站服务工作环节遇到上述问题应如何解决？小刘应该提前做好哪些准备工作？

任务分析

当旅游者在旅游目的地体验了旅游的六大基本要素（食住行游购娱）之后，行程也即将告一段落，小刘要开始着手准备送站服务。送站服务是地陪工作的尾声，小刘应善始善终，确保旅游者安全、顺利地离站。

小刘要提供的地陪送站服务流程如下：

准备工作　➡️　离店服务　➡️　送行服务　➡️　问题处理

一、任务目标

（1）素质目标：培养注重细节、善始善终的良好工作习惯。

（2）知识目标：掌握地陪送站服务工作的内容。

（3）能力目标：能根据工作要求独立进行送站服务，并妥善处理送站服务中的突发情况。

二、任务重点

掌握地陪送站服务的工作内容和要求。

三、任务难点

能够妥善处理送站服务工作中出现的各类突发情况。

✎ 任务实施

第一步：送站前的准备工作

（一）核实交通票据

（1）在旅游团离开的前一天，地陪要认真核实旅游团离开的机票、车票、船票等的详细信息，如有变化，要问清计调部是否通知了下一站，以免出现漏接。

（2）了解本地和下一站的天气情况，适当提醒旅游者注意天气变化。

（3）如果是离境团队，除常规工作外，地陪还需要提醒领队和旅游者提前准备出境卡、海关申报材料，以备查验。

（二）商定出行李的时间

（1）如旅行社安排有行李车则需要行李员、地陪、全陪、领队共同商定出行李的时间然后告知旅游者。

（2）如旅行社没有安排行李车，行李随旅游者一起上车。

（3）地陪应提醒旅游者提前收拾检查好自己的托运行李和随身物品，不要遗漏在酒店，同时注意身份证、贵重物品随身携带。

（三）商定集合出发时间和叫早、早餐时间

（1）通常情况下，司机对路况比较熟悉，所以地陪要提前和司机商量出发时间，同时也要征求全陪、领队的意见。

（2）在确定集合出发时间的基础上，地陪应与全陪和领队一起商定叫早和早餐的时间。

（3）最后，地陪将确切时间通知旅游者。

（四）提醒结账

（1）地陪应在退房前提醒旅游者结清自费项目，例如洗衣费、食品饮料费等。

（2）若损坏了设备，地陪应协助酒店妥善处理赔偿事宜。

（3）地陪要将团队的离店时间及时通知前台，以便酒店安排工作人员集中查房，同时，也提醒前台及时与旅游者结清账目。

（五）及时归还证件

一般情况下，地陪不保管旅游者的证件，随用随还。但离店前一天，地陪还是应当仔细检查自己的物品，以防保留了旅游者的证件或票据。

第二步：离店服务

（一）交接行李

（1）如果有行李车，地陪要按照商定的时间和全陪、领队、行李员共同确认行李件数。

（2）确保行李完好，并填写行李交运卡。

（二）办理退房手续

（1）地陪可将旅游者的房卡收齐后一起交给前台，也可由旅游者自己交给前台。

（2）地陪在酒店查房后，确认用房的数量，到前台确认无误后签字结账。

（三）集合登车

（1）地陪要提醒旅游者是否与酒店结清相关账目，是否有物品遗忘在房间。

（2）引导旅游者上车，待旅游者坐定后要仔细清点人数。

（3）再次提醒旅游者清点随身行李物品，尤其是证件和贵重物品。

第三步：送行服务

（一）送行途中服务

（1）当所有旅游者确认无误后，请旅游者系好安全带并示意司机开车。

（2）在前往机场的途中，地陪可酌情对沿途景物进行讲解。

（3）快到机场时，要致欢送词。欢送词主要包括：

①回顾语；

②感谢语；

③征求意见语；

④惜别语；

⑤祝愿语。

（4）致完欢送词后，地陪可分发服务质量评价意见表（表4.2）请旅游者填写并回收，也可通过在线平台评价服务质量。

表4.2　旅游者意见表

尊敬的先生 / 女士：

为加强对我社团队的监督管理，提高服务质量，我们真诚地请您对我们的接待过程进行监督，并请您实事求是地将您的意见反映给我们，我们表示最真诚的感谢！祝您旅途愉快！我们期待着为您的再次旅游提供更满意的服务！

团号：　　　　　　　　旅游者：　　　人

导游：　　　电话：　　　司机：　　　电话：

服务项目	非常满意	满意	较满意	不满意
宾馆酒店				

续表

服务项目	非常满意	满意	较满意	不满意
旅游车				
膳食				
行程安排				
导游服务				
购物安排				
其他				
综合评价	旅游者签名：　　　　　　　　　　　　　联系电话：			
团队实际明细确认单（由全陪或领队按实际确认）				
用房明细				
用餐明细				
门票明细				
用车明细				
交通票明细				
其他				
综合评价 （标团请全陪或领队 签署意见，散拼团请 旅游者签署意见）	（全陪、领队或旅游者）签名：　　　　　　　联系电话：			

质量监督：　　　　　　　　　　　　　　　旅行社名称：

年　　月　　日

注：标团或散拼团均需 2 人以上签字。

（二）提前到达机场（车站或码头）

（1）地陪送站一定留出充裕的时间办理离站手续，出境航班提前3小时或按航空公司要求到达机场，国内航班提前2小时，乘坐汽车、火车、轮船等，提前1小时到达。

（2）下车时再次提醒旅游者带好行李物品。

（3）等全部旅游者下车后，地陪要再次检查车内是否有遗留物品。

（三）办理离站手续

（1）进入机场或车站后，地陪将提前准备好的票据清点后交给全陪或领队，如没有提前办理票据，地陪协助旅游者持有效证件取票并办理托运等登机手续。

（2）当旅游者即将进入安检区域时，地陪应与旅游者进行告别。

（3）旅游者过安检口进入隔离区后，地陪方可离开。

（4）送走旅游者后，地陪按照旅行社的相关规定和司机办理结账手续，并在用车单上签字。

第四步：送站常见问题处理

（一）误机

1. 误机的原因

（1）地陪工作上的疏漏等主观原因造成的，比如日程安排太紧或不当，没能按时抵达机场、车站或码头。

（2）没有认真核实离站信息，将送站时间和地点弄错。

（3）旅游者或其他客观原因造成的，比如旅游者走失，旅游者没有按照安排时间准时集合或者其他意外事件，天气变化、自然灾害、交通事故等。

2. 误机的预防

（1）要认真核实送站信息，如日期、时间、地点等，尤其是有多个机场或车站的城市，要确切到具体的机场、车站，以及明确的航站楼或进站口。

（2）离开当天不要安排旅游团到地域复杂、偏远的景点参观游览，不要安排自由活动，以免不能准时集合送站。

（3）留有充足的时间去机场、车站、码头，考虑早晚高峰、交通堵塞等因素。确保提前到达送站点，国际航班提前3小时；国内航班提前2小时；火车、汽车、轮船等提前1小时。

3. 误机的处理

按照实际情况，误机（车船）事故分为两种情形来处理。

一种是将成事故的应急措施：

（1）导游应立即向旅行社汇报，说明情况，请求援助协调。

（2）与机场联系，讲清旅游团乘坐的航班号、人数，现在何处，何时能到达机场，请求等候。

（3）地陪在航空公司或机场App端为旅游者办理值机手续，节约办理时间。

另外一种是已成事故的处理办法：

（1）向旅行社汇报情况，按照旅行社指示争取通过改签的方式让旅游者乘坐最近班次的交通工具离开本站，或改乘其他交通工具离站。

（2）向旅游者道歉，稳定好旅游者的情绪，安排好滞留在当地的食宿等问题。

（3）及时通知下一站，对日程作出调整。

（4）事后写出事故报告，查明原因和责任，责任人应承担相应的经济损失和处分。

（二）证件丢失

1. 证件丢失的原因

证件遗失多数是旅游者马虎大意造成的，也有部分是相关部门的工作失误造成的。

2. 证件丢失的预防

（1）地陪多做提醒工作，提醒旅游者检查好自己的随身物品，尤其是旅行证件。

（2）不要为旅游者保管证件，用完立即归还。

（3）时常提醒旅游者保管好自己的证件。

3. 证件丢失的处理

（1）地陪应请旅游者冷静回忆，找出线索，尽量协助寻找。

（2）如确已丢失，地陪应协助旅游者马上向公安部门挂失。

（3）向旅行社汇报，协助旅游者办理补办手续，所需费用由旅游者自理。

需要注意的是，根据旅游者证件种类不同，具体的处理方式也有一些区别。

第一种是入境旅游者在中国丢失外国护照和签证的处理方式：

（1）由旅行社出具遗失证明，提供相关材料复印件。

（2）请失主准备照片。

（3）失主本人持旅行社证明去当地公安局外国人出入境管理处报失，由公安局出具遗失证明。

（4）持公安局的证明去所在国驻华使、领馆申请补办新的护照，再回到出入境管理部门办理签证。

第二种是入境旅游者丢失港澳往来内地通行证：

（1）旅行社开具遗失证明，向公安局派出所报失，取得报失证明。

（2）持证明到公安局出入境管理处申请领取赴港澳证件。

（3）经核实后，签发一次性中华人民共和国入出境通行证。

（4）失主持通行证返回港澳地区后，填写遗失登记表和申请表，凭本人居民身份证，申请补发新的通行证。

第三种是入境旅游者丢失台湾同胞旅行证明：

2015年《中国公民往来台湾地区管理办法》规定，台湾居民在大陆遗失旅行证件，应当向当地的市、县公安机关报失；经调查属实的，可以允许重新申请领取相应的旅行证件，或者发给一次有效的出境通行证件。

第四种是国内旅游者丢失中华人民共和国身份证：

失主按照交通部门的规定办理乘坐交通工具的临时证明，回到居住地后，凭相关材料到当地派出所办理新身份证。

✎ **技能考核**

考核一：以小组为单位，从以下三种工作情景中选择一种，分析其中存在的错误，并正确模拟完成相关工作，然后分小组展示汇报准备内容。

1. 地陪的不足

清晨 8：00，某旅游团全体成员已在汽车上就座，准备离开饭店前往车站。地陪小王从酒店外匆匆赶来，上车后清点人数，又向全陪了解了全团的行李情况，随即讲了以下一段话：

女士们，先生们，早上好。

我们全团 15 个人都已到齐。好，现在我们去火车站。今天早上，我们乘 9：30 的 ×× 次火车去 × 市。两天来大家一定过得很愉快吧。

我十分感谢大家对我工作的理解和合作。中国有句古话：相逢何必曾相识。短短两天，我们增进了相互之间的了解，成了朋友。在即将分别的时候，我希望各位女士、先生今后有机会再来我市旅游。人们常说，世界变得越来越小，我们肯定会有重逢的机会。现在，我为大家唱一支歌，祝大家一路顺风，旅途愉快！（唱歌）女士们、先生们！火车站到了，现在请下车。

2. 误机

北京某旅行社组织的一个旅游团，原计划乘 8 月 30 日 3432 次航班 11：25 离京飞往广州，9 月 1 日晨从广州飞往香港。订票员订票时该航班已经满员，便改订了同日的另一航班（10：05 起飞），并在订票通知单上标注了"注意航班变化 10：05 起飞"。计调由于疏忽，只通知了行李员航班变化时间而没有通知导游，也没有更改接待计划。8 月 30 日上午 8：00，行李员发现导游与其确认的时间和他任务单上的时间不符，虽经提醒但并未引起导游的注意。导游也没有认真检查和核对团队机票的起飞时间，结果造成了全体旅游者误机的重大责任事故。

3. 旅游者护照被托运

刘小姐作为地陪，送站时带领团队进入机场大厅，办理登机手续。突然一位旅游者告诉她，护照不见了，可能放在托运行李里面了。这时离停止办理登机手续只有 15 分钟了。地陪找到了机场值班经理，说明情况后，经协商允许机场工作人员带领已经办理登机手续的领队进入机舱，查找行李，取出护照。

地陪带团技巧之送站服务

考核二：跟着大师学带团（学习视频，将导游大师讲的带团技巧梳理出来写入下表，并拍摄学习心得视频上传到学习平台）。

序号	带团技巧

考核标准

序号	考核细分项目	细分标准	分值	得分
1	课前准备	讨论回答	15	
2	技能考核一	语言表达	55	
		技能操作		
		展示效果		
		完成时间		
3	技能考核二	按照要求完成考核	30	
总分				

考核汇总表

组别				
小组自评				
小组互评				
教师评价				
企业导师评价				
总分				

备注：小组自评 10%，小组互评 10%，教师评价 40%，企业导师评价 40%。

任务十 后续服务

课前准备

查阅书籍资料，结合微课视频，分析地陪后续服务工作包括哪些方面。

后续工作

序号	名称	内容

✎ 时间安排

（1）任务介绍 5 分钟

（2）任务分析 5 分钟

（3）教师导学 25 分钟

（4）学生实训 40 分钟

（5）总结评价 5 分钟

✎ 任务介绍

重庆地陪小刘送走来自广州的旅游团后，按照要求回到了旅行社，完成后续服务工作。小刘的工作结束了吗？回到旅行社后，他还有哪些事情要做？

✎ 任务分析

地陪小刘完成了送站工作，送走旅游团后，工作并没有就此结束，还需要做好旅游者的善后服务以及旅行社要求的有关工作。

遗留问题 ➡ 带团总结 ➡ 归还物品

一、任务目标

（1）素质目标：能够做好总结与反思，培养终身学习的习惯。

（2）知识目标：掌握地陪后续服务工作的内容和要求。

（3）能力目标：能根据工作要求独立完成后续工作。

二、任务重点

掌握地陪后续服务工作内容和要求。

三、任务难点

能够妥善处理旅游者的遗留问题。

✎ 任务实施

第一步：处理旅游者遗留问题

地陪下团后，应认真、妥善处理好旅游团的遗留问题，最常见的是旅游者委托代办的事情。

（1）按照有关规定，当有旅游者委托代办事项时，尤其是委托代买物品，或转交物品，地陪应该先婉言拒绝，提出可以联系商家、快递或城市跑腿服务等建议。

（2）如无法推脱，应请示领导后再办理。

（3）保留好代办事项的相关凭证。

第二步：撰写带团工作总结

（1）带团结束后，地陪应尽快上交带团总结和旅游者所填写的"旅游服务质量意见反馈表"。在总结中，应写清主要开展的服务工作、旅游者对接待服务的反应和个人感受，还应对自己本次带团的过程进行经验总结。

（2）如果旅游中发生重大事故，地陪要单独整理成文字材料向旅行社和组团社汇报。

（3）向旅行社提交旅游者填写的"旅游服务质量意见反馈表"。

为了更好地提高自身导游业务水平，地陪在下团之后，还应对自己在本次带团的过程进行经验总结和分析。看看自己对哪些问题的处理较为妥当；在哪些方面还有所欠缺，需要吸取教训，及时改进提高。

立德专栏

全国特级导游孙树伟：最会讲城市故事

孙树伟的导游词除了内容翔实，还颇具个人特色，因为之前学过评书、快板，他将个人专长融入其中。孙树伟说，过去说起青岛鞋业，大家都会说"男鞋买金羊牌，女鞋买孚德牌，旅游鞋买双星牌"。虽然这些是青岛人的骄傲，但很多外宾对此"并不感冒"，然而作为青岛特色这些又不得不进行推介。为此，孙树伟有了一个大胆的想法——用相声报菜名的方式，把鞋的品牌名串联起来。经过前期近两个月的准备，有一次，孙树伟带一个青岛本地的旅行团游览完华东五市，在回程的火车上，他把之前整理的200多个鞋名，采用贯口的方式表演了一次，赢得了满堂彩，"基本上能够听懂普通话的人都能听懂这段贯口，这也成为我一段比较有代表性的导游词，获得了全国导游词征集大赛的二等奖"。

"现在干导游，越干心里越害怕。"孙树伟说，随着网络越来越发达，经常有客人一边听讲解，一边问百度，专门给导游"挑错"，或者专门问一些刁钻的问题。比如青岛有多少消防栓？海水淡化的原理是什么？香港路到底有多长？……这些看上去八竿子打不着的问题，答案都记在孙树伟的脑子里。

"作为一名导游，除了要讲好景点故事，还有一个责任是做国家的宣传员，热爱和讲好城市故事，把家乡的特点挖掘出来进行讲解。"这一点，早在孙树伟刚开始从事导游工作的时候，他就意识到了，这么多年他一直保持着读书看报的习惯，早在20年前他家里就收集了8000多本书，别人看报纸是为了消遣，他却是在认认真真读报，整理、记忆那些涉及城市方方面面的信息。

"导游一定要做有心人，我的知识储备就是这样一点点完成的。无论是坐车、走路或是骑自行车，眼前掠过的这个网点、那组数字，我的第一反应是能否把它加到导游词中，能否体现青岛的发展。"孙树伟说。

（改编资料来源：孙树伟：旅游界的斜杠先生［EB/OL］.（2018-10-29）［2022-08-15］.半岛网.）

第三步：结清账目、归还物品

（一）结清账目

（1）地陪要按照旅行社的具体要求，在规定的时间内填写清楚有关接待和财务结算表格，连同保留的各种单据、接待计划、活动日程表等，按规定上交有关部门存档，并到财务部门结清账目。

（2）如果在带团过程中发生了意外开支，地陪要详细注明增加开支的原因及处理过程。

（3）地陪应按财务规定，尽快报销差旅费，领取带团补贴。

（二）归还物品

（1）地陪应尽快归还出团时所借物品，如社旗、扩音器等。

（2）若应归还的物品有破损或丢失，应按旅行社规定办理。

技能考核

考核一：以小组为单位，根据地陪综合实训要求，完成以下任务，然后分小组展示汇报准备内容。

1. 填写地陪工作日志

地陪工作日志表

导游员＿＿＿＿＿＿＿＿＿＿　　　　团队名称＿＿＿＿＿＿＿＿＿＿

旅游地＿＿＿＿＿＿＿＿＿＿　　　　团　　号＿＿＿＿＿＿＿＿＿＿

	项目	状况及评价	工作情况
日期＿＿＿＿ 天气＿＿＿＿	用餐安排		
	住　宿		
	交通工具		
	景　点		
	购物娱乐		
日期＿＿＿＿ 天气＿＿＿＿	用餐安排		
	住　宿		
	交通工具		
	景　点		
	购物娱乐		
日期＿＿＿＿ 天气＿＿＿＿	用餐安排		
	住　宿		
	交通工具		
	景　点		
	购物娱乐		

续表

	项目	状况及评价	工作情况
日期_____ 天气_____	用餐安排		
	住　宿		
	交通工具		
	景　点		
	购物娱乐		
日期_____ 天气_____	用餐安排		
	住　宿		
	交通工具		
	景　点		
	购物娱乐		

2. 填写旅行社旅游费用结算清单

费用结算清单

出游日期			计划人数	
旅游线路			实际人数	
团号			全陪姓名	

序号		项目名称	单价	数量	合计	备注
1	巴士	租车车价				
		过境费、停车费				
		司机津贴				
2	住宿	双标房				
		大床房				
3	膳食	D1 午餐				
		D2 晚餐				
		D3 午餐				
		D3 晚餐				
4	门票	景点 1				
		景点 2				
		景点 3				
5	会议	会场租金				
		会标				

续表

序号	项目名称		单价	数量	合计	备注
6	导游	全程服务				
7	其他	矿泉水				
		土特产				
8	合计支出（元）					
9	预支团款（元）					领取任务时的备用金
10	团款结余（元）					
	导游姓名					
	报销日期					

考核二：请总结地陪导游带团流程及学习心得。

✐ 考核标准

序号	考核细分项目	细分标准	分值	得分
1	课前准备	讨论回答	15	
2	技能考核一	语言表达	55	
		技能操作		
		展示效果		
		完成时间		
3	技能考核二	按照要求完成考核	30	
总分				

✐ 考核汇总表

组别				
小组自评				
小组互评				
教师评价				
企业导师评价				
总分				

备注：小组自评10%，小组互评10%，教师评价40%，企业导师评价40%。

项目五 国内全陪导游服务实务

任务一 服务准备

课前准备

查阅书籍资料，结合微课视频，分析国内全陪服务准备工作包括哪些方面。

全陪服务
准备

序号	名称	内容

时间安排

（1）任务介绍 5 分钟。

（2）任务分析 5 分钟。

（3）教师导学 25 分钟。

（4）学生实训 40 分钟。

（5）总结评价 5 分钟。

任务介绍

昨天，小张接到旅行社计调的通知，旅行社要委派他作为"重庆——云南豪华五日游"旅游团的全陪。收到通知的小张非常高兴，但高兴之余，又发愁：自己从来没有去过云南，对云南的情况不是特别了解，加上旅途中可能出现的不可预测因素，如果出现问题可怎么办？

小张要做好哪些方面的准备工作才能圆满完成这次全陪工作？

任务分析

全陪是受组团社委托，在地陪的配合下实施接待计划，为旅游者提供全程陪同服务的工作人员。全陪作为组团社的代表，须保证旅游者在行程中各项活动的顺利开展，因而在整个旅游活动中起着主导作用。

小张的主要职责是负责旅游过程中各环节的衔接，监督接待计划的实施，协调领队、地陪、司机等人员关系，照顾好旅游者的旅行生活，维护旅游者在旅游过程中的人身及财产安全，处理各类突发事件，转达或处理旅游者的意见、建议和要求等。

因此，小张是保证旅游者的各项活动按计划实施、旅行顺畅安全的重要因素之一。

全陪工作时间长，与旅游者相处的时间也长，工作内容也非常繁杂，因此，小张需要在服务前做好以下四个方面的准备工作：

熟悉计划 ➡ 准备知识 ➡ 准备物资 ➡ 落实细节

一、任务目标

（1）素质目标：培养良好的职业习惯。

（2）知识目标：掌握全陪服务准备工作的流程、注意事项和要求。

（3）能力目标：能针对不同旅游者的情况有针对性地做好准备工作。

二、任务重点

掌握全陪服务准备工作的流程和注意事项。

三、任务难点

能针对不同旅游者的情况做好服务准备工作。

任务实施

第一步：熟悉接待计划

接待计划是组团社委托接待社组织落实旅游者旅游活动的契约性文件。全陪在服务前要认真查阅接待计划，全面掌握旅游者的情况，以便提供针对性的服务。

（一）熟悉旅游者的基本情况

（1）熟记旅游者的姓名、属地、人数等。

（2）了解旅游者的职业、性别、年龄、民族、宗教信仰和特殊要求等。

（3）掌握有身份或较有影响的旅游者、特殊旅游者（如记者、旅游商、残疾人、儿童、高龄老人等）的情况。

（4）了解各项目的收费情况，如了解儿童的相关收费标准。

（5）了解旅游者的特殊需求，如饮食要求、娱乐活动安排等，以便提前做好准备工作。

（二）熟悉整个行程计划

全陪应掌握整个行程计划，以便更好地把握行程中旅游活动的节奏，保证旅游者能够安全顺利抵达，行程能正常开展。全陪在拿到全陪接待计划书之后，需认真研读接待计划和相关资料，了解日程安排和旅游者情况，落实各项接待事宜，有针对性地做好物质准备、知识准备、形象准备、心理准备等各方面的准备工作。具体包括以下内容：

（1）记下所到各地接待社的名称、联系人、联系电话和地陪联系电话。

（2）记下抵离旅游线路上各站的时间、所乘交通工具、交通票据是否订妥、有无变更等情况。

（3）了解在各地下榻饭店的名称、位置、星级和特色等。

（4）了解行程中各站的主要参观游览项目，根据旅游团的特点和要求，准备好讲解和咨询时要解答的问题。

（5）了解全程各站安排的文娱节目、风味餐食、计划外项目及是否收费等。

（6）了解旅游者是否有特殊安排，如座谈、宴请等。

第二步：做好知识准备

全陪除了做好生活服务外，还要解答旅游者的各种问题，因此，做好有关知识准备是十分有必要的。

（一）了解旅游目的地知识

包括了解旅游目的地的地理、历史、政治、经济、文化、礼仪、禁忌等方面的知识，特别是涉及少数民族地区的相关知识更要特别注意，这不仅是全陪工作顺利开展的基础，也能体现对当地人民的尊重。

（二）旅游线路沿线概况

了解和熟知旅游线路中所涉及的各地主要景点情况，有针对性地做好准备。

（三）其他知识

全陪可以多收集一些当前的热门话题、国内外重大新闻等旅游者可能感兴趣的话题，也可以针对本团情况准备一些节目以活跃气氛和拉近与旅游者的关系。

第三步：物质准备

上团前，全陪要做好必要的物质准备，主要包括服务用品和生活用品。

（一）服务用品

（1）必备的证件（身份证、电子导游证等）。

（2）结算单据和费用（现在也可直接网络操作）。

（3）接团资料和相关物品（接待计划、团队标志、旅游宣传品、组团社社旗和社徽、扩音设备等）。

（二）个人物品

（1）换洗用品。

（2）通信设施（手机、备用电池、充电宝等）。

（3）常用药品（晕车药、防暑药、暖宝宝、感冒药等）。

第四步：落实细节

（一）落实接待车辆

全陪应提前和司机取得联系，了解车辆情况，约定好登车的时间、地点。

（二）核对接站信息（接站时间、地点和旅游者情况）

（1）全陪应提前与旅游者取得联系，约好次日集合登机（车、船）的时间和地点。

（2）询问旅游者有无特殊情况，如有特殊要求，则立即进行相应处理。

（3）告知旅游者行李携带的要求和注意事项。

（三）与第一站接待社取得联系

根据需要，全陪接团前一天应与第一站接待社取得联系，互通情况，妥善安排好接待事宜。

需要注意的是，除以上所述准备工作之外，全陪还需做好心理准备和形象准备，心理上要做到不怕苦、不怕累、全心全意为旅游者服务，在服务过程中以旅游者为第一，以接待计划为服务准则并严格执行；在个人形象上保持个人的清洁卫生，做到礼貌文明、诚信友善，给旅游者留下良好的形象。

立德专栏

一个全陪导游的接团日记

作为一名全陪导游，我深知这份工作的艰辛和重要性。通常情况下，我接到一个旅游团之后会从以下几个方面准备：一是从该团成员的年龄、性别、职业，以及团内成员的身体状况等几个方面进行准备。二是争取记住游客的名字，能尽早叫出游客的名字会使游客感到亲切。三是对线路涉及各地的情况多加了解。对于沿途可能出现的情况尽量估计到。事实上，每次行程中都可能出现你没有估计到的情况，这个时候就需要见机行事、果断处理。

对于全陪导游来说，只有做到认真、仔细、周到、贴心，才能做好准备工作，保证行程的正常开展。

（改编资料来源：佚名.一个全陪导游的接团日记［EB/OL］.（2022-06-24）［2022-08-15］.百度文库.）

✐ **技能考核**

考核一：请同学以小组为单位，从以下三条旅游线路中选择一条线路并结合不同的旅游团旅游者类型，完成服务准备环节的知识准备工作，然后分小组展示汇报准备内容。

旅游者类型如图 5.1 所示。

（a）佛教徒　　　　　（b）素食主义者

（c）小朋友　　　　　（d）大学教授

图 5.1　旅游者类型

线路一：重走丝绸之路（图 5.2）

图 5.2　丝绸之路

线路内容：乌鲁木齐→吐鲁番→哈密→嘉峪关→张掖→武威→兰州→天水→西安。重走丝绸之路，感受独特的自然风光和人文历史韵味。

主要景点：

【麦积山风景名胜区】地处天水市东南方 50 千米的麦积区麦积山乡南侧，是西秦岭山脉小陇山中的一座孤峰，是典型的丹霞地貌。景区总面积 215 平方千米，包括麦积山、仙人崖、石门、曲溪四大景区和街亭古镇。麦积山石窟为中国四大石窟之一，属全国重点文物保护单位，也是闻名世界的艺术宝库。

【酒泉公园】建于西汉时期，园内有千年古泉、西汉胜迹、李白石碑等。

【嘉峪关】素有"河西重镇，边陲锁钥"之称，是古丝绸之路的西起点，在这里，丝路文化和长城文化融为一体，交相辉映。

【敦煌莫高窟】俗称千佛洞，被誉为 20 世纪最有价值的文化发现。坐落在河西走廊西端的敦煌，以精美的壁画和塑像闻名于世。它始建于十六国的前秦时期，历经十六国、北朝、隋、唐、五代、西夏、元等历代的兴建，形成巨大的规模。现有洞窟 735 个，壁画 4.5 万平方米、泥质彩塑 2415 尊，是世界上现存规模最大、内容最丰富的佛教艺术圣地。

【鸣沙山→月牙泉】鸣沙山位于敦煌市南郊 5 千米处，因沙动成响而得名。山为流沙积成，分红、黄、绿、白、黑五色。月牙泉处于鸣沙山环抱之中，其形酷似一弯新月而得名。数千年来沙山环泉，泉映沙山，犹如一块光洁晶莹的翡翠镶嵌在沙山深谷中，风夹沙而飞响。

线路二：寻觅心中的香格里拉（图 5.3）

图 5.3　香格里拉

线路内容：噶丹·松赞林寺 → 香格里拉市独克宗古城 → 龟山公园 → 月光广场。

主要景点：

【龟山公园】由转经筒、大佛寺（朝阳楼）、汉庙、红军长征博物馆和迪庆历史博物馆等建筑组成。龟山公园建立于康熙年间，依山而建，是古城的制高点，登顶可以看到整个县城的全貌。转经筒、大佛寺是公园里最具特色的建筑，更是古城的标志建筑。站在龟山公园上，抬头就能看到威武雄壮、连绵不绝的雪山，非常壮观。低头俯瞰香格里拉城则尽收眼底，这里没有高楼大厦，城区的炊烟袅袅，青龙潭的波光水色，尽可饱览无遗。明媚的阳光，纯净的蓝天白云，庄严的寺门，还有金光灿灿的转经筒组成了最美的图画。

【月光广场】位于云南省迪庆藏族自治州香格里拉市龟山公园脚下，其貌不扬的一块小广场。白天路过时全是烧烤摊，烟雾缭绕，这里有世界上最大的转经筒，可做虔诚的祈祷。到了夜间，瞬时摇身变成当地藏族人民欢乐休闲的胜地，藏民和各族旅游者一道绕着圈，跳着热情的藏族舞蹈，其乐融融。广场两旁分别是迪庆红军长征博物馆和迪庆博物馆，另外还耸立着一座世界上最大的转经筒，金黄的身影刺破青天，就如顶天立地的巨人。据说口念六字真言绕经筒转三圈，会带来幸福和安康。月光广场不大，除了那些历史留下的人文景观外，还有马、牦牛和藏獒，用来供旅游者拍照。

线路三：漫游长江三峡（图 5.4）

图 5.4　长江三峡

线路内容：重庆→丰都鬼城→石宝寨→万州区→奉节→巫山→巴东→秭归→三峡大坝→三游洞→葛洲坝→宜昌。

长江三峡又名峡江或大三峡，位于中国重庆市、恩施州、宜昌市地区境内的长江干流上。西起重庆市奉节县的白帝城，经过恩施，东至湖北省宜昌市的南津关，全长193千米，由瞿塘峡、巫峡、西陵峡组成。长江三峡位于中国的腹地，属亚热带季风气候区，跨重庆奉节、重庆巫山、湖北巴东、湖北秭归、湖北夷陵。沿途线路中既可以欣赏到人文历史风光，同时又能领略独特的自然风光。

主要景点：

【瞿塘峡】长江三峡之一，西起奉节县白帝山，东至巫山县大溪镇，长8千米，是三峡中最短但最雄伟险峻的一个峡。瞿塘峡两端入口处，两岸断崖壁立，相距不足一百公尺，形如门户，名夔门，山岩上有"夔门天下雄"五个大字。

【西陵峡】在湖北秭归、宜昌两县境内，东起香溪口，西至南津关，约长66千米，是长江三峡中最长、以滩多水急闻名的山峡。整个峡区由高山峡谷和险滩礁石组成，峡中有峡，大峡套小峡；滩中有滩，大滩含小滩。

【巫峡】在重庆巫山和湖北巴东两县境内，西起巫山县城东面的大宁河口，东至巴东县官渡口，绵延45千米，包括金蓝银甲峡和铁棺峡，峡谷特别幽深曲折，是长江横切巫山主脉背斜而形成的。巫峡又名大峡，以幽深秀丽著称。

考核二：小组讨论：除以上所讲内容，你觉得作为一名导游在带团前还可以做哪些准备工作？

序号	准备工作	意义

✐ **考核标准**

序号	考核细分项目	细分标准	分值	得分
1	课前准备	按照考核要求完成任务	15	
2	技能考核一	按照考核要求完成任务	55	
3	技能考核二	按照考核要求完成任务	30	
总分				

考核汇总表

组别					
小组自评					
小组互评					
教师评价					
企业导师评价					
总分					

备注：小组自评 10%，小组互评 10%，教师评价 40%，企业导师评价 40%。

任务二　迎接旅游者

课前准备

查阅书籍资料，结合微课视频，分析全陪迎接旅游者的工作包括哪些。

迎接
旅游者

序号	名称	内容

时间安排

（1）任务介绍 5 分钟。

（2）任务分析 5 分钟。

（3）教师导学 25 分钟。

（4）学生实训 40 分钟。

（5）总结评价 5 分钟。

任务介绍

小张即将带领旅游团于 5 月 1 日上午乘坐高铁从重庆前往云南，列车在重庆北站

12:30 发车。面对此次任务，他该如何做才能顺利迎接旅游者？

✎ 任务分析

迎接旅游者是小张第一次和旅游者见面。迎接旅游者是给旅游者留下良好第一印象的开始，也是全陪和旅游者建立良好关系的基础。小张的第一次亮相、第一次服务、精彩的欢迎词都将给旅游者留下深刻的印象。因此，小张要和地陪密切配合，使旅游者抵达后能得到热情友好、准备充分的接待。

小张在迎接旅游者的时候可以从以下几个方面开展工作：

迎接游客 ➡ 致欢迎词 ➡ 安全提醒 ➡ 介绍行程

一、任务目标

（1）素质目标：培养热情周到的工作态度。

（2）知识目标：掌握迎接旅游者的流程和注意事项。

（3）能力目标：能根据工作要求独立完成迎接旅游者的工作。

二、任务重点

掌握迎接旅游者的流程。

三、任务难点

掌握迎接旅游者的注意事项。

✎ 任务实施

第一步：迎接旅游者

（1）全陪与司机提前半小时到达迎接地点，检查车况、音响设备、座椅数量等细节问题。

（2）在接站时全陪需注意观察周围信息，尤其是观察接站地点周围的环境及人流的变动。

（3）戴好胸牌，手举社旗，站在显眼位置等候旅游者的到来。

（4）全陪可以视情况建立联络群，方便与旅游者进行沟通和交流。

第二步：致欢迎词

为了使初次或即将踏上异地的旅游者心情放松，增进彼此之间的了解，尽快与旅游者建立起信任关系，全陪应代表组团社和个人向旅游者致欢迎词，内容包括：

（1）介绍自己的姓名。

（2）介绍所在旅行社的相关情况。

（3）介绍司机。

（4）表达提供全程服务的愿望。

（5）预祝旅行一切顺利。

全陪欢迎词的内容与地陪的欢迎辞基本相同，但侧重点有所不同。全陪在致欢迎词时要努力与地陪的欢迎词不冲突，做到言简意赅，总体介绍。

第三步：提醒安全注意事项

（1）向旅游者介绍旅游过程中可能存在的住宿或交通问题，使旅游者有心理准备。

（2）向旅游者说明行程中的安全注意事项，以期得到旅游者的支持与配合。

第四步：介绍行程安排

全陪应将各站的主要安排（包括下榻的饭店、风味餐和主要景点等）向旅游者做简要介绍。

立德专栏

我是宁夏一导游

"滔滔黄河万古流，千古绝唱志未酬，塞上江南沙坡头，我是宁夏一导游。"一段铿锵有力又幽默的开场白，一下就把游客的注意力抓住了。今天要给大家介绍的导游——范城。范导的功力可不只是在嘴上，更体现在细节上。

在实地带团中，由于团队年龄构成复杂，常常存在老中青三代混合型团队，所以，范城在临行前都会编辑详细的嘱咐短信，内容包括天气、衣物、水杯、常备药品等，以保证行程的顺利开展。在行程中也会密切注意游客的情况，这种周到细致的工作态度一直保持至今。

（改编资料来源：张继峰.我是宁夏一导游［EB/OL］.（2022-07-21）［2022-08-15］.个人图书馆网.）

🖉 技能考核

考核一：全陪小张将带领本地组成的30人老年旅游团前往北京旅游。请以小组为单位撰写一篇600字左右的欢迎词，上传到学习平台。

考核二：思考导游在行程中需要向旅游者说明的安全注意事项主要有哪些。

序号	安全注意事项

考核标准

序号	考核细分项目	细分标准	分值	得分
1	课前准备	按照考核要求完成任务	15	
2	技能考核一	按照考核要求完成任务	55	
3	技能考核二	按照考核要求完成任务	30	
总分				

考核汇总表

组别				
小组自评				
小组互评				
教师评价				
企业导师评价				
总分				

备注：小组自评 10%，小组互评 10%，教师评价 40%，企业导师评价 40%。

任务三 核定日程

课前准备

查阅书籍资料，结合微课视频，分析全陪核定日程主要包括哪些内容。

核定日程

序号	名称	内容

时间安排

（1）任务介绍 5 分钟。

（2）任务分析 5 分钟。

（3）教师导学 25 分钟。

（4）学生实训 40 分钟。

（5）总结评价 5 分钟。

任务介绍

全陪小张和旅游者顺利抵达云南。入住酒店后，小张和地陪开始进行日程核定工作。在核对过程中，小张发现地陪的计划表上所列的游览景点比自己的计划表上所列的景点少了一个。

面对这种情况，小张应该如何处理？

任务分析

通常情况下，小张要在旅游者入住饭店后，本着"服务第一、宾客至上、遵循合同、平等协商"的原则，主动和地陪核实各自手中所持计划和日程安排是否一致。

核定日程是小张带领旅游团抵达一地后的重要工作流程。如果行程安排中涉及多家地接社，每到一地小张都要与地陪核定该站的活动日程，以保证接待计划顺利实施。

具体操作流程如下：

核定日程 ➡ 处理问题 ➡ 宣布日程

一、任务目标

（1）素质目标：树立团结互助的团队意识。

（2）知识目标：掌握全陪核定日程的工作内容。

（3）能力目标：能妥善处理核定日程工作中出现的问题。

二、任务重点

掌握全陪核定日程的工作内容。

三、任务难点

能妥善处理核定日程工作中出现的问题。

任务实施

第一步：核定日程

全陪与地陪商谈日程时，应将各自持有的计划书进行对照，一般以组团社的接待计划为准。

第二步：特殊情况处理

（1）核对商定日程时应尽量避免大的变动。

（2）变动较小而又能予以安排的（如不需要增加费用、调换上下午的节目安排等），可主随客便。

（3）变动较大而又无法安排的，应做详细解释。

（4）遇到难以解决的问题（如地陪提一些对计划有较大变动的提议或全陪的计划与地陪的计划不符等情况）应立即反馈给组团社，并给予地陪及时的答复。

立德专栏

　　李秋虹在 2021 年 10 月获"邯郸市十佳导游员"荣誉称号；同年 11 月获河北省导游技能大赛亚军，获"河北省十佳导游员"荣誉称号。因成绩突出，2019 年、2020 年、2021 年连续三年荣获"邯郸中国国际旅行社先进工作者""优秀员工"等称号，并多次受到旅游者的表扬。

　　李秋虹在工作中经常换位思考：假如我是一名旅游者，需要什么样的导游呢？旅游者们离开家乡、离开亲人，导游就是他们最近的亲人，旅行社就是他们临时的家。

　　所以，她认为要做一名优秀的导游，只有广博的知识还不够，还要把爱心献给旅游者，让他们体会到温暖，感受到温馨，享受到欢乐！

　　秉持这一观点，每次出团前她都仔细阅读团队计划，了解客人的情况。如果团队中小朋友多，她会给他们准备些小礼物；如果团队中老年人多，她会准备些应急物品，像指甲刀、热水瓶等以备不时之需。每次带团，李秋虹都尽自己最大的努力让旅游者的旅程更加愉悦舒心。

第三步：宣布日程

日程商定后，由全陪或领队向全团正式宣布。

技能考核

考核一：以小组为单位，选择一个情景进行模拟，然后分组展示。

小张是此次云南之行的全陪，在和地陪核定日程时，出现以下情况：

情景一：全陪小张发现，地陪手中的接待计划表所列的游览景点比自己的计划书中所列游览景点少一个，地陪坚持按照自己手中的计划表安排行程。

情景二：地陪小刘表示他查看了天气预报，后天要下大雨，而在后天的行程中本来是准备去爬山的，所以小刘和全陪小张商量如何调整行程安排。

考核二："地陪小刘私自增加行程中的购物点"，如果你是全陪小张，面对这种情况，应如何处理，小组讨论并汇报。

序号	处理措施

考核标准

序号	考核细分项目	细分标准	分值	得分
1	课前准备	按照考核要求完成任务	15	
2	技能考核一	按照考核要求完成任务	55	
3	技能考核二	按照考核要求完成任务	30	
总分				

考核汇总表

组别					
小组自评					
小组互评					
教师评价					
企业导师评价					
总分					

备注：小组自评 10%，小组互评 10%，教师评价 40%，企业导师评价 40%。

任务四　住宿服务

课前准备

查阅书籍资料，结合微课视频，分析全陪在住宿服务过程中应做好哪些工作。

住宿服务

序号	名称	内容

时间安排

（1）任务介绍 5 分钟。

（2）任务分析 5 分钟。

（3）教师导学 25 分钟。

（4）学生实训 40 分钟。

（5）总结评价 5 分钟。

任务介绍

小张是"欢乐行"旅游团的全陪。根据行程安排，她将带领旅游团于 5 月 1 日抵达首站旅游目的地——昆明，入住昆明青年饭店。但出于天气原因高铁晚点，旅游团晚上 10 点多才到达酒店。抵达酒店后，小张积极协助地陪小刘办理旅游者入住饭店的相关手续，在等待过程中，部分旅游者表示办理速度太慢了，有点不耐烦。

作为全陪，小张应如何为旅游者提供住宿服务？

任务分析

为使旅游者进入饭店后尽快完成住宿登记手续并顺利入住，小张应积极主动地协助地陪小刘完成入住饭店服务工作。具体包括以下内容：

办理入住手续 → 协助分配房间 → 安全生活服务 → 处理行李问题 → 照顾用第一餐

一、任务目标

（1）素质目标：具备认真细致的工作态度。

（2）知识目标：掌握全陪住宿服务的工作内容和要求。

（3）能力目标：能妥善处理住宿时出现的问题。

二、任务重点

掌握全陪住宿服务的工作内容和要求。

三、任务难点

能妥善处理住宿时出现的问题。

任务实施

第一步：协助办理入住手续

（1）全陪应和地陪一起向饭店前台提供旅游者的名单。

（2）帮助地陪收取旅游者的证件。

（3）与地陪一起落实旅游者的住房要求，主动协助地陪办理旅游者住店手续。

第二步：协助分配房间

拿到房卡后，全陪应根据分房名单和旅游者的具体情况分配房卡。

第三步：住店期间的安全和生活服务

（一）引导旅游者进房

分完房卡后，全陪和地陪要热情引导旅游者进入房间，但有一点需特别注意，除非工作需要，一般不要进入旅游者房间，尤其是异性旅游者的房间，以免引起不必要的尴尬和麻烦。

（二）照顾旅游者住店期间的生活服务

（1）全陪应将自己的房号和联系电话告知旅游者和地陪，以便联系。

（2）全陪还要掌握饭店前台电话号码及地陪的联系方式，承担起照顾旅游者住店期间生活服务的责任。

（三）照顾旅游者住店期间的安全服务

（1）提醒旅游者注意安全，告知旅游者如离开酒店自由活动需告知全陪。

（2）全陪可告知旅游者相关的出游信息，包括天气情况、交通状况和主要景点等信息，便于旅游者出行。

（3）建议旅游者将贵重物品存放在饭店前台或房内保险柜中，以防物品丢失。

立德专栏

榜样最有力量，最美激发梦想
——我是尹翔

有人曾说，将来的你一定会感谢现在拼命的自己，所以做一件事情就要把它做好，轻易放弃是懦夫的行为。最开始带团的时候遇到过很多艰辛和窘境，但我依然微笑面对并严格要求自己。在带团过程中我非常注重小细节，从讲解内容、车程活动、安排吃住，到提醒穿运动鞋、车门旁迎候、饭菜的口味等，我都会提前落实到位，努力为旅游者提供更为周到的服务。

那个时候，虽然很辛苦、很累，但我很投入，也很用心。每带一个团，我都会做充分的准备。慢慢地，我的带团技巧更加娴熟了，能够妥善处理各种问题，带团也变得更加轻松愉快。能够获得游客的认可，是非常快乐的一件事！

（改编资料来源：佚名.榜样最有力量，最美激发梦想——我是尹翔［EB/OL］.（2018-06-17）［2022-08-15］.个人图书馆.）

第四步：行李进房及处理问题

（1）旅游者进房后，全陪应巡视旅游者的住房情况，询问他们是否都拿到了各自的行李，以及旅游者对房间是否都满意。

（2）若旅游者反映客房设施、档次标准、清洁卫生或设施设备等存在问题，全陪应迅速通知饭店有关人员前来处理。

（3）如果有旅游者未拿到行李，全陪应与地陪一起迅速查找或进行处理。

第五步：照顾好团队第一餐

（1）全陪应在用餐前提前告知旅游者用餐的时间、具体位置，特别是要向旅游者说明餐食规格，如餐食包含项目和自费项目分别有哪些。

（2）全陪要提前到达用餐地点等候用餐旅游者的到来。

（3）在旅游者用餐期间，全陪应主动询问旅游者用餐情况，如发现有菜肴规格、数量、品质和接待计划不符的情况，应第一时间通知地陪进行解决。

（4）如果旅游者有特殊用餐需求，全陪应协调尽力满足，如果确实无法满足旅游者需求，应礼貌告知并说明原因，希望旅游者可以谅解。

技能考核

考核一：通过案例"客房数量与旅游者人数不符"，指出全陪小张在操作中存在哪些问题并进行纠正，分组进行讨论汇报。

客房数量与旅游者人数不符

五一期间，导游小张担任某北京旅游团的全陪，带团前往上海旅游。当旅游团抵达上海时，依照接待计划，当天晚上将入住一家四星级酒店，等到了酒店之后，酒店总台查阅订房记录后发现，旅行社只订了15个标准间，可供30人入住，但实际旅游者人数为38个人。住房是由小张所在的旅行社订的，所以小张马上电话联系了自己所在的旅行社询问情况。旅行社计调员查阅档案发现该团起初只有30人成团，后面临时增加了8人，可不知何故没有在接待书上更改过来，在订购房间时也没有订后面增加的8位旅游者的房间。了解情况后，小张立即向客人做了说明并请求原谅，然后立马请酒店增加4个房间，但因"五一"期间旅游者非常多，房间已经全部订出去了。最后，小张只能把增加的8位客人带到另一家酒店入住，旅游者们对这件事情都非常生气。

考核二：自行观看导游比赛视频（梳理带团技巧并发表学习心得体会上传到学习平台）。

序号	带团技巧

✎ 考核标准

序号	考核细分项目	细分标准	分值	得分
1	课前准备	按照考核要求完成任务	15	
2	技能考核一	按照考核要求完成任务	55	
3	技能考核二	按照考核要求完成任务	30	
总分				

✎ 考核汇总表

组别				
小组自评				
小组互评				
教师评价				
企业导师评价				
总分				

备注：小组自评10%，小组互评10%，教师评价40%，企业导师评价40%。

任务五　沿途服务

课前准备

查阅书籍资料，结合微课视频，分析全陪的沿途服务包括哪些方面。

沿途服务

序号	名称	内容

时间安排

（1）任务介绍5分钟。
（2）任务分析5分钟。
（3）教师导学25分钟。
（4）学生实训40分钟。
（5）总结评价5分钟。

任务介绍

全陪小张于10月4日带领旅游团从重庆到四川九寨沟旅游。在旅途中，小张应当提供哪些服务？

任务分析

沿途服务是旅游者在游览过程中，全陪所提供的一项服务内容，是全陪工作的重要组成部分。小张在服务中应当处理好与地陪、旅游者之间的关系，为旅游者提供热情周到的沿途服务。具体来说，小张可以从以下几个方面为旅游者提供沿途服务：

联络工作 → 配合地陪 → 监督质量 → 游览服务 → 保证安全

一、任务目标

（1）素质目标：有良好的沟通能力，具备团队协作精神。
（2）知识目标：掌握全陪沿途服务的工作内容、要求和注意事项。

（3）能力目标：能根据全陪沿途服务流程，具备基本的沿途服务技能。

二、任务重点

掌握全陪沿途服务工作内容。

三、任务难点

能根据工作要求独立进行沿途服务各环节操作。

✎ 任务实施

第一步：联络工作

全陪要做好各站间的联络工作，架起沟通的桥梁。

（1）做好地陪、旅游者、司机之间的联络、协调工作，消除摩擦。

（2）做好旅游线路上各站间，特别是上、下站之间的联络工作，落实接待事宜。

第二步：配合地陪

全陪自始至终参与旅游者的全部活动，能够比较深入地了解旅游者的情况，因此，全陪应协助地陪做到：

（1）向地陪通告旅游者的有关情况，有针对性地做好各站接待工作。

（2）协助地陪办理入住登记手续，并掌握住房分配名单。

（3）如果地陪不住在酒店，全陪要负起照顾旅游者的责任。

（4）在进行景点游览时，地陪应在前引导旅游者参观，全陪应在后招呼滞后的旅游者，为防止走失不时清点人数。

（5）旅游活动中若有旅游者突然生病，由全陪陪同患者及其亲友前往医院，地陪带团继续游览。

第三步：监督服务质量

上团时，全陪要监督各处的旅游活动是否恰当，检查交通、住宿、饮食、导游服务等方面的质量，及时向地陪提出改进意见，并向组团社或者地接社报告。主要包括：

（1）观察各项服务质量是否符合国家和行业的质量标准。

（2）如果发现有减少规定游览项目、增加购物次数、降低住宿与餐饮质量标准的情况，要及时向地陪提出改进或补偿意见，必要时向组团社报告，并在"全陪日志"中注明。

（3）在地陪缺位或失职的情况下，应兼顾地陪的职责。

立德专栏

小导游大人生，争做最美导游
——杨琴

　　杨琴在宜昌市导游行业可以算是一个"特别"的存在，她既是导游也是游客，从业十二年，除了祖国的美丽风景，杨琴还走遍了东南亚各国，未来她将把足迹踏向更远的地方，世界那么大，我想去看看。在她的认知里，这已然不仅是一份简单的工作，而是参悟出人生哲理的终身追求。她说旅游让人变得更加开朗，丰富了她的精神世界。杨琴将每一次团队任务都看作一次旅行，在旅途中尽情饱览大好河山和风土人情的同时，与旅游者一同置身在旅游的欢愉中，增长见识。做好导游完成导游职责，将游客照顾到位；做好游客能切身体会客人的所想所需。杨琴在两个角色间相互切换，无缝衔接。她将心比心对待每位游客，不遗余力地展现着导游的真情实意。

　　（资料改编来源：宜昌旅游信息服务中心.小导游大人生，争做最美导游——杨琴［EB/OL］.（2019-10-25）［2022-08-15］.荆楚网.）

第四步：游览过程服务

（一）提供生活服务

（1）在上下车时，全陪应协助地陪清点人数，重点照顾年幼体弱的旅游者。

（2）仔细观察旅游者的举动，防止旅游者走失和意外事件的发生。

（3）帮助旅游者处理游览过程中的疑难问题。

（4）营造融洽气氛，打造团队精神。

（二）协助讲解服务

在站点之间，或在汽车、火车上且空闲时间较长时，全陪要提供补充讲解服务。

（三）当好购物顾问

　　与地陪相比，全陪因自始至终和旅游者在一起，旅游者在感情上容易信任全陪。因此，全陪应利用自己掌握的旅游商品知识，从旅游者实际需求出发，推荐适合旅游者的商品。

第五步：保证旅游者安全

（1）入住饭店时，全陪应提醒旅游者将贵重物品存放在前台或房间保险柜中。

（2）每次上车和集合，取钱，全陪都要清点人数；下车时，全陪应提醒旅游者带好随身物品。

（3）旅游者抵离各站时，全陪应负责清点行李。

技能考核

考核一：分小组进行角色扮演，在以下三种情景中选择一种进行模拟展示。

情景一：地陪小李带领团队在景区游览，旅游者小徐不知去向，全陪小张应该怎么配合处理？

情景二：全陪小张带团在重庆旅游时，地陪小王擅自增加一家购物店，并且缩短在景区游览的时间，全陪小张应当如何处理？

情景三：旅游者小张在游览北京故宫时，想买些纪念品带给好朋友，作为全陪应当怎么处理？

考核二：绘制全陪沿途服务工作流程的思维导图，分小组展示。

考核标准

序号	考核细分项目	细分标准	分值	得分
1	前置任务	按照考核要求完成任务	15	
2	技能考核一	按照考核要求完成任务	40	
3	技能考核二	按照考核要求完成任务	45	
总分				

考核汇总表

组别				
小组自评				
小组互评				
教师评价				
企业导师评价				
总分				

备注：小组自评20%，小组互评20%，教师评价40%，企业导师评价20%。

任务六　离站、途中、抵站服务

课前准备

查阅书籍资料，结合微课视频，分析全陪离站、途中、抵站服务工作包括哪些方面。

离站、途中、抵站服务

序号	名称	内容

续表

序号	名称	内容

时间安排

（1）任务介绍 5 分钟。

（2）任务分析 5 分钟。

（3）教师导学 25 分钟。

（4）学生实训 40 分钟。

（5）总结评价 5 分钟。

任务介绍

来自重庆的旅游团即将前往甘肃兰州、酒泉、张掖、敦煌四地旅游，地接社是甘肃梦之旅旅行社。小张是该旅行社的一名全陪。作为全陪，小张应当如何做好每一站旅游目的地的离站、途中和抵站服务？

任务分析

离站、途中、抵站是全陪工作的重要组成部分。在旅途中，全陪应提醒地陪落实离站的交通票据和准确时间，协助领队和地陪妥善办理离站事宜，认真做好旅游者搭乘交通工具时的服务，提醒旅游者在旅途中注意人身和财物安全。还应安排好旅游者在旅途中的生活，努力为旅游者提供一个充实、轻松愉快的旅途。

小张需要提供的离站、途中、抵站服务内容有三个：

离站服务　➡　途中服务　➡　抵站服务

一、任务目标

（1）素质目标：在工作中树立危机意识。

（2）知识目标：掌握全陪离站、途中、抵站时的工作内容、要求和注意事项。

（3）能力目标：能根据离站、途中、抵站工作要求独立操作。

二、任务重点

掌握全陪离站、途中、抵站时的工作内容。

三、任务难点

能根据全陪工作要求独立完成离站、途中、抵站服务。

✎ **任务实施**

第一步：离站服务

离开每一地前，全陪都应为本站送站与下站接站的顺利衔接做好以下工作：

（一）核对信息

（1）提前提醒地陪再次核实离开的交通票据。

（2）核对离开的准确时间。

（二）行李服务

（1）向旅游者讲清航空（铁路、水路）有关行李托运和手提行李的规定，并帮助有困难的旅游者捆扎行李，请旅游者将行李上锁。

（2）协助地陪清点行李，与行李员办理交接手续，妥善保管行李票。

（3）到达机场（车站、码头）后，应与地陪交接交通票据和行李运单，点清、核实后妥善保存。

（三）确认延误情况

进入候机厅后，如遇旅游团所乘航班延误或取消的情况时，全陪应立即向机场有关方面进行确认，并妥善处理。

第二步：途中服务

途中服务始于旅游者通过机场（车站、码头）的安全检查，进入候车厅（候车室、候船室），结束于飞机（火车、轮船）抵达下一站，旅游者走出机场（车站、码头）。

（1）全陪应协助旅游者办妥登机、安检和行李托运等相关手续，并适时引导旅游者及时抵达登机（火车、轮船）地点。

（2）如果旅游者乘长途火车（轮船），全陪应分配好包房的卧铺铺位。

（3）上车（船）后，应立即找餐厅负责人订餐，告知旅游者人数、餐饮标准和饮食禁忌。

（4）如有晕机（车、船）的旅游者，全陪要给予重点照顾。

（5）在旅行途中加强与旅游者之间的信息沟通，组织活动活跃气氛。

立德专栏

海南中职旅行社的钟鹏俊接待了一个来自新疆的旅游团，有两位游客是回民，但回民游客完全吃不惯当地的饮食和口味，钟鹏俊在了解到这一情况后，马上把情况反映给了地陪，重新给两位旅游者安排了专门的餐食。两位游客对这位细心周到的导游表示了真诚的感谢。所以，导游在带团的过程中一定要做到细心、仔细，努力为游客提供更贴心的服务。

（改编资料来源："50佳"评选拉开帷幕 候选导游感人故事多［EB/OL］.（2005-09-08）［2022-08-18］.海南新闻网—海口晚报.）

第三步：抵站服务

抵站服务是指旅游者抵达某地前，全陪应提供的各项服务工作。主要内容包括以下方面：

（一）通报旅游者信息

全陪应在抵达下一站之前向地陪通报旅游者的信息，主要有：

（1）旅游者离开上一站和抵达下一站的准确时间。

（2）所乘坐的航班号、车次等信息。

（3）旅游团有无人员变化。

（4）提醒旅游者保管好自己的随身物品。

（二）带领旅游者出站

（1）再次提醒旅游者携带随身行李物品。

（2）协助旅游者凭行李票领取托运行李。

（3）出站时，全陪应举导游旗走在旅游者前面，以便尽快同地陪取得联系。

（三）做好与地陪的衔接

（1）与地陪见面后，全陪应主动介绍旅游者情况，并将计划外的有关要求转告地陪。

（2）组织旅游者上车时注意清点人数，提醒旅游者注意安全。

（3）协助地陪清点行李，做好行李移交。

✎ 技能考核

考核一：分小组进行情景模拟，扮演全陪组织旅游者在车内活动。活动可选猜谜语、歌唱比赛、成语接龙、击鼓传花等小游戏。

考核二：分小组用鱼骨图绘制离站、途中、抵站服务工作流程图，完成后进行展示。

✎ 考核标准

序号	考核细分项目	细分标准	分值	得分
1	前置任务	按照考核要求完成任务	15	
2	技能考核一	按照考核要求完成任务	40	
3	技能考核二	按照考核要求完成任务	45	
总分				

✎ 考核汇总表

组别				
小组自评				
小组互评				
教师评价				
企业导师评价				
总分				

备注：小组自评10%，小组互评10%，教师评价40%，企业导师评价40%。

任务七　末站服务

末站服务

课前准备

查阅书籍资料，结合微课视频，分析全陪的末站服务工作包括哪些方面。

序号	名称	内容

时间安排

（1）任务介绍 5 分钟。

（2）任务分析 5 分钟。

（3）教师导学 25 分钟。

（4）学生实训 40 分钟。

（5）总结评价 5 分钟。

任务介绍

全陪小张带领的旅游团将于 5 月 15 日晚乘坐 K356 次列车返程，5 月 16 日抵达重庆北站结束本次行程。作为全陪，小张应该如何做好末站服务？

任务分析

末站服务是旅游行程的最后环节。全陪要做到有始有终，保障旅游者如期顺利离站，留下美好的记忆。当旅游行程结束时，全陪应当提醒旅游者保管好自己的财物和证件，并征求旅游者对接待工作的意见和建议。还要对途中旅游者的配合表示感谢。小张需要提供的末站服务可分为四个部分：

落实安排 ➡ 营销服务 ➡ 送别客人 ➡ 结清账目

一、任务目标

（1）素质目标：具备良好的团队协作精神。

（2）知识目标：掌握全陪末站服务的内容、要求和注意事项。

（3）能力目标：能根据工作要求独立进行全陪末站服务环节操作。

二、任务重点

掌握全陪末站服务工作的内容。

三、任务难点

能根据全陪工作要求独立进行末站服务操作。

任务实施

第一步：落实返程安排

在离开最后一站之前，全陪要提醒和协助地陪落实好旅游者返程的交通票据和行李托运等事宜。

（1）当旅行结束时，全陪要提醒旅游者带好自己的物品和证件。

（2）向旅游者征求意见和建议，并请旅游者填写"旅游者意见反馈表"。

旅游者意见反馈表

尊敬的先生 / 女士：

感谢您参加我社组织的旅游活动，为进一步提高我社导游服务质量，提升企业良好信誉，为广大旅游者提供更周到的服务，请您真实填写以下意见表，以便我社及时了解情况、改进服务，谢谢合作！

旅行社质量监督电话：×××　　旅游投诉电话：×××　　×××旅行社

团号		行程	
全陪姓名		地陪姓名	
旅游者姓名		联系电话	
城市			
评价	很好	好	一般	差
行程安排				
住宿安排				
餐饮安排				
交通安排				
司机服务态度				
全陪服务态度				
全陪业务水平				
地陪服务态度				
地陪业务水平				
购物安排				

续表

娱乐安排				
你对本次旅程的总体评价				

您的意见和建议：

签名：

第二步：致欢送词，对旅游者给予的合作和支持表示感谢并期待再次重逢

欢送词的内容包括：

（1）简明扼要地回顾全程的主要活动，表示与旅游者共同度过了一段愉快的旅行生活。

（2）对旅游者给予的合作、支持、帮助、谅解表示感谢。

（3）表达友谊和惜别留恋之情。

（4）期待再次相聚，表达祝愿。

立德专栏

因为有你，万卷书易读，万里路不难

中国自古以来就有读万卷书、行万里路的传统，出国旅游尤为国人所向往。远方虽好，可是一想起千山万水、人生地不熟的，多数人还是感觉"在家千般好，出门一日难"。有人第一次在国外转机，把 Terminal one 听成了"一号计算机（终端）"而百思不得其解；有人因为大意丢失护照或者财产受损而不知如何是好；更多的人则因为语言文化的差异而流连在文化之都的大门之外。随着旅行经验的丰富和智慧旅游的提升，年轻一代更愿意选择"自由行"，一部手机游世界，但是从总体上看，旅行社和 OTA（在线旅游）为代表的旅行服务商仍然是出国旅游不可或缺的商业辅助人，导游、讲解员和司机仍然是行程中最可以依赖的朋友。

因为你们专业而高效的服务，特别是对游客诉求的及时响应，哪怕关山万里的行程也不过是闲庭信步。导游绝不是只会带游客"扎店"购物、拿回扣的"托儿"，更不是哗众取宠的"段子手"，而是一种极富知识储备，也极需要实践经验的职业。从行程设计、计划调度、交通预订、酒店房间分配、叫早、就餐，到巴士调度、沿途讲解、景区串联，再到安全提示、危机救援，乃至换取零钱、找厕所这样的琐事，都是导游的分内之事。我们知道，伴随着服务环节的算术

级数增长，服务质量的控制难度则是几何级数的增长。导游往往既是口力劳动者、智力劳动者，也是体力劳动者。来自一线的导游在比赛中收获的不仅仅是名次，而是知识和经验的分享。通过这样的专业比赛，导游的职业形象重新树立了起来，更多人出国旅游就会选择旅行社，选择导游。

因为你们卓越的跨文化交流能力，面对历史悠久、文化多元、语言多元的人文欧洲，游客不再是上车睡觉、下车拍照的过客和他者，而是体验者和分享者。近年来，中国游客在欧洲的脚步已经慢了下来，欧洲国家不再仅仅视之为"行走的钱包"，而是民间交流的使者、人类命运共同体的思考者和建设者。如果没有你们的讲解，马加什教堂可能就只是一座有迷宫的建筑物，链子桥就只是多瑙河上普通的一座桥，安德拉什大街就只是一条普通的商业街道罢了。因为你们，欧洲像一本渐次打开并慢慢品读的知识读本，国民综合素质在阅读和分享中稳步提高了。

[改编资料来源：中国旅游研究院微信公众号. 中国旅游研究院院长戴斌于2019年1月8日在第十二届金话筒欧洲华语导游大赛所作的闭幕致辞（节选）]

第三步：为旅游者提供旅游营销服务

（1）全陪应针对旅游者的特点和兴趣，选择适当的旅游线路和景点进行营销，并表达希望他们下次出游时再次与本社联系，自己将继续服务的愿望。

（2）全陪送团之后24小时内可问候旅游者，向旅游者表达诚意。

第四步：做好送别工作

（1）抵达机场（车站、码头）后，再次提醒旅游者携带好自己的行李。

（2）热情地与旅游者一一握手道别，目送旅游者进入候机（车、船）大厅后方可离开。

第五步：结清账目

送走旅游者后，全陪要与地陪结清旅游者在当地活动期间的账目。

（1）如果是现金结账，全陪应在旅游者离开的前一天与地陪当面结清团款并向接待社收取发票。

（2）如果是签单，全陪应在地陪提供的单据上签字，由地陪携带签字单据回地接社，地接社凭借单据向组团社收取团款。

🖊 技能考核

考核一：从以下三条线路中选择一条，编写一篇欢送词，并分组上台展示，展示时间为5~8分钟。

线路一：长征红色记忆行

由河南某初中学校初二学生组成的研学团将于4月3日结束长征红色记忆精品旅游线路的旅游，于4月4日从甘肃返回河南。该旅游团从河南省信阳市罗山县何家冲出发，终点在革命老区陕西延安。他们途经井冈山、瑞金、遵义、娄山关、泸定、会宁，感受了红军二万五千里长征的不易，近距离接触革命先烈们曾经奋斗过、生活过的地方，接受了爱国主义教育，静静倾听祖国的往事与历史的心跳。作为全陪，小张应该怎么致欢送词？

线路二：北国冰雪风光游

来自重庆的旅游团参加了北方冰雪旅游，准备于 12 月 20 日返回重庆。该观雪团途经鄂尔多斯、大连、沈阳、长春、哈尔滨、呼和浩特、赤峰、满洲里、包头，充分领略了北国的冰雪风光、冰雪艺术、冰雪文化、滑雪旅游、冰雪养生、冰雪娱乐、冰雪民俗、冰雪健身于一体的冰雪盛宴。作为全陪，小张应该如何致欢送词？

线路三：探访黄河，寻味华夏文明

山东某大学教师团结束了黄河旅游线路的行程，准备于 7 月 15 日返回济南。他们途经郑州、洛阳、延安、包头、银川，不仅领略了黄河的磅礴气势、峡谷平湖的壮美和两岸独特的风光，更饱览了沿途众多的名胜古迹，感受到独特的乡风民俗。作为全陪，小张应该怎么致欢送词？

考核二：思考分析全陪在与地陪结清账目时有哪些注意事项。

序号	注意事项

📝 **考核标准**

序号	考核细分项目	细分标准	分值	得分
1	课前准备	讨论回答	15	
2	技能考核一	语言表达	45	
		技能操作		
		展示效果		
		完成时间		
3	技能考核二	按照考核要求完成任务	40	
总分				

考核汇总表

组别					
小组自评					
小组互评					
教师评价					
企业导师评价					
总分					

备注：小组自评 10%，小组互评 10%，教师评价 40%，企业导师评价 40%。

任务八　后续工作

课前准备

查阅书籍资料，结合微课视频，分析全陪后续工作包括哪些方面。

后续工作

序号	名称	内容

时间安排

（1）任务介绍 5 分钟。

（2）任务分析 5 分钟。

（3）教师导学 25 分钟。

（4）学生实训 40 分钟。

（5）总结评价 5 分钟。

任务介绍

全陪小张于 11 月 6 日完成带团任务，回到重庆后，他要立即处理带团的后续工作。

小张需要做好哪些后续工作呢？

✎ 任务分析

全陪服务的后续工作是整个旅游活动的收尾工作，也是全陪对自身带团工作的总结，需要格外重视。全陪服务的后续工作与地陪服务的工作相同，送团后，全陪应及时、妥善地处理好团队遗留下的问题，认真对待旅游者的委托，并依照规定办理。小张需要提供的后续服务工作可分为四个部分：

结清账目 → 处理问题 → 总结工作 → 上交资料

一、任务目标

（1）素质目标：形成及时发现问题、解决问题的良好工作习惯。
（2）知识目标：掌握全陪后续工作内容、要求和注意事项。
（3）能力目标：能根据工作要求独立进行全陪后续工作环节操作。

二、任务重点

掌握全陪后续工作内容。

三、任务难点

能根据工作要求独立进行后续工作环节操作。

✎ 任务实施

第一步：结清账目

在旅游行程结束后，全陪应当及时与旅行社财务部门联系：

（1）领取酬劳。
（2）厘清其他账目。
（3）归还所借物品（小蜜蜂、社旗等）。

第二步：处理遗留问题

下团后，全陪应处理好旅游者遗留的问题：

（1）对于重大、重要问题需要先请示旅行社领导，再安排处理。
（2）认真对待旅游者委托的其他事情并依照规定办理，提供尽可能的延伸服务。

立德专栏

2002 年，上海一个团队由海南热带阳光旅行社的赖世斌接待，游客潘女士在西岛游泳时，脚被礁石划开了一个 6 厘米的大口子。当时，其他游客都吓坏了，不知所措。赖世斌不顾一切地背着潘女士赶往医务室，经过简单的包扎后伤口仍然血流不止。赖世斌又背着她到码头叫师傅开车送她去医院。此举动让潘女士感动无比。

（改编资料来源："50佳"评选拉开帷幕 候选导游感人故事多．［EB/OL］.
（2005-09-08）［2022-08-19］.海南新闻网—海口晚报．)

第三步：总结工作

带团任务结束后，全陪梳理工作过程，总结经验和教训，不断提高导游服务水平。

第四步：上交资料

全陪应认真按时填写"全陪日记"，收集旅游者意见反馈表，以及旅游行政部门（或组织）要求的其他资料。

全陪日志表单

单位 / 部门		团号	
全陪姓名		组团社	
领队姓名		国籍	
接待时间	年　月　日至　年　月　日	人数	
途径城市			
团内重要客人、特殊情况及要求			
该团发生的问题和处理情况			
全陪意见和建议			
全陪对全过程服务的评价	合格（　　）	不合格（　　）	
行程状况	顺利（　　）	较顺利（　　）	一般（　　）　　不顺利（　　）
客户评价	满意（　　）	较满意（　　）	一般（　　）　　不满意（　　）
服务质量	优秀（　　）	良好（　　）	一般（　　）　　比较差（　　）
全陪签字	部门经理签字		质管部门签字
日期	日期		日期

✎ **技能考核**

考核一：针对以下案例资料，分小组进行情景模拟。如果你是全陪，面对这样的情况，你会如何处理？

案例：旅游者走失

一个 40 人的国内旅游团计划于 4 月 15 日 15：30 乘火车离京前往西安旅游。旅游团在一家大型商场旁的餐厅用餐，午餐于 13：00 结束。几位旅游者要求去商场购物，全陪提醒旅游者一个小时后一定要返回原地集合。结果，一个小时后只有 38 人回来，等了一会儿，地陪让已经回来的旅游者在旅游车上休息，自己与全陪及两名年轻旅游者进商场寻找，找到两名旅游者的时候，离火车离站时间只有 20 分钟了。当旅游团赶到北京火车站时，火车已经离站。

考核二：回忆全陪服务整个工作过程，总结经验和教训，不断提高导游服务水平。

序号	问题建议

📝 考核标准

序号	考核细分项目	细分标准	分值	得分
1	前置任务	按照考核要求完成任务	15	
2	技能考核一	按照考核要求完成任务	45	
3	技能考核二	按照考核要求完成任务	40	
总分				

📝 考核汇总表

组别				
小组自评				
小组互评				
教师评价				
企业导师评价				
总分				

备注：小组自评 10%，小组互评 10%，教师评价 40%，企业导师评价 40%。

任务一　服务准备

入境接待的
准备工作

课前准备

查阅书籍资料，结合微课视频，分析入境接待服务准备工作包括哪些方面。

序号	名称	内容

时间安排

（1）任务介绍 5 分钟。

（2）任务分析 5 分钟。

（3）教师导学 25 分钟。

（4）学生实训 40 分钟。

（5）总结评价 5 分钟。

任务介绍

文文是重庆国力国际旅行社入境旅游接待部的一名新导游，她将在 6 月 10 日接待一个来自美国的旅游团。按照接待计划，旅游团在中国旅游期间将要去游览北京故宫、山东泰山、河南少林寺、西安秦兵马俑、长江三峡等主要景点。作为一名入境接待全陪导游，为了做好"境内服务总管家"和"中国文化使者"，文文该如何做好全陪服务准备工作，提供令外宾满意的服务？

任务分析

我国的入境接待业务是我国旅行社为入境外宾提供在中国旅游期间的综合服务，包括交通、游览、住宿、用餐、娱乐、购物等，是我国许多国际旅行社2000年前的主要经营业务，也是我国改革开放以来最早开展的全国性旅游活动。入境旅游有停留时间长、涉及环节多、具有一定外事工作属性等特点。因此，文文要根据入境旅游的特点，首先做好服务准备工作，这样才能从根本上保证接待质量。

文文可以从以下四个方面开展入境接待的准备工作：

研究计划 ➡ 准备知识 ➡ 准备物品 ➡ 落实细节

一、任务目标

（1）素质目标：具备认真细致的工作态度。

（2）知识目标：掌握入境接待服务准备工作的内容、流程和注意事项。

（3）能力目标：能根据工作要求独立完成入境接待服务准备工作。

二、任务重点

掌握入境接待全陪导游服务准备工作的内容和流程。

三、任务难点

能根据外宾的不同要求做好相应的服务准备工作。

任务实施

第一步：研究接待计划

接待计划是境外组团社、国内接待社、各地地接社之间的契约合同。境外组团社提出的各项要求、国内接待社提出的服务标准、地接社提供的服务项目无一例外地都体现在接待计划中。入境接待全陪（以下简称"全陪"）在收到接待任务后，应在上团前详细研究接待计划，掌握接待工作各环节的要点，做到心中不存侥幸、准备不留盲点，对各个接待细节做到胸有成竹、心中有数。

（一）认真核对外文计划和中文计划

接待计划通常有外文计划和中文计划两个版本。其中，外文计划是境外组团社跟旅游者之间签订的合同协议，中文计划是在外文计划基础上翻译后的版本。一般情况下，系列团的行程计划安排大同小异，但也不排除个别地方因为节庆、航班季节调整、旺季交通票紧张和自然条件限制出现调整，这些变化很大程度上会影响到客人出行的心情和体验，甚至引起投诉索赔，所以一定要仔细核对。

（1）外文计划通常会附上对重要景点的详细描述和推介，在阅读外文计划的同时也是了解客人和外方组团社对景点的认知过程，为全陪讲解景点的切入角度和讲解重点指明了方向。

（2）外文计划中通常还附有外方对行程中认可和指明的旅游购物点的说明，以及向旅游者建议的小费标准，这对全陪协调旅游过程中的各方利益起到了关键作用。

（二）了解旅游团的基本情况

（1）了解外方组团社对全陪的具体要求（着装、胸牌、服务标准、专题讲座、自费项目收费标准、小费分配比例等重要信息）。

（2）熟记旅游团的基本情况。包括旅游团名称（或团号）、外宾国别或属地、人数、领队姓名、电话和其他联系方式。了解旅游团成员的居住地、姓名、职业、性别、年龄（主要涉及景点减免票的问题）等相关情况。掌握团内有身份或较有影响力的成员、特殊外宾，如旅行商、慢性疾病患者（如糖尿病、过敏症等）、儿童（身高涉及减免门票问题）、高龄老人等情况。

（3）依据分房表提供的信息，掌握旅游团外宾的家庭构成，确定外宾要求的是非吸烟房、标准双床房还是大床房等细节要求。了解客人的民族文化、宗教信仰、饮食等方面的禁忌，以便在接待过程中更好地为外宾提供优质服务。

（4）详细标注每个接待环节中外宾的特殊要求，并力求将每一点落到实处。比如为素食者或糖尿病患者制作专门的中文餐牌，以便餐厅服务员能够识别和上菜；夏季落实糖尿病患者胰岛素的冷藏问题；在软卧列车上为戴呼吸机（止鼾器）的外宾落实插座和电源等。

立德专栏

热心导游用真诚服务感动游客

"首都旅游紫禁杯"先进个人褚惠娟说，带团这么多年，从来没有后悔过从事了这个行业。一路走来，虽然有过磕磕绊绊、伤病委屈，可从没想过要转行。她说："在带团的过程中，我渐渐成熟，从一个为带团而带团的小导游到为游客满意而带团的高级导游，个中的酸甜苦辣如人饮水、冷暖自知，概括为一句话：痛并快乐着！"

令褚惠娟印象最深的是有一年带一个来自美国的老年旅游团，游客的平均年龄为 63 岁，其中岁数最大的 83 岁，是一位退休女教师。在接团前，褚惠娟了解了该团成员的情况，所以一接到团队，便安排老人们入住，并让每位老人了解如何使用客房的设施，记录下需要按时服药、打针的客人姓名。为了能更好地服务老年游客，褚惠娟在手机上设置了闹铃，闹铃一响，她便查看记录，提醒某位老人服药或者打针……工作虽然烦琐，但这个团最终平安且满意地离开中国。在多年的带团经历中，褚惠娟用自己的实际行动赢得了游客们由衷的赞赏，褚惠娟感动地说："客人的满意就是对我最好的回报，激励着我继续前进。"

（改编资料来源：热心导游用真诚服务感动游客．［EB/OL］．（2016-10-31）［2022-08-20］.北京晨报．）

（三）研究旅游团的行程计划

入境旅游团的行程安排少则 5~7 日（如北京一地游、西安一地游、上海及苏州园林游），多则 2 周至 30 天环中国游。大部分入境旅游团，尤其是长距离远行的欧美入境团队，通常都要乘坐好几段甚至十多段飞机/高铁。因此，全陪在面对停留时间长、接待环节多的入境接待工作时，要配合公司营销部门密切关注并及时沟通，保障团队的旅行交通尽可能运行通畅。入境全陪应对旅游团的行程计划各重要节点了如指掌，包括以下内容：

（1）熟记工作搭档联系方式。首先要保存好外方领队的联系电话或微信等相关信息，保存好中国境内各地接社名称、联系人、联系电话和地陪联系电话，并做一个纸质备份，以防手机没电或丢失后无法联系相应人员，影响接待工作。

（2）熟记飞机航班/高铁班次相关信息。梳理完善旅游团所有的航班信息，随身携带全团机票预订单/高铁车票预订单，熟悉机票预订代码，掌握航空公司的客服咨询电话，熟记购票单位、各航班/高铁班次日期、航班/高铁车次号、抵离时间、航班各级舱位/高铁各车厢座位数量。

（3）如遇恶劣天气、航班异常等特殊情形，需要及时请示并按照公司负责人（或销售经理）的指令处理（如跟组团社确认是否改乘高铁前往下一站，或是改签机票等）。

（4）掌握火车票预订情况。在旅游旺季或是重大节庆时（比如洛阳牡丹节、广州交易会等）全陪拿到接待计划后，务必要跟地接社或本社销售经理保持密切联系，第一时间掌握订票情况，并且提前做好应急替代预案。

（5）熟记游轮相关情况。全陪要熟记行程中游轮预订的情况，及时获取如游轮的上下船码头的名称和位置、本团的预订代码、所预订的不同舱位等级和游轮房间数量、入住日期、游船舱位的楼层和位置（尽可能远离船尾）、离船上岸游览的计划内项目、自费项目费用和游览时长、游轮终点港码头名称和抵达终点港的时间等信息。

（6）熟记旅游团在各地下榻饭店的预订信息。全陪要熟记行程中安排酒店的名称、位置、各类房型数量、房间楼层和朝向（尽可能避免朝向公路或是施工工地等）、特殊房型要求（如标准间、大床间、行政间、豪华间、江景房或海景房、山景房及特定景观房、无烟房、连通房等），还要梳理和标注是否有附加项目（如预订酒店内早餐及西式晚宴、赠送住客生日蛋糕、是否会打出欢迎标牌等）。

（7）熟记行程中各站的主要参观游览项目，把握最佳参观时间和参观线路，提前调整个别景点参观顺序（例如博物馆周一闭馆）。特别对于自己不熟悉的景点，必须提前向老导游咨询，并且储备相关知识以应对不时之需。

（8）熟记全程各站安排的文娱节目、风味餐食、计划外项目及收费标准等，并且要妥善计划好不参加客人的安排。

（9）了解是否有特殊安排，如商务洽谈、团员探访在中国的亲人等。

第二步：准备知识

入境接待全陪的主要职责，在于保障团队行程顺利而不是讲解。但在特殊情况下，随时都要做好救场的准备。如遇到地陪在接待过程中意外伤病，或在旅游旺季时地接社安排了一个不讲外语的汉语导游，或是外语系的学生上团等情况，全陪就必须担当起讲解的主角。

（一）两个基本原则

1. 把握全局

（1）全陪要对中国境内的线路做整体介绍，并且和各站之间进行衔接。对于入境团队来说，提醒外宾调整时间，为外宾介绍气候变化、饮食差异、风俗禁忌、卫生常识（比如中国的自来水不能直接饮用）、人民币鉴别技巧、货币兑换和汇率等方面的知识，协助外宾购买国内电话卡、上网卡和邮票等都应该是全陪的职责范围。

（2）如果临时出现需要全陪兼地陪的情况，也应该从总体把握，详略得当，言简意赅地说明各地各景区的特色亮点。

2. 内外有别

具体是指全陪在为外宾准备讲解内容时，要分清楚哪些该讲，哪些不该讲，避免因文化冲突可能带来的矛盾。

（二）语言知识

（1）全陪应根据入境旅游团的行程计划，对所涉及的游览项目相关知识进行查漏补缺，及时补充和掌握自己不熟悉的讲解内容和部分还没有掌握的外语单词。

（2）在可能的情况下，掌握一些客源国（地区）的日常俚语或者表达习惯，以便快速拉近与客人之间的心理距离。

（3）对于一些非标准语国家来华的旅游者（比如来自印度但用英语导游的旅游者，还有来自奥地利、瑞士、意大利和比利时的德语旅游者）要尽可能熟悉他们的表达习惯和比较重的方言音，必须首先做到听懂，讲解时尽量使用通俗简单的词汇来表达。

（三）客源国（地区）知识

全陪应详细了解客源国（地区）的地理、历史、政治、经济、文化、礼仪、禁忌等方面的知识，避免在接待过程中出现因不了解而引起外宾不满的情况。

（四）旅游线路沿线概况

掌握旅游接待计划中各旅游目的地的历史、地理、经济、民族、风土人情及景点知识。

（五）其他知识

主要包括当前的热门话题、国内外重大新闻、医疗急救知识等。

第三步：准备物品

上团前，全陪要做好必要的物质准备，携带必备的证件，主要包括以下方面：

（一）个人物品

身份证、导游证胸卡、导游旗（杆）、手机、充电设备、换洗衣物、洗漱用品、组团社发放的工作服、现金、强光手电筒、驱蚊液、防晒液、双肩背包、常备药品、扩音器（小蜜蜂），个别重点团还要带上无线耳麦和充电底座。

（二）接团资料和物品

盖有鲜章的接待计划、各地分房表、开启导游之家 App、接机牌和组团社车标、团队标志牌、备用行李牌、各地现付项目备用金、足够的零钱、讲解/讲座用到的地图和资料、全陪日志、笔（记号笔、签字笔、荧光笔）、各地接社联络方式、各类预定单号、旅游宣传品、单据夹和文件袋等。

（三）重要单据票证

客人护照/签证扫描打印件、特殊免检证明以及翻译件、国际段赠送但需要国内再确认的国内段机票、高铁车票、拨款结算单等。

第四步：落实细节

（一）落实交通工具事宜

是否稳妥预订交通票据，关乎一个旅游团的行程能否顺利进行，也是旅游团接待过程中首先应当规避出现差错的环节。

1. 落实飞机票据

目前，大部分入境旅游团采用境外组团社自订国际航班，境内各段航班都由国内旅行社代订这种模式，这样做的好处就是可以避免"水土不服"，方便而又快捷地应对可能出现的临时变化。全陪必须与计调部门确认好各抵离机场航站楼、航班日期、航班号、起飞时间、登机口、各等级舱位数量，核对客人身份信息和票据信息是否一致（比如要认真核对客人护照号码中数字 0 和字母 o，数字 1 和字母 I 等）。

2. 落实火车票据

（1）全陪要与地陪随时联系，保证火车票已订妥。

（2）全陪还要落实客人的座位/铺位是否在同一车厢或是相邻车厢，是否需要上车后调整和与其他乘客更换，并且要妥善安排同车随行的外宾大件行李上下车问题及在车上的安放问题。

3. 落实旅行车相关事宜

全陪应提前与地陪确认用车信息。

（1）严格按接待计划中服务标准的要求车型与车况准备车辆。特别注意要跟车队联系，明确车辆的行李舱足够大、车内无烟味这两个注意事项。其他要求根据各地接待能力不同，尽可能满足，如豪华团队选用 1 至 2 年国际知名大品牌新车或指定车型，按照标准团 10%~15%、豪华团 30%、超豪华团 50% 的空座率落实车辆。

（2）要求地陪与司机落实接站细节，提醒司机注意保持车辆卫生整洁和空气清新。提前到达接站地点，就近停车减少客人步行距离。如果是夏天，要提前 15 分钟开空调降温。保证麦克风音响效果。

（3）按照接待计划要求和费用标准在车上适量配置消毒纸巾和矿泉水。

4. 落实游轮相关事宜

（1）与游轮公司联系确认游轮预定、上下码头、房间数量和等级、乘坐日期、楼层和房间位置等事宜。

（2）全陪还应提前确认了解船上提供的各项服务细节，如游轮上的 Wi-Fi 收费情况、外宾用餐餐桌位置、船长欢迎/欢送晚宴是否需要着正装出席、游轮上的酒水套餐价格、游轮上的消费凭房卡签单还是待离船前统一结算、游轮上的文化讲座以及船员集体小费建议等。

（二）落实首站接团事宜

如果是异地接团，全陪必须在接团前一天提前抵达首站接团城市，并与首站地陪取得联系，与地陪确定碰头地点和时间，妥善安排好接待事宜。

技能考核

考核一：以小组为单位，从以下两个入境旅游团行程安排表中选择一个，完成入境接待服务准备工作，然后分小组展示汇报准备内容。

行程安排 1：重庆—三峡 5 日游行程

团号：美国大学校友会 Odyssey-China Tour（28+1 人）

时间	行程
D1	抵达航班：CA 1410　　　抵达时间：9：15am　　　航站楼：江北机场 3# 游览景点：重庆动物园熊猫馆、美国史迪威将军纪念馆、大足宝顶山石刻 D1 午餐：便餐　　　D1 晚餐：西式晚餐　　　D2 午餐（大足） 用车：40 座金龙客车　　　D1 住宿：市区 5 星级酒店（1N）　　　D2 住宿：船上 09：15 乘坐中国国航航班抵达重庆江北机场。 　　　重庆地陪核实航班信息，提前到机场到达大厅，持该系列团标识 Odyssey 接机，客人全部到齐，地陪跟全陪或领队核实托运行李无误后，跟本社行李员交接妥当。 10：45 全陪致欢迎词，介绍地陪、司机，车内收取护照，作入境概况介绍。地陪作重庆概况介绍，并简单介绍重庆市内行程。 12：00 午餐（社会餐馆）。 13：00 抵达动物园熊猫馆。 15：00 抵达美国史迪威将军纪念馆参观。 17：00 抵达酒店，办理入住。 　　　外宾进房前，地陪告知全团： 　　　a. 酒店周边大致情况； 　　　b. 酒店晚餐时间 / 地点； 　　　c. 次日叫早的时间和早餐地点； 　　　d. 次日收集行李时间； 　　　e. 次日游览注意事项； 　　　f. 安全等事项提示。
D2	重庆大足石刻 1 日游 早餐：酒店一层咖啡厅　　　午餐：大足酒店　　　晚餐 / 宿：长江黄金游轮 酒店早餐。 　　　09：00 驱车前往世界文化遗产地——重庆大足石刻景区。大足石刻景区包含北山、宝顶山、南山、石篆山、石门山五处摩崖造像，该景区为中国晚期石刻景区艺术的杰出代表，规模宏大，内容丰富，技艺精湛，可媲美我国北方敦煌、云冈、龙门石刻景区。当天游览规模最为宏大、保护最为完好的宝顶山石刻。 　　　宝顶山石刻拥有千手观音、华严三圣、释迦牟尼卧佛涅槃胜迹图、父母恩重经变像、佛教天堂、地狱、十大明王等多龛造像，被誉为"天才的艺术杰作"，是 9—13 世纪最伟大的石刻艺术作品。 　　　大足石刻参观完毕，返回重庆市区游轮码头，18：00 在重庆朝天门码头登黄金游轮办理入住并享用游轮晚餐。黄金游轮是目前世界上最大、最先进的内河豪华游轮，2011 年 5 月 28 日首航，开启了三峡万吨级涉外豪华游轮海洋化时代的新纪元，改写了世界内河的游轮航运史。 20：00 邮轮说明会。 21：00 邮轮开航。

续表

时间	行程
	长江三峡　　　餐：早/午/晚餐　　　　　宿：长江游轮
D3	7：00—7：30 早咖啡、太极晨练 7：40—8：00 自助早餐 8：10—11：00 抵达丰都，上岸游览【丰都鬼城 4A 景区】 12：00—13：00 自助午餐 16：30—18：00 若游烽烟三国，时间将后延至 19：30—21：30，自选游览石宝寨或烽烟三国 17：00—18：00 船长欢迎酒会 18：00—19：00 自助晚餐 20：30—21：30 "情醉三峡"主题晚会
	长江三峡　　　餐：早餐/午餐/晚餐　　　宿：长江游轮
D4	7：00—7：30 早咖啡、太极晨练 7：30—8：30 自助早餐 8：00—11：00 抵达奉节，船上自由活动或自选游览白帝城（约 3 小时） 11：00—11：30 游船过长江三峡—瞿塘峡 11：30–12：30 自助午餐 13：30—17：30 抵达巫山，换乘观光船游览【巫山小三峡 5A 景区】，自选游览小小三峡（约 3 个半小时） 17：30—18：30 游船过长江三峡—巫峡 18：30—20：00 游船过长江三峡—西陵峡（西段） 19：00—20：00 三峡美食晚宴 20：00—20：30 办理离船结账手续 20：30—21：30 "炫舞黄金"同乐晚会
	参观三峡大坝、送别（游轮早餐、社会餐馆午餐）
D5	7：00—7：30 早咖啡、太极晨练 7：00—8：00 车送宜昌三峡外宾中心结束行程 上午自选项目： A. 三峡大坝＋自选屈原故里，游览后约 13：00 抵达宜昌三峡外宾中心，结束行程 B. 三峡大坝＋自选升船机，游览后约 13：30 抵达宜昌三峡外宾中心，结束行程 C. 三峡大坝＋自选三峡人家，游览后约 17：00 抵达宜昌三峡外宾中心，结束行程 11：30—12：30 大巴车抵达宜昌三峡外宾中心，宜昌车导接客人送武汉天河机场，搭乘出境航班离境（结束）

行程安排 2：德国客人的中国湖南发现之旅德国 China Tours–C025–161011 团接待计划

　　该团人数 11+1

1. 地接服务

地接社	联系人	手机号码	电话号码	地接服务
				长沙、韶山、张家界、凤凰、洪江、通道、送至龙胜交接
				龙胜、阳朔地接
				广州地接

2. 酒店列表

酒店名称	联系人	手机号码	电话号码	传真

3. 交通信息

日期	航段	方式	班次信息	订票方式	票数	座位	备注
20161023	阳朔—广州	火车	D2997（8:51—11:10）	自订	12	二等座	

4. 接待要求

（1）优秀德语全陪、地陪。

（2）各地最多安排一次购物（龙胜 / 阳朔：珍珠），并应征得客人和领队的同意。

（3）保证餐饮质量、用餐环境，菜单和饭后水果尽量不要重复，各景点确保有充裕的游览时间。

（4）请举牌 China Tours 接机 / 火车。

备注：

1. 此团客人 10 月 12 日入境后提前入住长沙酒店，请预订好 10 月 11 日的用房。

2. 名单 1—2 号客人提前入境，顺延广州，详见顺延团计划。

3. 名单 9 号客人顺延广州，一切自理。

4. 名单 11 号客人吃素，请地陪 + 全陪注意安排用餐。

日期	城市	景点	用餐	住宿
20161012 星期三	法兰克福—长沙 CZ332（06：45—）	抵长沙，接机，送至酒店入住，橘子洲（不含环保车），毛泽东雕塑，岳麓书院含爱晚亭（不含环保车），湖南第一师范纪念馆	午餐：50/ 人，地接社代订	4 标间、3 单间、1 全陪床（含 10 月 11 日 4 标间、3 单间、1 全陪床）

续表

日期	城市	景点	用餐	住宿
20161013 星期四	长沙	韶山一日游，毛泽东故乡，返回长沙入住	午餐：50元/人，地接社代订	4标间、3单间、1全陪床
20161014 星期五	长沙—张家界	赴张家界，途中参观张家界大峡谷、玻璃桥	午餐：50元/人，地接社代订	4标间、3单间、1全陪床
20161015 星期六	张家界	张家界国家森林公园，天子山，天子山缆车，袁家界，电影《阿凡达》取景地	晚餐：酒店内98元/人，全陪自订并现付	（火寨标间）4标间、3单间、1全陪床
20161016 星期日	张家界	黄石寨，黄石寨缆车，金鞭溪	晚餐：酒店内98元/人，全陪自订并现付	（火寨标间）4标间、3单间、1全陪床
20161017 星期一	张家界—凤凰	赴凤凰，途中参观德夯苗寨	午餐：50元/人，地接社代订	4标间、3单间、1全陪床
20161018 星期二	凤凰	凤凰古城，虹桥，沈从文故居，自由活动	午餐：50元/人，地接社代订	4标间、3单间、1全陪床
20161019 星期三	凤凰—通道	乘车经洪江赴通道，途中参观洪江古商城，住通道	午餐：50元/人，地接社代订	4标间、3单间、1全陪床
20161020 星期四	通道—龙胜	通道侗寨，赴龙胜，在龙胜与桂林地接社交接团队，龙胜梯田中转车，龙胜大寨梯田（风雨桥上山）	午餐：50元/人，地接社代订	4标间、3单间、1全陪床
20161021 星期五	龙胜—阳朔	观日出，龙胜大寨梯田（二号景点千层天梯下山），赴阳朔	午餐：45元/人，地接社代订	4标间、3单间、1全陪床
20161022 星期六	阳朔	相公山，自行车乡村游，遇龙河竹筏漂流（金龙桥—旧县）	午餐：45元/人，地接社代订	4标间、3单间、1全陪床
20161023 星期日	阳朔—广州 D2997（08：51—11：10）	送阳朔兴坪火车站，乘动车赴广州，抵广州，接站，赴开平，碉楼群，开平立园，返广州入住	午餐：65元/人，地接社代订	4标间、3单间、1全陪床
20161024 星期一	广州—法兰克福 CZ331（21：30—）	陈家祠，老城，沙面，珠江新城，告别晚餐，送机场	晚餐：社会餐厅100元/人，地接社代订含软饮和红酒	

考核二：跟着大师学带团（学习视频，将导游大师讲的服务准备技巧梳理出来写入下表，并拍摄学习心得视频上传到学习平台）。

服务准备

序号	服务准备技巧

考核标准

序号	考核细分项目	细分标准	分值	得分
1	课前准备	讨论回答	15	
2	技能考核一	语言表达	55	
		技能操作		
		展示效果		
		完成时间		
		技能操作		
		展示效果		
		完成时间		
4	技能考核二	按照考核要求完成任务	30	
总分				

考核汇总表

组别				
小组自评				
小组互评				
教师评价				
企业导师评价				
总分				

备注：小组自评10%，小组互评10%，教师评价40%，企业导师评价40%。

任务二　首站接团

课前准备

查阅书籍资料，结合微课视频，分析入境接待首站接团工作包括哪些方面。

首站接团工作

序号	名称	内容

时间安排

（1）任务介绍 5 分钟。

（2）任务分析 5 分钟。

（3）教师导学 25 分钟。

（4）学生实训 40 分钟。

（5）总结评价 5 分钟。

任务介绍

经过认真准备，文文已经全面熟悉了接待计划中的行程安排，落实了每个环节的相关事宜。明天，文文就要和司机一起到机场接旅游团了，她心里有点忐忑：虽然自己已经认真研究了旅游团每位外宾的个人情况，但不知道外宾性格怎样，万一自己在接团过程中没有把握好细节该怎么办？

首站接团，文文该如何争取给外宾留下一个良好的"第一印象"？

任务分析

首站接团工作在整个入境接待服务工作中至关重要，文文与外宾初次见面，应尽可能地给外宾留下"准时、优雅、礼貌"的好印象，其服务质量的好坏直接影响后续的工作。

文文的入境接待首站接团工作可分为五个部分：

提前抵达站点 → 引导外宾上车 → 处理突发状况 → 首次沿途讲解 → 核对护照信息

一、任务目标

（1）素质目标：树立不卑不亢、一视同仁的服务意识。

（2）知识目标：掌握入境接待首站接团工作的内容、流程和注意事项。

（3）技能目标：能根据工作要求独立进行入境接待首站接团工作。

二、任务重点

掌握入境接待首站接团工作的内容和流程。

三、任务难点

能根据接待计划的要求独立完成首站接团工作。

任务实施

第一步：机场接站

（一）出发前检查车况

全陪在首站接团出发前，应督促地陪和司机认真检查车辆是否符合接待标准，确认车上的卫生、空调和麦克风状况，确保车况良好。

（二）提前抵达接站地点

是否守时是外宾衡量导游工作态度和工作能力的重要依据。因此，全陪在接站的时候一定要提前抵达接站地点（通常提前 30 分钟），千万不能出现迟到的情况。如果有突发状况（如司机弄错接站机场／航站楼、接站车辆出现故障等），提前抵达接站地点可以给导游留有补救的时间。

立德专栏

小徐毕业后到旅行社从事入境接待导游工作。这天，他要接待一个德国旅游团。7：30，他就骑上自行车去接站地点，因为旅游团 8：00 到达。小徐想："从家里到车站骑车 20 分钟就到了，应该不会迟到。"然而，当经过铁路道口时开来一列火车把他挡住了。待列车开过去时，整个道口已挤得密密麻麻，因为大家都急着赶时间去上班，自行车、汽车全都没有了秩序。越没有秩序，就越混乱，待交通警察赶来将道口疏通，已经过了 8：00。10 多分钟后，小徐才到车站。这时，离原定接站时间已晚了 10 多分钟，只见等候在大厅里的那些德国旅游者个个脸露不悦，领队更是怒气冲冲，走到小徐面前伸出左手指着手表，意思是说："现在几点了？"

作为入境接待导游，熟悉各个国家或地区的风俗习惯是非常有必要的。

德国旅游者的时间观念可以说是世界上最强的，讲好的接站时间，绝对会一秒不晚地准时在指定地点集合。这时，如果导游迟到了，导游在他们心目中的形象就会大打折扣，即使导游后面的工作非常出色，也难以弥补。

小徐若知道德国人的这种惜时如金的性格特点，就会把赶往车站的时间再提前些，这样也就不会迟到。当然，作为入境接待导游，不仅是接待德国旅游者，而且在接待任何旅游团时都要守时，绝不能迟到，这是导游从业人员起码的职业素养。

（改编资料来源：接待外国团队业务案例［EB/OL］.（2018-06-26）［2023-03-05］.爱问共享资料.）

（三）持接站牌等候外宾

（1）接机时，全陪应穿戴整洁、干净大方，佩戴境外组团社特定的全陪牌。注意不要抽烟，站在醒目的位置高举带有组团社 LOGO 的特定接机牌。

（2）如果是大型团队，为了保证接待工作顺利进行，可能将团队分解为多个小团，名牌上面要打出团号和组团社的 LOGO。全陪要督促各位首站地陪对号入座，找到自己的目标小团队，与领队或团队代表对接。

（3）如果接待的旅游团没有领队，全陪要在接站的时候举境外组团社指定的接机牌，或者打出写有外宾姓名的名牌。名牌上面要使用恰当的称呼，可以把外宾的头衔和名字一起打印出来，也可以只打印外宾的名字，这样直呼其名的方式会让外宾觉得非常亲切。

（4）全陪接到团队后，亲切地与外宾握手（握手时注意目光交流），把握第一时间与外宾熟悉，并检查外宾的行李标签上是否署名，行李是否破损。

（5）告知外宾机场的卫生间位置和当地气温，询问外宾是否需要更换衣物。如果直接去参观而不是住酒店，提醒外宾可以将旅行箱中的照相机、摄像机等参观需要的物品取出。

（6）提醒外宾机场的外币兑换处通常会收取较高的手续费，外币兑换可以在酒店或是市内的银行办理。

（7）入境机场通常还有国内电话卡、上网卡售卖，如果有外宾需要购买，全陪可以协助办理，向外宾讲清楚收费标准和使用范围。

（8）不同车次情况的处理。

全陪在接待相同团号但乘坐不同班次交通工具抵达的外宾时，应该按照组团社提供的服务标准来进行安排，不应根据抵达间隔时间来安排。

①如遇相同团号但不同车次（航班）到达，组团社没有安排不同车次（航班）的车辆接送服务，全陪应该提前在接待地点找到给第一批外宾集中休息和等待的地方，等待第二批外宾到达后集合一起前往酒店。

②如果组团社为外宾安排了不同车次（航班）抵达的车辆接送服务，愿意按照抵达时间不同，分批次为外宾提供送往酒店的服务，全陪和地陪应当配合协商，由一个人送第一批外宾回酒店，另外一个人在机场继续等待后续班次的外宾。

第二步：引导外宾上车

（一）确认外宾已到齐

确认所有外宾都已到齐，且所有外宾都拿到自己的托运行李并交接妥当之后，全陪同地陪一起引导外宾前往停车场上车。上车后，全陪坐在司机的后面，便于与地陪、司机进行沟通。

（二）协助搬运行李

（1）外宾的行李一般都比较大、比较多，因此，在接站时，旅行社要安排专门的行李队跟全陪一起接站，协助外宾搬运行李，在旅行社的报价中通常包含这一项。但行李员接待的团队较多，为了保证本团队外宾行李的安全，全陪需要协助行李员。

（2）需要提前为该团的外宾行李做好明显的识别标志，比如统一颜色的行李带、行李牌，以方便与其他团队区分识别。

（3）全陪与领队、外宾一起确认好行李数量，查看行李有无破损后，再交到行李员的手里。

行李的数量及送往地点，都需要一一和行李员落实、签字。

第三步：处理突发状况

（一）个别外宾许久未出站的处理

一般情况下，入境外宾通关出站会比国内航班花费更多时间。如果是北京、上海、广州、香港等大型机场，出站会在一小时左右。西安、成都等省会机场出站也要40分钟左右。头等舱和公务舱的外宾有专门通道会快一些，经济舱的外宾要慢一些。但如果大部分外宾都出站了，并且飞机落地超过了一个小时还没看到个别外宾，就需要全陪做相应的处理了。

（1）全陪应该前往入境航班在机场的航空公司柜台，提供外宾的姓名和航班号（个别航空公司要求出示护照影印件），查询该外宾是否在出发地登机。

（2）如果外宾未能登机，则立即联系国内接待社，请他们向境外组团社询问具体情况。

（3）如果外宾已经登机，则很有可能是托运行李的问题，需要麻烦航空公司柜台转告行李查询处，请他们通知相关旅游者，旅游团已经在出口等候，并留下自己的手机号码，以便机场人员电话联系。全陪应积极从中协调翻译，尽量缩短团队其他外宾在机场滞留的时间。

（二）行李丢失的处理

（1）一般情况下，外宾以游轮或火车为交通工具时，如果抵达时出现大件行李丢失，通常可能只是与其他旅游团队的行李混淆，可以通过行李队查找并及时送还。

（2）如果外宾乘坐飞机抵达某某站，发现行李丢失，全陪应做好以下几件事情：

①全陪需陪同外宾与航空公司的客服进行沟通，告知航空公司外宾丢失行李的辨识要点（如形状、颜色、质地和大小尺寸等），由航空公司做出记录后双方各执一份。

②全陪与航空公司互相留下联系方式，方便后续及时跟进行李查找结果。

③全陪需要根据旅游团的行程安排与航空公司约定找到行李后交接的地点。例如外宾是从外地来到重庆登船游览三峡，如果航程终点是宜昌，可约定在宜昌交接丢失的行李。外宾可以在宜昌乘坐下一程飞机之前拿回自己的行李。

（3）为了体现优质服务，尽量避免外宾生活的不便，全陪应给予外宾适当的帮助，如代为外宾购买生活必需品等。

（三）行李破损的处理

当外宾的托运行李出现破损时，航空公司通常为外宾提供行李置换或赔偿的处理方式。

（1）行李置换。如果外宾没有异议，可领取一个航空公司备份的行李箱包。

（2）如果外宾不接受置换建议，则根据航空公司给出的有限赔偿金额予以赔偿。

（3）个别外宾的旅行箱比较贵，他们通常会购买旅行行李保险。当外宾的行李破损时，需要机场行李处或承运航空公司出具一份行李破损证明。

第四步：首次沿途讲解

（一）首次沿途讲解内容

接机当天全陪要先作简要的自我介绍（着重介绍自己的强项及工作经验），同时向外宾介绍地陪和司机（如果全陪与地陪合二为一，即全陪兼任首站地陪，则由全陪直接进行沿途讲解；如果既有全陪也有地陪，全陪首先致辞，代表中国的旅行社热烈欢迎全体外宾的到来，衷心预祝他们的旅行圆满成功），然后由地陪进行首次沿途讲解。

（1）如果因客观原因造成行程变化，全陪应第一时间告知领导和外宾。

（2）全陪应介绍在中国旅游期间的注意事项（包括旅行期间注意人身和财产安全、尊重中国的政策法令和民俗风情），还要说明各个时段的主要旅游亮点。

（3）对于可能遇到的困难，还要借用外语名言进行必要的心理建设，让全体外宾有一定的思想准备。

（二）入境第一站沿途讲解

如果是入境第一站，在机场前往酒店的路上，全陪可以先从当天的行程安排开始介绍，然后再整体介绍我国的相关情况，如我国的国家体制、行政区划、56个民族、农业工业科技、经济贸易货币、国旗国徽国歌、"南甜北咸西辣东酸"的饮食文化等。

（三）非入境第一站沿途讲解

如果该站不是外宾入境第一站城市，在从机场前往酒店的途中，全陪应督促和鼓励地方导游做好沿途讲解。主要包括介绍该城市的历史沿革、概况、途中主要建筑物、人文习俗、景物风貌等。

第五步：核对护照信息

当话筒交给地陪讲解后，全陪应主动收外宾的护照，核对外宾护照号码是否与自己所持接待计划书上所列的信息一致。如果出现外宾姓名拼写、护照号有误的情况，需要立即告知国内接待社相关部门，并通知订房和订交通票的部门进行更改。

✎ 技能考核

考核一：以小组为单位，利用本节课所学知识完成两个情景剧，然后分小组展示汇报准备内容。

　　剧情安排1：文文与司机一起到机场接来自澳大利亚的一个外宾旅游团。接到旅游团后，领队告知她有位外宾在行李领取处没有找到自己的行李，有可能丢失了。作为全陪，文文应如何妥善处理本次突发状况？

　　剧情安排2：文文作为一名重庆旅行社派出的全陪导游，即将接待一个从美国来的旅游团，并带领该旅游团在中国进行为期20天的旅游。在重庆江北机场接到外宾后，文文带领外宾乘坐旅游大巴去酒店办理入住手续。在车上，文文向外宾进行首次沿途讲解。

　　考核二：跟着大师学带团（学习视频，将导游大师讲的处理行李丢失的技巧梳理出来写入下表，并拍摄学习心得视频上传到学习平台）。

首站服务

序号	处理行李丢失的技巧

📝 考核标准

序号	考核细分项目	细分标准	分值	得分
1	课前准备	讨论回答	15	
2	技能考核一	语言表达	55	
		技能操作		
		展示效果		
		完成时间		
		技能操作		
		展示效果		
		完成时间		
3	技能考核二	按照考核要求完成任务	30	
总分				

考核汇总表

组别					
小组自评					
小组互评					
教师评价					
企业导师评价					
总分					

备注：小组自评 10%，小组互评 10%，教师评价 40%，企业导师评价 40%。

任务三 核对日程

课前准备

查阅书籍资料，结合微课视频，分析入境接待核对日程工作包括哪些方面。

核对日程
工作

序号	名称	内容

时间安排

（1）任务介绍 5 分钟。

（2）任务分析 5 分钟。

（3）教师导学 25 分钟。

（4）学生实训 40 分钟。

（5）总结评价 5 分钟。

任务介绍

文文带领旅游团抵达丽江后，在机场与丽江的地陪小许顺利会合。在等待外宾去卫生间时，文文和小许核对了丽江 5 天的行程，发现第二天的日程安排有两点不同。因此，文文和小许商量等带领外宾办完入住手续后，在酒店大厅再认真核对一遍行程。

当自己手中的行程计划和地陪手中的行程计划不同时，文文应该如何处理？

✎ 任务分析

旅游接待计划对导游的服务内容和服务等级都做出了明确规定，让全陪、领队和地陪在工作中"有章可循""有法可依"。接待计划的内容早已确定，一般不会出现重大的分歧。虽然现在沟通联络非常便利，但难免因未能及时传达与沟通，全陪手中的接待计划与领队、地陪持有的接待计划之间可能会出现差异。加上"计划没有变化快"，所以，由全陪、领队和地陪三方核对商定日程不仅是一种礼貌，也是必需的工作流程。

文文在和小许核对商定日程时，有三个方面的工作要做：

把握立场原则　➡　掌握工作流程　➡　处理发现问题

一、任务目标

（1）素质目标：树立团结协作、顾全大局的意识。
（2）知识目标：掌握入境接待核对商定日程工作的内容、流程和注意事项。
（3）能力目标：能根据工作要求独立完成入境接待核对商定日程工作。

二、任务重点

掌握入境接待核对商定日程工作的内容和流程。

三、任务难点

能及时妥善处理好核对商定日程工作中发现的问题。

✎ 任务实施

第一步：把握原则

（一）避免大变动的原则

全陪在核对商定日程时，应尽量避免大的变动。原则上应完全按照接待计划进行，如遇特殊情况，需要请示旅行社后再做大的调整。

（二）"为外宾争取合理权利"的立场原则

全陪应向外宾明示自己是"境外组团社委托的国内接待社"的代表。全陪的任务是沟通各站，监督协助各地接旅行社保质保量完成接待计划。全陪应站在外宾的角度考虑问题，为外宾争取合理的权利。

（三）"提前沟通，及时应对，就地解决"的原则

"提前沟通"是指有经验的全陪往往能够"一叶知秋"，敏锐地察觉出容易出问题的环节。比如旅游旺季特别是国际摄影节期间，平遥古城的客房和软卧火车票容易出问题，常常要将外宾送到太原乘车，甚至用旅行车长途送至西安；又比如枯水季节的三峡游船到不了重庆，要在丰都上船。这样大的调整不能等出现问题了再去应对调整，而是要在接团前就尽早沟通落实，提出合理的应急预案和解决方法，在外宾入境的第一时间提供给领队选择和参考。这样才能让外宾感受到作为全陪的专业性和"一切尽在掌握"的可靠性。这些知识没法靠书本学，除靠自己实践积累外，多请教熟悉线路的前辈全陪、老前辈是一条捷径。

"及时应对"指的是当出现了意外或是不可抗力因素导致行程需做大的调整时，全陪要对外宾的指责、抱怨、担心等情绪作出积极的回应，主动提出解决方法或改善的建议。并及时地向领队/外宾告知进展情况，让外方领队和外宾看到全陪的努力。靠谱的过程往往比最终的结果更能打动外宾。

"就地解决"指的是出现了问题和行程变动，最好能够在当地就解决，负面影响需要在当地消化。一方面，其他地区没有弥补损失的义务和资金；另一方面，还有可能影响到其他地区的正常接待，引起连锁的问题。

立德专栏

　　导游雷先生接待了一个20多人的德国旅游团。游客年龄在40~50岁，他们都非常喜欢中国的传统文化。由于雷先生比较了解德国游客的习惯，因此，他在旅游活动前与领队认真讨论了活动日程，尽量不改变计划上的安排。

　　第二天，从饭店出发前，外宾们很守时地在大厅内集合，没有人迟到。在游览过程中也没有人掉队或延误时间。

　　在接待中雷先生发现，外宾注重礼节，办事认真，但不死板。对雷先生的讲解，他们总是认真听讲，精彩之处还报以热烈的掌声，这极大地鼓舞了雷先生，所以他更积极地解答外宾提出的有关中国国内生活的问题。他组织大家表演节目，还请一位先生为大家高歌一曲，使车内的气氛达到了高潮。

　　一天的活动结束后，大家略感疲劳，但对活动的安排很满意，纷纷对雷先生的接待服务表达了谢意。

　　德国人守时守信，办事认真，讲效率。因此，雷先生的接待工作严格按照接待计划进行得十分顺利。导游在接待时应注意这一点，不要轻易改变旅游计划，不拖延游客的时间，也不要轻易向游客承诺，承诺的事情就一定要办到。

　　（改编资料来源：接待外国团队业务案例．［EB/OL］．（2018—06—26）［2022—08—25］.爱问共享资料．）

第二步：掌握工作流程

领队所持的行程单通常是在网上下载打印的，全陪收到的行程单通常是在团队入境前组团社寄送的盖有鲜章的纸质行程计划书，而地陪手里的行程单往往是团队抵达当地前几天地接社给出的最新行程变化。从时效性来说，地陪的行程计划是最新的；而从法律上讲，外宾和领队的行程单最具法律意义。所以，当全陪核对行程发现双方有不同的行程安排时，应在保证外宾利益最大化这个前提之下进行协商处理。

（1）全陪将自己持有的日程安排与地陪进行核对，当出现不同时，全陪应首先核对日程计划的时效性，也就是说看变更的日程计划是什么时候发出的（通常国内接待社会在旺季针对团队有第一次变更、第二次变更）。一般以国内接待社的最新一次变更计划为准，并参考领队和全陪的意见。

（2）如果变动较小，无须增加额外费用，且在外宾能够接受的范围之内的，全陪可与地陪协商自行调整。

（3）若全陪手中的日程安排与地陪的日程安排有较大不同或者重大改变时，应立即联系组团社相关人员进行核实，然后根据旅行社的安排，找出最佳的替代解决方案。如果由客观原因导致行程变化，全陪则要及时请示组团社，根据组团社的决定进行处理。

（4）如领队提一些计划外或有较大变动的提议，应立即反馈给组团社，并尽快答复领队。如果领队和外宾坚持，又没有特殊理由，全陪应尽量与领队和外宾沟通，按照原定计划进行。

（5）详细日程核定后，由全陪或地陪向全团宣布。

第三步：处理发现问题

（一）客观原因导致的问题处理

全陪在与地陪核对日程时，如果由客观原因导致日程变化，双方应尽快商量确定具体的日程安排并报旅行社审批。如一个入境旅游团原定计划是要在重庆参观完之后，直接乘坐游轮参观壮丽的长江三峡，但由于水位下降，登船地点由重庆改为丰都。一方面，全陪要尽快将相关情况上报给旅行社，请旅行社安排车辆送外宾到丰都登船；另一方面，全陪还要做好外宾的解释、安抚工作，并与地陪一起提供更周到的服务，尽量用优质服务赢得外宾的理解。

（二）主观原因导致的问题处理

在实际操作中，地接社为了节约交通成本，会反复改变外宾的航班时间。如果计调人员粗心大意，没有将改变后的航班通知组团社，就会导致全陪所持接待计划与地陪的不一致。遇到这种情况，全陪应尽快联系组团社，确认具体原因，待组团社与地接社商定处理方案后，按照方案执行。

✍ 技能考核

考核一：以小组为单位，利用本节课所学知识完成两个情景剧，然后分小组展示汇报准备内容。

剧情安排1：在与尼日利亚的旅游团领队核对日程中，作为全陪的文文发现，在第三天的行程安排中，晚上住宿酒店的名称不一样，文文需要尽快处理此事。

剧情安排2：文文作为全陪带领一个英国旅游团在山西旅游，在日程最后一天的早上，收到航空公司关于当天晚上飞机延误的通知。文文需要尽快与领队和地陪商定当天的行程。

考核二：跟着大师学带团（学习视频，将导游大师讲的核定日程的注意事

核定日程

项梳理出来写入下表，并拍摄学习心得视频上传到学习平台）。

序号	核定日程的注意事项

✎ 考核标准

序号	考核细分项目	细分标准	分值	得分
1	课前准备	讨论回答	15	
2	技能考核一	语言表达	55	
		技能操作		
		展示效果		
		完成时间		
		技能操作		
		展示效果		
		完成时间		
3	技能考核二	按照考核要求完成任务	30	
总分				

✎ 考核汇总表

组别				
小组自评				
小组互评				
教师评价				
企业导师评价				
总分				

备注：小组自评 10%，小组互评 10%，教师评价 40%，企业导师评价 40%。

任务四　住宿服务

课前准备

住宿服务
工作

查阅书籍资料，结合微课视频，分析入境接待住宿服务工作包括哪些方面。

序号	名称	内容

时间安排

（1）任务介绍 5 分钟。

（2）任务分析 5 分钟。

（3）教师导学 25 分钟。

（4）学生实训 40 分钟。

（5）总结评价 5 分钟。

任务介绍

在顺利完成一天的游览行程后，旅游团在预订时间抵达即将下榻的酒店。酒店前台服务员正在为团队办理入住手续。此时，有位外宾过来询问文文，酒店是否有健身中心，他想去锻炼身体。作为全陪，文文该如何提供令外宾满意的住宿服务？

任务分析

住宿服务是入境接待工作中非常重要的一部分。外宾经过长途旅行或一天的游览后较为疲惫，如果可以尽快办妥入住手续，顺利进入客房休息，能够提高外宾对整个行程的满意度。

文文应从以下五个方面做好入境接待住宿服务工作：

办理手续　➡　分配房间　➡　行李进房　➡　安全服务　➡　问题处理

一、任务目标

（1）素质目标：树立耐心、贴心的服务态度。

（2）知识目标：掌握入境接待住宿服务工作的内容、流程和注意事项。

（3）能力目标：能根据工作要求独立进行入境接待住宿服务工作。

二、任务重点

掌握入境接待住宿服务工作的内容和流程。

三、任务难点

能及时处理好住宿服务工作中发现的问题。

任务实施

第一步：办理入住手续

（1）提醒地陪与酒店确认团队房间的预订信息。如确定何时房间能够入住、预留大客车停车位、落实客房楼层和朝向等关键信息。

（2）全陪协助领队准备好旅游团的团名、名单、外宾的证件等酒店办理入住手续需要的证件和资料。全陪或地陪可以提前电话告知酒店前台旅游团抵达的时间，请酒店前台做好房间和房卡准备，以缩短团队进店后的等候时间。

（3）通常情况下，外方预订的酒店由领队办理入住手续。国内组团社预订的酒店则由全陪办理入住手续。如果是地接社代订房，则由地陪办理入住手续。简言之，预订方清楚预订细节，负责办理入住手续。

（4）分房前，地陪向外宾介绍酒店的设施（如电梯、餐厅、商务中心、货币兑换处、客房间电话拨号方式、Mini-Bar 等），提醒外宾酒店的饮料较贵，可向外宾介绍酒店附近的超市等。还应将酒店的 Wi-Fi 登录方式、总台的电话号码告知外宾。

（5）全陪要详尽了解并向外宾介绍酒店对于住店外宾外币兑换规定（例如是中国银行的外币兑换机还是前台人工兑换，当日汇率，每间房兑换限额等），酒店对于吸烟区的相关规定，早餐餐厅的位置和营业时间，酒店洗衣服务的收取时间和价格（特别对于非英语国家的外宾，最好简单解释一下洗衣单上的项目，比如干洗、湿洗、烘干和单熨烫等，避免外宾送洗之后收到一堆熨烫平整的脏衣服）。对于夏季来华的亲子团，全陪还要告知外宾酒店内游泳池的营业时间及相关规定，例如凭房卡签单使用、必须戴泳帽、储物柜需付费使用等。

立德专栏

　　　　导游小吕接待了一个 10 多人的法国旅游团。团内有一位男旅游者的妈妈是中国人，他对中餐和中国的风土人情都比较熟悉，中文也说得很不错。他在入住酒店的第一天就要求小吕为其介绍酒店周边可以参观的美术馆、博物馆，并请小吕推荐酒店周边的特色中餐。

　　　　小吕便就外宾所关心的内容"借题发挥"。不论时事政治、经济发展、城市建筑，还是人民生活、风土人情、服装设计、化妆美容，无所不谈，其贴心的工作态度赢得了旅游者的一致好评。

　　　　耐心贴心的工作态度是入境接待导游应具备的职业素养。

　　　　（改编资料来源：接待外国团队业务案例［EB/OL］.（2018–06–26）［2022–08–25］.爱问共享资料.）

第二步：分配房间

（1）入住手续办妥后，由领队根据准备好的分房名单分配房卡。

（2）如果几个团队同时到达酒店，可安排外宾先到大堂的沙发处就座。提醒外宾酒店名片的作用（以防走失时可自行打车返回酒店），告诉外宾行李由酒店的行李员负责送上房间，当着外宾的面将小费交给行李员，并宣布集合时间地点、叫早时间、早餐时间和地点、出发时间等事宜。

（3）全陪要掌握全团分房名单，了解每位外宾的房间号码，以便有紧急情况时可以联系到所有外宾。

（4）全陪要与领队和地陪互通各自房号，以便联系。

（5）在抵达酒店前或外宾拿到房卡后，全陪要提醒外宾住店期间注意安全，并建议外宾将贵重物品存放在酒店前台或房内保险柜中。

（6）全陪应将自己的房号告知外宾，以便紧急情况时外宾可以联系到全陪。

（7）房卡发放完后，应告知外宾全陪将在大堂等候 15 分钟，如客房有问题，可联系全陪及时解决。

第三步：照顾行李进房

（1）外宾进入房间后，全陪应主动帮助行李员核对分配行李房间号，督促酒店行李部及时将外宾的行李送到房间。全陪应巡视外宾住房情况，询问他们是否都拿到了各自的行李、是否对房间设施有疑问，比如空调、电视遥控器、面盆水漏的开启方式，床头总控开关等现代化设备的使用方法。

（2）如果有的外宾还未拿到行李，全陪应与地陪和酒店行李部一起迅速查找或进行处理。

第四步：安全生活服务

（一）安全服务

（1）全陪要向外宾简明介绍酒店周边环境情况，如便利小超市、水果店、附近的公园、地铁站等，提醒外宾不要到环境复杂的地方。

（2）全陪应提醒外宾外出时带上该酒店的名片，因为有些品牌的连锁酒店在一个城市中不止一家（例如 Holiday Inn 系列），当出现司机对酒店的英文名称不熟悉的情况时，外宾可将酒店的名片拿给司机看，确保不会弄错酒店。

（3）在宣布第二天行程安排时，全陪要提醒外宾游览时的注意事项，如适合的鞋子、服装、应带的必要物品等细节问题。

（二）生活服务

（1）早餐时，全陪应提前到达餐厅帮助外宾找到咖啡机、吐司烤箱和煎鸡蛋的位置。

（2）在旅游旺季还需要提前为团队外宾预留餐桌，摆上带有团队标识的预留牌。为外宾解释某些中式菜品，如皮蛋、豆腐乳、豆汁儿等。

（3）在离店当天，全陪应清点外宾的行李，并提醒外宾检查自己的行李是否已贴标签和上锁。在离店前应提醒外宾勿把物品忘在酒店，特别是护照和信用卡。

第五步：处理住店期间出现的问题

（一）旅游过程中外宾行李丢失的处理

1. 行李丢失的原因

（1）本团旅游者误拿。

（2）酒店行李员送错了房间。

（3）旅行社行李员与酒店行李员交接时有误。

（4）在运送行李途中丢失。

2. 行李丢失的处理流程

（1）通常情况下，全陪在机场（车站、码头）与地接社行李队都有交接，确认了行李件数和运送地点。发生行李丢失事故后，全陪与地陪、领队一起先在本团内寻找，并同时询问地接社行李队。

（2）如果不是以上原因，应立即与酒店行李部取得联系，请其设法查找。如果仍找不到行李，由地陪马上向接待社领导或有关部门汇报，请其派人向旅行社行李员了解有关情况，设法查找。

（3）全陪应主动关心失主，对因丢失行李给失主带来的诸多不便表示歉意，并积极帮助其解决因行李丢失而带来的生活方面的困难。

（4）随时与有关方面联系，询问查找进展情况。

（5）若行李找回，及时将找回的行李归还失主。若确定行李已丢失，由责任方负责人出面向失主说明情况，并表示歉意。

（6）帮助失主根据相关规定或惯例向有关部门或责任人索赔，做好善后工作。

（7）事后写出书面报告，详细汇报事情处理过程。

（二）调换房间的处理

1. 调换房间的原因

（1）为客人安排了吸烟房，或是房间有异味。

（2）为客人安排了临街的房间，晚间窗外有夜食或是大排档，比较吵。

（3）房间设备设施原因，如房间卫生设施下水道有问题、空调暖气出问题、房间里空调的噪声维修后仍然无法消除等。

（4）相邻团队的房间比较吵，或是有晚到早起的情况，如夏令营团、航空公司的空乘人员包房等。

（5）房间附近有工地或房间在游船上靠近发动机的尾部区域。

2. 调换房间的处理

（1）如果在旅游淡季，酒店入住率不高，尽量调换同一楼层与团队其他房间相邻的正常客房。

（2）如果理想的客房已有其他外宾入住，也应该要求酒店调换符合要求的同档次正常客房。可以让外宾先去看房，满意之后请外宾将贵重物品拿去新的客房，其他行李物品可以让行李部负责送到新客房。

（3）如果在旅游旺季，同价位客房已经售空，应该联系酒店销售部经理，酌情为外宾免费升级到高档次的套房或商务楼层房间。

（4）如客房确实存在问题而无法调换房间时，全陪可以提供自己的全陪房或领队房作为选项。也可让酒店以提供果盘、免费洗衣服务或者赠送酒吧酒水抵扣券等方式对外宾进行补偿。

3. 事后书面报告

在全陪工作过程中出现需要调换房间的问题后，无论问题是否得到妥善解决，全陪都应将相关情况（特别是房号）书面报告给组团社，以避免后面的系列团再次遇到类似的情况。

🖊 技能考核

考核一：以小组为单位，利用本节课所学知识完成两个情景剧，然后分小组展示汇报准备内容。

剧情安排1：文文作为一名全陪，带领来自美国的一个旅游团到广西桂林旅游。到酒店后，文文协助领队和地陪办理入住手续。

剧情安排2：外宾要使用酒店房间的电话给远在美国的好朋友拨打电话，文文作为全陪为外宾介绍具体的操作方法、收费标准及结算方式。

考核二：跟着大师学带团（学习视频，将导游大师讲的住宿服务技巧梳理出来写入下表，并拍摄学习心得视频上传到学习平台）。

住宿服务

序号	住宿服务技巧

✎ 考核标准

序号	考核细分项目	细分标准	分值	得分
1	课前准备	讨论回答	15	
2	技能考核一	语言表达	55	
		技能操作		
		展示效果		
		完成时间		
		技能操作		
		展示效果		
		完成时间		
3	技能考核二	按照考核要求完成任务	30	
总分				

✎ 考核汇总表

组别				
小组自评				
小组互评				
教师评价				
企业导师评价				
总分				

备注：小组自评 10%，小组互评 10%，教师评价 40%，企业导师评价 40%。

任务五　沿途各站服务

课前准备

查阅书籍资料，结合微课视频，分析入境接待沿途各站服务工作包括哪些方面。

沿途各站
服务工作

序号	名称	内容

时间安排

（1）任务介绍 5 分钟。

（2）任务分析 5 分钟。

（3）教师导学 25 分钟。

（4）学生实训 40 分钟。

（5）总结评价 5 分钟。

任务介绍

得益于充分的服务准备工作，文文顺利完成了首站接团并给外宾留下了一个非常好的"第一印象"。但在行程第三站重庆的旅游接待过程中，因为地陪的讲解能力太差，领队提出更换地陪的要求。在旅行社经理亲自处理、重新选派一名地陪之后，旅游团顺利完成了重庆所有的游览项目。经过这件事情，文文觉得，虽然全陪不用讲解太多，但工作压力还是很大，工作难度也不小。

那么，文文如何在工作过程中与各站地陪和司机配合好，做好自己的本职工作？

任务分析

文文要做好各站间的联络工作，架起联络沟通的桥梁。根据职责分工，地陪负责旅游团在旅游目的地的食、住、行、游、购、娱的具体安排。文文的职责除了负责沟通联络各站、向下一站通报上一站的相关情况，还要督查各站的地陪是否严格按照接待计划的安排履行职责。除此之外，她还要做好两站之间的沿途讲解服务，并妥善处理个别外宾遇到的突发状况，使旅游团的行程可以顺畅进行。

文文需要从以下四个方面为外宾做好入境接待沿途各站服务工作：

联络协调各站 → 途中讲解服务 → 督查服务质量 → 处理突发状况

一、任务目标

（1）素质目标：树立精益求精的岗位责任意识。

（2）知识目标：掌握入境接待沿途各站服务工作的内容和注意事项。

（3）能力目标：能根据工作要求独立完成入境接待沿途各站服务工作。

二、任务重点

掌握入境接待沿途各站服务工作的内容和注意事项。

三、任务难点

能根据接待计划的要求独立完成入境接待沿途各站服务工作。

任务实施

第一步：联络协调各站

（一）做好与各站地陪的联络

如果首站是和地陪一同接待外宾，为体现出对地陪的尊重，一般情况下，全陪不会联络司机，而是提醒地陪联系司机，将团队的要求告知司机。

（二）做好上、下站之间的联络工作

（1）提前与地接社联系，落实各地的车辆安排。

（2）抵达每个城市前，须与地陪确认计划行程，以防不必要的疏漏。

（3）全陪有责任及时将上一站的情况通报给下一站的地陪（如在上一站中外宾提出的需求、上一站出现的问题等），为下一站的工作安排提供参考。

（4）当实际行程和计划有出入时，全陪要及时通知下一站，以便下一站及时进行相应调整。

第二步：途中讲解服务

虽然全陪的主要职责不是导游讲解，但在两站之间，尤其是在长途汽车或火车上，全陪也要为外宾提供讲解服务，为下一步地陪在主景区的讲解做好必要的铺垫。

（一）讲解目的地概况

全陪应对目的地的历史、社会、经济、文化等概况做介绍，并简要介绍游览景区的特色亮点，引起外宾的游兴。如全陪带领外宾从重庆主城区前往大足石刻景区参观的 2 小时车程中，全陪可以简要介绍重庆及西南地区的行政区划及风土民情，介绍大足石刻与敦煌、云冈、龙门石窟之间的区域差异和传承关系，引导外宾从大足石刻的世俗化、生活化、中国化等特征，看佛教传入中国的地理路径和渐进过程，凸显大足石刻是我国晚期石窟艺术的杰出代表，激发外宾对这一公元 9—13 世纪全世界最伟大石窟艺术作品的浓厚兴趣。

（二）各站补充性讲解

（1）全陪要熟悉各个城市的景点，在地陪讲解不够详尽时，给外宾做必要的补充。遇到讲解水平较差的地陪，全陪应及时与地接社和组团社联系，要求更换地陪。

（2）全陪应尽可能地调节好团队的气氛。可在早上给外宾作一个新闻报告（特别是与客源国有关的），或给外宾念一些中国格言和故事，将各个城市景点与外宾熟悉的事件相联系。

（3）提醒地陪讲解完，预留时间给外宾进行提问时，全陪应根据外宾的问题进行补充。在地陪讲解完后，全陪可作总结或以提问的形式与外宾进行互动，以加深外宾对各个景点的印象。

（4）全陪应照顾年纪大的外宾，参观时不要讲得太多而忽略了游览参观和拍照留念的时间。全陪可协助地陪引导外宾去体验景点中的特别之处，并提醒地陪不要走得太快，把握好讲解的语速、节奏。对于走得比较慢的外宾，全陪可以在必要时给予补充讲解。全陪应时刻与外宾一起，以便解决外宾遇到的各种问题。

（5）讲解中，若发现外宾有不满情绪，全陪要站在组团社的立场上及时解决问题，避免把问题拖至旅行结束，甚至带回客源国。

（三）讲解出境携带物品相关规定知识

购物是旅游的六大要素之一。对大多数外宾来说，购买一些具有中国特色的旅游纪念品是来华旅游的一项重要活动。导游协助外宾购买当地的名特产品，对促进地方经济发展很有必要，也是导游服务的一项重要工作。但全陪必须为外宾讲清楚我国关于出境携带物品的相关规定，以防外宾在旅游过程中购买的物品无法携带出境。

拓 展 知 识

1. 部分限制出境物品

（1）烟酒

我国港、澳地区的外宾（包括港、澳外宾和内地因私前往港、澳地区探亲和旅游的外宾），免税烟草制品限量：香烟 200 支或雪茄 50 支或烟丝 250 克；免税 12 度以上酒精饮料限量：酒 1 瓶（不超过 0.75 升）。

当天往返或短期内多次来往港、澳地区的外宾，免税烟草制品限量：香烟 40 支或雪茄 5 支或烟丝 40 克；免税 12 度以上酒精饮料限量：不准免税带进。

其他入境外宾，免税烟草制品限量：香烟 400 支或雪茄 100 支或烟丝 500 克；免税 12 度以上酒精饮料限量：酒 2 瓶（不超过 1.5 升）。

禁止未满 16 周岁的外宾携带烟酒。

（2）旅行自用物品

非居民外宾及持有前往国家或地区再入境签证的居民外宾携带旅行自用物品照相机、便携式收录音机、小型摄像机、手提式摄像机、手提式文字处理机每种一件。超出范围的或单价超过 5000 元人民币的物品，需向海关如实申报，并办理有关手续。经海关放行的旅行自用物品，外宾应在回程时复带出境。

（3）金、银及其制品

带金银及其制品出境时，海关凭原入境时申报单上登记的数量、重量查核放行，入境时未向海关申报登记的，或者超过原入境时申报登记数量、重量的，不允许携带出境。

入境旅客用带进的外汇在中华人民共和国境内购买的金银饰品（包括镶嵌饰品、器皿等新工艺品），在携带、托运、邮寄出境时，海关凭国内经营金银制品的单位开具的"特种发货票"（由中国人民银行统一印制，各地分行分发）查核放行。不能交验"特种发货票"的，不允许携带、邮寄出境。

居住在中华人民共和国境内的中国公民、外国侨民和其他出境旅客因出访、探亲、旅游以及前往国外或者港澳地区工作和学习等理由，携带金银及其制品出境的，每人携带金银的限额为：黄金饰品五市钱（15.625 克），白银饰品五市两（156.25 克）。经海关查验符合规定限额的，准予登记放行；回程时，必须将原物带回。

超出上述规定限额的，必须在出境前持有"携带金银出境许可证"，海关凭该许可证查验放行。不能提供"携带金银出境许可证"的，不允许携带出境。

（4）外汇

外宾携带 5000 美元或等值其他外币入境，必须向海关如实申报；复带出境时，海关凭本次入境申报的数额核放。外宾出境可携带外币现钞数额为不超过等值 5000 美元，外宾携带外币现钞金额等值 5000 美元至 1 万美元出境，海关凭加盖有外汇指定银行印章的"携带证"查验放行。携带超过等值 1 万美元以上的外汇现钞出境，凭国家外汇管理局印发的"携带外汇出境许可证"放行。

（5）人民币

外宾携带人民币现钞进出境，限额 2 万元。超出限额的禁止出境。

（6）文物、字画

中国政府禁止出境珍贵文物及其他禁止出境的文物。珍贵文物是指国家馆藏一级、二级、三级文物；其他禁止出境的文物，指有损国家荣誉、有碍民族团结、在政治上有不良影响的文物；一般文物是指 1795 年（清乾隆六十年）以后的、可以在文物商店出售的文物。

外宾携带出境的文物（含已故现代著名书画家的作品），需经中国文化和旅游行政管理部门鉴定。

携运文物出境时，必须向海关详细申报。对在境内商店购买的文物，海关凭中国文化和旅游部指定的文化行政管理部门钤盖的鉴定标志及文物外销发货票或开具的许可出口证明查验放行。对在境内通过其他途径得到的文物，海关凭中国文化行政管理部门加盖的鉴定标志及开具的出口许可证明查验放行；未经鉴定的文物不允许携带出境。携带文物出境不据实向海关申报的，海关将按规定处理。

（7）中药材、中成药

外宾携带中药材、中成药出境，前往国外的，总值限人民币300元；前往港澳地区的，总值限人民币150元；寄往国外的中药材、中成药，总值限人民币200元；寄往港澳地区的，总值限人民币100元。进境外宾出境时携带用外汇购买的、数量合理的自用中药材、中成药，海关凭有关发货票和外汇兑换证明放行。麝香、蟾酥、虎骨、犀牛角、牛黄等以及超出上述规定限值的中药材、中成药不准出境。

旅客携运出境的行李物品有下列情形之一的，海关暂不予放行：旅客不能当场缴纳进境物品税款的；出境的物品属于许可证件管理的范围，但旅客不能当场提交的；出境物品超出自用合理数量，按规定应当办理货物报关手续或其他海关手续，其尚未办理的；对进出境物品的属性、内容存疑，需要由有关主管部门进行认定、鉴定、验核的；按规定暂不予以放行的其他行李物品。

2. 禁止出境物品

（1）列入禁止进境范围的所有物品。

（2）内容涉及国家秘密的手稿、印刷品、胶卷、照片、唱片、影片、录音带、录像带、激光视盘、计算机存储介质及其他物品。

（3）珍贵文物及其他禁止出境的文物。

（4）濒危的和珍贵的动物、植物（均含标本）及其种子和繁殖材料。

立德专栏

请自行观看"寻找最美导游"上篇，感受导游大师们精益求精的工匠精神。

（资料来源：40名最美导游候选人事迹汇编 1.［EB/OL］.（2015-12-15）［2022-08-26］优酷视频 .）

第三步：途中安全服务

（1）提醒外宾在行车途中全程系好安全带，不随意走动。较重较大的行李最好放置在车的行李舱内，而不是置于座位上方的行李架上，以免滑落砸伤外宾。提醒外宾在睡觉休息时放下座位扶手。

（2）提醒外宾在离车参观，或是晚上回到酒店时，切记别将贵重物品和证件放在旅游车上。

（3）乘坐火车的前一天，全陪应向外宾介绍火车的情况（如卫生、用餐、软卧四人一间等），并提醒外宾一定将自己的行李贴上标签、上锁，贵重物品一定要随身携带，以防丢失。乘飞机时手提行李中勿携带酒瓶和小刀等利器。锂电池不能放置在托运行李中，务必放置在手提行李容易取出的外层，方便安检。

（4）全陪应提醒外宾在火车上注意安全防盗，并在火车抵达每一站时，给外宾作相应的介绍，如特产、景点或外宾所熟悉的事件。

第四步：督查服务质量

（1）全陪应通过自己观察和征询外宾意见，了解和检查各地在交通、住宿、餐饮和地陪服务等方面的服务质量是否符合接待计划要求。若发现有减少规定的游览项目、增加购物次数或降低住宿、餐饮质量标准的情况，要及时向地陪提出改进或补偿意见，必要时向组团社报告，并在"全陪日志"中注明。

（2）提前检查餐厅的菜单，避免各站安排的菜品和饭后水果重复。若餐厅无法提供其他水果，可提前准备一些水果。如果地陪安排的具体活动内容与上几站有明显重复，应建议地陪做必要的调整。

（3）用餐时，全陪应热情地向外宾介绍菜单，特别是各地的特色菜，以及用餐时的注意事项。如发现餐饮质量问题，应及时解决并要求餐厅做必要的补救。

（4）全陪应提醒外宾在小摊位购物时，一定要还价，须辨清物品的质量与真假。

第五步：处理突发状况

（一）外宾患病的处理

（1）全陪要求地接社提供相应服务，安排车辆和人员将患病的外宾送往医院就医，费用由外宾自理。

（2）任何情况下，不论地陪还是全陪，都无权为患病的外宾提供自备药品或陪同前往药店自购药品。

（二）外宾因病死亡的处理

（1）全陪应第一时间报告组团社，完全根据组团社指令行事。是否与死者所属国的驻华使、领馆联系，如何联系，是否通知其亲属来华等问题关系重大，均由组团社决定，全陪不得擅自行动。

（2）对死者一般不做尸体解剖，如果要求解剖尸体，应有死者的亲属、领队，或其所在国家使、领馆有关官员签字的书面请求，经医院和有关部门同意后方可进行。

（3）如果死者属非正常死亡，全陪应保护好现场，立即向公安局和旅行社领导汇报，协助查明死因。如需解剖尸体，要征得死者亲属、领队或所在国驻华使、领馆人员的同意，并签字认可。解剖后写出尸体解剖报告（无论属何种原因解剖尸体，都要写"尸体解剖报告"），此外，旅行社还应向司法机关办理公证书。

（4）死亡原因确定后，在与领队、死者亲属协商一致的基础上，是否向全团宣布死亡原因及抢救、死亡经过情况，领队自行决定。如果要向全团宣布，通常的处理程序是由参加抢救的医师向死者的亲属、领队及好友详细报告抢救经过，并出示"抢救工作报告""死亡诊断证明书"，由主治医生签字后盖章，复印后分别交给死者的亲属、领队或旅行社。

（5）遗体的处理，一般以火化为宜，遗体火化前，应由死者亲属或领队，或所在国家驻华使、领馆写出"火化申请书"并签字后进行火化。

（6）死者遗体由领队、死者亲属护送火化后，火葬场将死者的火化证明书交给领队或死者亲属，我国民政部门发给对方携带骨灰出境证明。各有关事项的办理，我方应予以协助。

（7）死者如在生前已办理人寿保险，我方应协助死者亲属办理人寿保险索赔、医疗费报销等有关证明。

（8）出现因病死亡事件后，除领队、死者亲属和旅行社代表负责处理外，其余团员应当由代理领队带领仍按原计划参观游览。至于旅行社派何人处理死亡事故、何人负责团队游览活动，一律请示旅行社领导决定。

（9）若死者亲属要求将遗体运回国，除需办理上述手续外，还应由医院对遗体进行防腐处理，并办理"尸体防腐证明书""装殓证明书""外国人运送灵柩（骨灰）许可证"和"尸体灵柩进出境许可证"等有关证件，方可将遗体运出境。灵柩要按有关规定包装运输，要用铁皮密封，外廓要包装结实。

（10）由死者所属国驻华使、领馆办理一张经由国的通行证，此证随灵柩通行。

（11）有关抢救死者的医疗、火化、尸体运送、交通等各项费用，一律由死者亲属或该团队交付。

（12）死者的遗物由其亲属或领队、全陪、死者生前好友代表或所在国驻华使、领馆有关官员共同清点造册，列出清单，清点人要在清单上一一签字，一式两份，签字人员分别保存。遗物要交死者亲属或死者所在国家驻华使、领馆有关人员。接收遗物者应在收据上签字，收据上应注明接收时间、地点、在场人员等。

（三）外宾不当言行的处理

全陪应向外宾介绍我国的有关法律、宗教、习俗、景点管理的有关规定，多做提醒工作，以免个别外宾无意中做出不当、犯法行为。特别注意的是，全陪应做到"四个分清"：分清不当行为和违法行为的界限；分清有意和无意的界限；分清无故和有因的界限；分清言论和行为的界限。当确定外宾做出不当言行时，全陪应做以下处理：

（1）有针对性地给予必要的提醒和警告，迫使预谋越轨者知难而退；对顽固不化者，一旦发现其越轨行为应立即汇报，并协助有关部门调查，分清性质。

（2）如果外宾站在敌对的立场进行恶意攻击、蓄意诬蔑挑衅，全陪要理直气壮地严正驳斥，指出问题的性质，劝其自制。如其一意孤行，影响面大，或有违法行为，全陪应立即向有关部门报告。

（3）如果外宾的违法行为是由于对我国的法律缺乏了解，全陪应讲清道理，指出错误之处，并根据其违法行为的性质、危害程度，确定是否报有关部门处理。

（4）对那些明知故犯者，全陪要提出警告，明确指出其行为是中国法律和法规所不允许的，并报告有关部门严肃处理。

（5）若有窃取国家机密和经济情报、宣传邪教、组织邪教活动、走私、贩毒、偷窃文物、倒卖金银、套购外汇、贩卖黄色书刊及录音、录像、嫖娼、卖淫等犯罪活动，一旦发现应立即汇报，并配合司法部门查明罪责，严肃处理。

（6）外宾若在中国散发宗教宣传品，全陪一定要予以劝阻，并向其宣传中国的宗教政策，指出不经我国宗教团体邀请和允许，不得在我国布道、主持宗教活动和在非完备活动场合散发宗教宣传品。对不听劝告并有明显破坏活动者，应迅速报告，由司法机关或公安有关部门处理。

（7）对于外宾中举止不端、行为猥亵的任何表现，全陪都应郑重指出其行为的严重性，令其立即改正。情节严重者应及时报告有关部门依法处理。

（8）外宾酗酒，全陪应先规劝并严肃指明可能造成的严重后果，尽力阻止其饮酒。不听劝告、扰乱社会秩序、侵犯他人、造成物质损失的肇事者必须承担一切后果，甚至法律责任。

（四）外宾证件丢失的处理

1. 丢失外国护照和签证

（1）由旅行社出具证明。

（2）请失主准备照片。

（3）失主本人持证明去当地公安局（外国人出入境管理处）报失，由公安局出具证明。

（4）持公安局的证明去所在国驻华使、领馆申请补办新护照及签证。

2. 丢失团体签证

（1）由接待社开具遗失公函。

（2）准备原团体签证复印件（副本）。

（3）重新打印与原团体签证格式、内容相同的该团人员名单。

（4）收齐该团全体外宾的护照。

（5）持以上证明材料到公安局出入境管理处报失，并填写有关申请表（可由一名外宾填写，其他成员附名单）。

（五）外宾要求亲友随团活动的处理

外宾提出希望旅行社准许其亲友参加旅游团在当地的活动，甚至随团一起到其他城市旅游，在条件允许（如车上有空位，不影响其他人）的情况下，可满足外宾要求。但要特别注意以下几个方面的问题：

（1）外宾无论要求中国籍还是外国籍的亲友随团，一般情况下除征得全陪、领队、团友的同意之外，还必须第一时间报告组团社。

（2）征得境外组团社的同意以后，以境外组团社的标准收取相关的费用，并请外宾的亲友写好入团的说明或者合同签订后方可跟团。

（3）对使、领馆人员的随团活动要求，导游要了解其姓名、身份、活动的内容。如果是外交官员还应享受相应的外交礼遇，对他们的接待和活动安排严格按我国政府的有关规定办理。

（4）如果外宾的在华亲友以记者身份参加旅游团的活动，一般不同意，特殊情况必须请示有关部门的批准。

（六）外宾要求中途离团的处理

外宾不管出于何种原因要求提前离开中国，全陪都要在领导指示下协助外宾办理离团手续。

（1）团队中有外宾中途离团需要同行境外领队（代表境外组团社）的认可，全陪要及时报告当地旅行社及相关部门。

（2）全陪应在外宾离团前协助外宾整理好中途离团情况说明。

（3）如果外宾需要回国，全陪应尊重外宾的意见。返程相关事宜可由外宾自行处理，也可以由当地旅行社负责安排订机票、办理分离签证等手续，全陪和地陪进行协助。

（4）外宾离团后未消费的费用由境外旅行社和客户协商一致进行处理。一般情况下，退费或者不退费不由全陪导游来告知，而是由代表出境旅行社的领队告知外宾。

技能考核

考核一：以小组为单位，利用本节课所学知识完成两个情景剧，然后分小组展示汇报准备内容。

剧情安排1：在河南洛阳游览的过程中，有外宾提出想购买著名的旅游纪念品唐三彩，作为一名全陪，文文需要在外宾购物前为其讲解我国的出境携带物品相关规定。

剧情安排2：带领外宾在苏州园林游览一天后，身心疲惫的文文刚刚洗漱完毕准备休息时，突然接到领队的电话，说有位外宾发现自己的护照丢了。作为全陪，文文要与地陪一起妥善处理此事。

考核二：跟着大师学带团（学习视频，将导游大师讲的沿途服务技巧梳理出来写入下表，并拍摄学习心得视频上传到学习平台）。

沿途各站
服务

序号	沿途服务技巧

考核标准

序号	考核细分项目	细分标准	分值	得分
1	课前准备	讨论回答	15	
2	技能考核一	语言表达	55	
		技能操作		
		展示效果		
		完成时间		
		技能操作		
		展示效果		
		完成时间		
3	技能考核二	按照考核要求完成任务	30	
总分				

✎ **考核汇总表**

组别				
小组自评				
小组互评				
教师评价				
企业导师评价				
总分				

备注：小组自评 10%，小组互评 10%，教师评价 40%，企业导师评价 40%。

任务六　交通服务

交通服务
工作

✎ **课前准备**

　　查阅书籍资料，结合微课视频，分析入境接待交通服务工作包括哪些方面。

序号	名称	内容

✎ **时间安排**

　　（1）任务介绍 5 分钟。
　　（2）任务分析 5 分钟。
　　（3）教师导学 25 分钟。
　　（4）学生实训 40 分钟。
　　（5）总结评价 5 分钟。

✎ **任务介绍**

　　文文带领旅游团即将从重庆前往西安。在机场办理行李托运手续时，有位外宾的行李超重了，需要另付托运费。在跟外宾详细解释之后，外宾同意额外付费。作为全陪，文文要如何为外宾提供交通服务？

任务分析

旅游团队结束一个地区的游览活动之后，必须借助旅游交通实现从一个地点到达另一个地点的空间转移。再优美的风景，如果没有便捷的旅游交通，人们的旅游活动将受到极大影响，严重制约旅游业的发展。"进得去、散得开、出得来"是对旅游交通重要地位的形象描述。

为给外宾提供更好的交通服务，文文可以从三个方面开展工作：

离站服务 ➡ 途中服务 ➡ 抵站服务

一、任务目标

（1）素质目标：树立"规范化＋个性化"的服务意识。
（2）知识目标：掌握入境旅游大交通服务工作的内容、流程和注意事项。
（3）能力目标：能根据工作要求独立完成入境旅游大交通服务工作。

二、任务重点

掌握入境旅游大交通服务工作内容。

三、任务难点

能根据旅游者的不同要求做好相应的交通服务工作。

任务实施

第一步：离站服务

（1）全陪应在离站前告知外宾下一站乘坐的交通工具、乘坐的时长等信息。如果有晕车、晕船或者晕机的旅游者，要提醒外宾做好准备（如旅游者可以提前使用自备的药品，缓解在途中的不适症状）。

（2）离站前，提前提醒地陪再次核实旅游团离开本地的交通票据以及离开的准确时间，督促地陪充分考虑到达车站（机场、码头）的时间，防止因交通堵塞导致旅游团误车。

（3）如离开的时间有变化，全陪要迅速通知下一站接待社，以便下一站导游及时调整相关安排。

（4）提醒外宾准时集合，按时出发。提醒外宾不要遗漏个人重要物品。

（5）向外宾讲清中国航空（铁路、水路）有关行李托运和手提行李的规定。

（6）协助领队和地陪清点行李，与行李员办理交接手续。

（7）离站前，对地陪和旅游车司机表示感谢。

（8）到达机场（车站、码头）后，应与地陪交接交通票据和行李托运单，点清、核实后妥善保存。

（9）进入候机厅后，如遇旅游团所乘航班延误或取消的情况时，全陪应立即向机场有关方面进行确认。当航班延误或取消的消息得到民航部门的证实后，全陪应主动与相关航空公司联系，协同航空公司安排好外宾的餐饮或住宿问题。

（10）全陪应与上下两站地陪或计调保持信息互通，由此可有效应对航班取消返回上站，或将变更后的航班起飞时间及时通知下一站地接。内容包括旅游团离开上一站和抵达下一站的确切时间、所乘的航班号（车次、船次）、有无人员变动、外宾的要求、全陪的意见与建议等。

第二步：途中交通服务

无论途中乘坐何种交通工具赴下一站，全陪都要恰当地提醒外宾注意人身和财物安全，积极争取交通营运部门工作人员的支持和配合安排好外宾的途中生活，努力使他们感到旅途舒适、愉快。

（一）长途火车（轮船）服务

（1）如果旅游团乘长途火车（轮船），全陪应事先请领队分配好卧铺铺位。无领队的旅游团，则由全陪负责此项工作。

（2）全陪应提醒外宾在火车上注意安全防盗，并在火车抵达每一站时，给外宾作相应的介绍（如特产、景点或外宾所熟悉的事件相联系）。

（3）登上长途火车（船）后，全陪应立即找餐厅负责人订餐，告知外宾人数、餐饮标准和外宾的口味等。如果是豪华游轮包餐，可以省去这道程序，但是入住时应首先确认外宾团队的用餐时间，尽量安排靠窗的桌位，并提供带有团队标志的桌牌。

（4）组织协调外宾的大件行李上下车（比如洛阳站高铁只停留2分钟），安排好外宾大件行李的摆放，如放在高铁车厢两头的行李舱，或是找列车员协调放置在餐车较宽的位置；软卧车厢行李舱通常最多摆放两件外宾大行李，另外的行李需要塞到两个下铺的床底，或是放在小餐桌底下。

（5）长途旅行中，全陪应在旅行途中巡视行李安全、介绍火车热水和洗漱卫生间的位置、车上插座的位置等设施，加强与外宾之间的信息沟通，了解外宾的最新需求动态，回答外宾的各种问题。

（6）必要时介绍沿途停靠的大站情况和预告将会途径的一些景观，比如北京到洛阳会经过黄河始祖像，洛阳到西安会途经三门峡、华山等，青藏线上途经的景观会更多等。

（7）在不影响其他旅客的情况下，全陪可根据外宾的特点和旅途中的具体情况组织些娱乐活动活跃途中气氛，消除外宾的疲劳。

立德专栏

　　9月，北京的导游小吴接待了一个20多人的俄罗斯旅游团。按照接待计划，他将带领该旅游团在北京游览3天，然后到西安游览2天。

　　活动的第一天，小吴发现不少游客对他的讲解反应不是很热烈，表情有些淡漠。对此，小吴并没有灰心，而是更加热情地服务。

　　在前往西安时，小吴为送行李费了一番周折。这个20多人的旅游团共有50多件行李，运送了几次，才将全部行李安全地送上了火车。最后，他又将俄罗斯游客安全、及时地带进了候车室。小吴热心周到的行李服务让游客倍感放心。

　　在西安旅游期间，他们主动向小吴介绍各自家庭生活的情况，与小吴的互动越来越多。在旅游的全过程中，小吴和他们一起游览、购物、看节目、参观城市、访问学校、体验居民生活制作和品尝中国饺子，双方的关系越来越密切，友谊也越来越深厚。

　　俄罗斯的部分游客是"慢热型"的，这给导游的接待工作带来了难度。导游应掌握这些游客的特点，用个性化的服务尽快缩短同旅游者之间的心理差距，激发游客的兴趣，使其有宾至如归的感觉。

　　（改编资料来源：优秀导游先进事迹材料［EB/OL］.（2014–01–25）［2022–08–26］.面试网.）

（二）乘坐飞机服务

（1）全陪应在地陪帮助下协助外宾办妥登机、安检和行李托运等相关手续，并及时带领外宾到登机牌注明的登机口依次登机。

（2）如果团队里面有外宾是糖尿病患者，全陪要在安检时协助患糖尿病的外宾向安检人员出示相关医学证明，方便外宾携带胰岛素针剂登机。

（3）帮助装有心脏起搏器的外宾向安检人员解释，避免安检门的电磁辐射。

（4）如果外宾忘记将瑞士军刀等严禁随身携带的物品进行托运，全陪应在时间允许的情况下，协助办理托运或者用快递寄往下一站（费用由外宾自理）。

（三）途中外宾患病相关服务

（1）如有晕机（车、船）的外宾，全陪要给予重点照顾。

（2）若有外宾突患重病，全陪应第一时间寻求飞机、高铁或游船上乘务人员的帮助，也可以通过所乘交通工具上的广播系统，在乘客中寻找医生对其进行初步急救，并设法通知下站有关方面（急救站、旅行社）尽早落实车辆，以便到站后争取时间送患者到就近医院救治。

（四）安全服务

（1）全陪要提醒外宾注意长途旅行中的人身和财物安全，离开软卧包厢，下机（车、船）时提醒外宾带好贵重随身物品，保管好自己的交通票据和行李托运单。

（2）若交通工具不正常运行时，全陪应与交通部门和组团社保持有效沟通，并稳定好外宾的情绪。

第三步：抵站服务

（1）带领旅游团出站。在外宾乘坐的交通工具抵达下一站前，全陪应通知外宾整理好随身物品，做好下机（车、船）的准备。

（2）下机（车、船）后，全陪应告知外宾机场托运行李传送带的位置和序号，协助外宾领取行李，然后手举组团社社旗带领外宾到指定的出口出站。

（3）出站后，手举组团社旗帜或外宾团队 LOGO 寻找地陪，找到地陪后将其介绍给领队和外宾，然后将全团行李移交给地接社的行李队，与地陪一起带领外宾登车。

（4）全陪应客观如实地将上一站的情况和旅游团外宾的有关情况（如外宾的情绪、身体状况、要求等）转告地陪，以协助地陪有针对性地做好本站接待工作。

✎ **技能考核**

考核一：以小组为单位，利用本节课所学知识完成两个情景剧，然后分小组展示汇报准备内容。

剧情安排1：文文作为全陪带领一个韩国旅游团从重庆到张家界旅游。在高铁上，文文突然发现自己身旁的一位外宾脸色苍白，黄豆大的汗珠从他额头上冒出来。作为全陪，文文应该马上进行处理。

剧情安排2：作为一名全陪，文文带领一个美国来的旅游团完成了第一站山东青岛的行程，明天即将带领旅游团乘坐飞机前往行程的第二站西安。看到很多外宾都购买了用大型贝壳做的工艺品，文文知道，必须为外宾详细介绍中国航空公司关于携带和托运行李的相关规定了。

考核二：跟着大师学带团（学习视频，将导游大师讲的交通服务注意事项梳理出来写入下表，并拍摄学习心得视频上传到学习平台）。

交通服务

序号	交通服务注意事项

考核标准

序号	考核细分项目	细分标准	分值	得分
1	课前准备	讨论回答	15	
2	技能考核一	语言表达	55	
		技能操作		
		展示效果		
		完成时间		
		技能操作		
		展示效果		
		完成时间		
3	技能考核二	按照考核要求完成任务	30	
总分				

考核汇总表

组别				
小组自评				
小组互评				
教师评价				
企业导师评价				
总分				

备注：小组自评 10%，小组互评 10%，教师评价 40%，企业导师评价 40%。

任务七　末站服务

课前准备

查阅书籍资料，结合微课视频，分析入境接待末站服务工作包括哪些方面。

末站服务
工作

序号	名称	内容

续表

序号	名称	内容

时间安排

（1）任务介绍 5 分钟。

（2）任务分析 5 分钟。

（3）教师导学 25 分钟。

（4）学生实训 40 分钟。

（5）总结评价 5 分钟。

任务介绍

文文带领旅游团顺利完成了团队所有的行程。整个接待过程中，在组团社和地接社后台的有效保障下，文文凭借自己过硬的专业技能，严格遵照行业规范操作，顺利完成了接待计划规定的全部行程内容，让外宾深度体验了中国文化的博大精深。

明天就要送外宾返程了，文文该如何"站好最后一班岗"？

任务分析

末站服务是指旅游团离开最后一站时全陪应做好的有关工作，它是整个服务工作的最后一个环节。文文应本着有始有终的精神，力争让外宾"乘兴而来、尽兴而归"，如期顺利离站，并给他们留下美好的印象。

文文可以从以下五个方面做好入境接待末站服务工作：

落实票据 → 致欢送词 → 营销工作 → 送别服务 → 收尾工作

一、任务目标

（1）素质目标：树立宾客至上的服务意识。

（2）知识目标：掌握入境接待末站服务工作的流程和注意事项。

（3）能力目标：能根据工作要求完成末站的全陪工作。

二、任务重点

掌握入境接待末站服务工作内容和流程。

三、任务难点

能及时处理好末站服务工作中发现的问题。

任务实施

第一步：协助落实工作

全陪自行确认或在需要时配合领队落实好旅游团返程的交通票据。

（1）个别在末站有延伸旅游服务的外宾，全陪应协助负责延伸行程的地陪落实车辆和酒店等事项。

（2）提前适时向外宾介绍办理出境手续的流程和该航班飞机座位的构成。在机场协助领队和外宾搬提行李，由外宾自行托运出境行李。对于预订了联程航空机票的外宾，全陪应协助外宾向托运柜台办理将行李直挂到最后一站的手续，并打印各站登机牌。

（3）提醒外宾带好护照、海关申报单、购买文物和贵重中药材的发票，以备出境时海关查验。

第二步：致欢送词

全陪应提前准备好欢送词（最好打印出来，显得正式）。具体包括：

（1）简明扼要地回顾全程中的主要活动，凸显全程的亮点和精彩瞬间，表示与外宾共同度过了一段愉快的旅行生活，对全团给予的合作表示感谢。

（2）征求外宾对整个接待工作的意见和建议。

（3）欢迎他们再次光临，表示愿意再度同他们合作。

（4）如外宾蒙受了损失或发生过不快的事，要再次表示歉意，以求得到外宾的谅解。

第三步：营销工作

（1）全陪应根据一路上对外宾的了解，对其中有意愿再次出游的外宾进行必要的营销工作。

（2）适当介绍一些外宾感兴趣的线路和景点，希望他们下次出游时再次与本组团社联系，自己将继续为之服务。

第四步：送别旅游团

（1）外宾登车后，全陪应再次提醒他们不要遗漏个人物品。

（2）抵达机场（车站、码头）后，应提醒外宾下车时携带好所有行李物品。

（3）全陪应提醒领队出关时准备好行李托运所需的证件和表单，提醒外宾准备好证件、交通票据、出境卡和申报单等。

（4）当外宾即将进入安检区域时，全陪应热情地与他们一一握手道别，并与地陪一起目送他们离开。

没有游客满意，就没有大众旅游的新时代

2009 年，国务院颁发《关于加快旅游业发展的若干意见》，明确提出"把旅游业培育成为国民经济的战略性支柱产业和人民群众更加满意的服务业"。这标志着一个重视旅游发展质量，特别是旅游服务质量的时代来临。2016 年，李克强总理在《政府工作报告》中明确提出，"迎接一个大众旅游的新时代"。

旧时王谢堂前燕，早已经散入寻常百姓家了，旅游已经像阳光、空气和水一样进入到老百姓的日常生活。众多的国民参与，众多的境内外目的地在竞争，游客满意了当然会点赞，也会为地方带来经济社会发展多方面的收益。不满意了，则会一边吐槽，一边用脚投票的。

过去游客的旅行经验少，对目的地感知和服务满意的阈值比较低，只要看过与日常生活和工作中看不到的景象就开心得不得了。在住宿、餐饮、娱乐和购物等环节，也基本上导游说什么，游客就信什么。随着旅游频次的增加和消费经验的累积，游客感觉和满意的阈值提高了。比如你不能说你空气好我愿意来，来了就满意，我还要问这儿吃的好不好？住的好不好？ Wi-Fi 是不是免费的？有没有漫咖啡？有没有摩拜单车？诸如此类的问题，过去旅游规划通则中没有，旅游开发实践中也不会关注，可是如果这些问题的答案都是否定的话，先别说游客满意不满意了，来不来都是问题呢。

年轻人正在改变旅游的世界，旅游开始变得时尚起来，或者说，时尚生活正在引领新时期旅游前行的方向。只有那些着眼于大众旅行者的微观感知，并给予他们可以体验的异地生活方式的目的地，才能够让游客满意，并形成品牌忠诚和市场效应。

［改编资料来源：中国旅游研究院微信公众号，中国旅游研究院院长戴斌于 2017 年 4 月 6 日在福建省旅游领导干部大会上所作的专题演讲（节选）］

第五步：收尾工作

（1）在旅游团离开后应第一时间联系组团社，报告已经将外宾团平安送出境的消息。

（2）一般情况下，出境航班起飞之后，全陪方能结束全陪工作。

✎ **技能考核**

考核一：以小组为单位，利用本节课所学知识完成一篇针对美国旅游团的欢送词，然后分小组展示汇报准备内容。

考核二：跟着大师学带团（学习视频，将导游大师讲的末站服务注意事项

末站服务

梳理出来写入下表，并拍摄学习心得视频上传到学习平台）。

序号	末站服务注意事项

考核标准

序号	考核细分项目	细分标准	分值	得分
1	课前准备	讨论回答	15	
2	技能考核一	语言表达	55	
		技能操作		
		展示效果		
		完成时间		
		技能操作		
		展示效果		
		完成时间		
3	技能考核二	按照考核要求完成任务	30	
总分				

考核汇总表

组别				
小组自评				
小组互评				
教师评价				
企业导师评价				
总分				

备注：小组自评 10%，小组互评 10%，教师评价 40%，企业导师评价 40%。

任务八 后续服务

后续服务工作

课前准备

查阅书籍资料，结合微课视频，分析入境接待后续服务工作包括哪些方面。

序号	名称	内容

时间安排

（1）任务介绍 5 分钟。

（2）任务分析 5 分钟。

（3）教师导学 25 分钟。

（4）学生实训 40 分钟。

（5）总结评价 5 分钟。

任务介绍

文文在机场送别了旅游团。在本次接待过程中，文文凭借自己热情开朗的性格、认真负责的工作态度和一丝不苟的敬业精神，不仅让外宾深入体验了中国博大精深的传统文化，还欣赏到中国优美的自然风光。外宾对文文的工作给予了肯定和赞美。

送外宾返程后，文文就算圆满完成了此次接待任务吗？

任务分析

文文在送走外宾旅游团后，并不意味着全部接待工作的结束，她还必须做好善后总结工作。下团后，文文应妥善、认真处理好旅游团的遗留问题，按旅行社的具体要求并在规定的时间内，将填写好的相关接待单据、计划外产生的团队费用发票单据等按规定上交旅行社有关人员，并到财务部门结清账目。

文文需要从以下五个方面做好入境接待后续服务工作：

```
处理委  →  报清  →  填写  →  提交  →  查漏
托业务     账目     日志     材料     补缺
```

一、任务目标

（1）素质目标：树立终身学习的理念。

（2）知识目标：掌握入境接待后续服务工作的内容、流程和注意事项。

（3）能力目标：能根据工作要求独立进行入境接待后续服务工作。

二、任务重点

掌握入境接待后续服务工作内容和流程。

三、任务难点

能及时处理好后续服务工作中发现的问题。

✐ 任务实施

第一步：处理外宾委托业务

（1）全陪应根据旅行社领导的指示，及时处理外宾委托的合法合理事项。

（2）保存好所有过程材料（如邮寄发票、与外宾的沟通信息记录等）。

（3）处理完毕后，将情况和费用汇报给旅行社相关领导。

第二步：报清本次带团账目

（1）全陪送走旅游团后，应尽快整理好签单、票据、全陪日志和费用清单等资料到旅行社报账，提交此团在各地接待工作中的消费明细，包括自己签单消费的团队门票、餐费、演出门票，以及现金支付的各项费用发票等材料。

（2）按照财务要求，计划外的费用支出需写出情况说明，将旅行社相关业务员同意的依据和正规发票一起交给财务人员。

（3）及时归还从旅行社借出的物品，比如讲解耳麦和充电底座。

第三步：填写本次带团日志

（1）全陪应认真、如实地填写"全陪日志"或撰写旅游行政部门（或组团社）所要求的资料。信息最好做到详细、实用，比如对于地接导游可以从外语水平、知识储备、语言表达、服务态度、控团能力、合作精神等方面给予评价；对于车辆司机出现的问题务必标明车辆公司名称、车牌号、司机姓名等；酒店问题房间的房号等，避免后面系列团出现同样问题。

（2）全陪应认真做好接待工作小结，实事求是地汇报接团情况。若有重大情况发生或有影响到旅行社以后团队操作的隐患问题，应及时向领导汇报。同时记录当时处理的步骤方法，以及避免相应问题出现的建议。

（3）填写旅游景区线路和讲解内容新的变化。

第四步：提交材料

（1）提交旅游者对本人和本社的评语和建议。

（2）提出自己对地接社服务的客观评价和建议。

（3）提出自己有建设性的团队行程安排意见。

第五步：查漏补缺

（1）全陪应对自己不熟悉的讲解内容和新生事物、部分还没有掌握的外语单词及时补课，以补齐短板。

（2）对一些景区、交通、专业知识等方面的变化，及时查阅相关信息，不断更新知识，以提升自己的业务水平。

（3）对于工作中遇到的棘手问题，多向老导游和业务人员请教解决方法和获取相关资源，比如有用的 App 和微信公众号，受客人欢迎的餐厅地址、电话以及推荐菜品，实用的通信录等，使自己成为一专多能的优秀全陪。

立德专栏

高晓红 2000 年 7 月以优异的成绩从西安外国语大学旅游学院毕业后，经过考试来到西安国旅。她 2002 年 11 月参加"秦始皇陵杯导游大赛"，被授予"英语导游状元""陕西省技术能手"称号，2006 年 4 月被评为"陕西省优秀导游员"。2002 年至今，她一直为全国导游证考试（陕西考区）讲解模拟示范课程并担任考区应用口试科目评委。从 2000 年到现在，高晓红每年平均接团 200 天以上，每次都能圆满完成接待任务，从未出现任何责任投诉，在一些重点团、品牌团的接待工作中表现出色。

高晓红认为，当一名优秀的英语导游，仅具有良好的语言功底是远远不够的，还要具备终身学习的理念。面对来自不同背景的外宾，面对他们提出的各种各样的问题，要做到应对自如，必须广泛涉猎各学科各领域的知识，做到厚积薄发，成为一名集百家学识于一身的"杂家"。为此，高晓红利用工作之余有限的闲暇时间，大量阅读中西方历史、宗教、文学、政治、经济等方面的著作，进一步扩展了自己的知识面，提高了自身的文学修养和审美能力。通过跟同行请教、向书本学习、在实践中印证，高晓红总结出了"人性化＋个性化"的服务模式和"原则性＋灵活性"的带团技巧。她在工作过程中对所有的客人一视同仁。同时，她能根据客人的国籍、年龄、身份、性格、文化背景及受教育程度采用不同的讲解策略，从而顺利开展工作。

（改编资料来源：优秀导游先进事迹材料［EB/OL］.（2014—01—25）［2022—08—28］.面试网．）

技能考核

考核一：以小组为单位，利用本节课所学知识完成一个情景剧表演，然后分小组展示汇报准备内容。

剧情安排：文文带领外宾在景德镇游览时，有位外宾购买了一个大型青花瓷花瓶，由于商店没有现货，所以外宾委托文文帮忙邮寄给他。在向旅行社请示后，旅行社领导批准文文全力做好此项委托事宜。作为一名全陪，文文应在下团后尽快处理此项委托事宜。

考核二：跟着大师学带团（学习视频，将导游大师讲的后续服务技巧梳理出来写入下表，并拍摄学习心得视频上传到学习平台）。

后续服务

序号	后续服务技巧

考核标准

序号	考核细分项目	细分标准	分值	得分
1	课前准备	讨论回答	15	
2	技能考核一	语言表达	55	
		技能操作		
		展示效果		
		完成时间		
		技能操作		
		展示效果		
		完成时间		
3	技能考核二	按照考核要求完成任务	30	
总分				

考核汇总表

组别					
小组自评					
小组互评					
教师评价					
企业导师评价					
总分					

备注：小组自评 10%，小组互评 10%，教师评价 40%，企业导师评价 40%。

出境领队实务

任务一　服务准备

课前准备

查阅书籍资料，结合微课视频，分析国内全陪服务准备工作包括哪些方面。　　服务准备

序号	名称	内容

时间安排

（1）任务介绍 5 分钟。

（2）任务分析 5 分钟。

（3）教师导学 25 分钟。

（4）学生实训 40 分钟。

（5）总结评价 5 分钟。

任务介绍

2019 年 7 月上旬，导游张婷接到重庆国力国际旅行社出境旅游计调小李的通知，让她在 7 月 20 日带领一中学生旅游团赴"日本东京 + 京都 + 大阪七日游"。

虽然张婷已经不是第一次带团出国了，但她仍然很重视本次任务。在小李手中拿到了领队出团计划书、旅游者信息表、出境旅游行程表、中国公民出国旅游团队名单表、旅游者的证件（护照、签证）和机票订单等出团资料后，张婷便开始着手进行准备工作了。

任务分析

张婷深知充分做好出境前的准备工作是确保整个行程能顺利完成的首要保障，也是出境领队服务的一个必不可少的环节。因此，张婷在拿到出团资料后，首先认真研读出团资料，再仔细核对旅游团的护照、签证、名单、机票订单、地接社信息和相关表格，并做好出团所需的知识和物质准备，组织旅游者在出发前一周召开出团说明会。

熟悉计划　➡　准备知识　➡　准备物品　➡　召开会议

一、任务目标

（1）素质目标：养成认真仔细、精益求精的工作态度。

（2）知识目标：掌握准备工作的内容、要求和注意事项。

（3）能力目标：能根据工作要求独立进行服务准备环节操作。

二、任务重点

掌握出境领队服务准备工作的内容。

三、任务难点

能根据工作要求进行服务准备环节操作。

任务实施

第一步：熟悉出团资料

领队在拿到出团资料后，要认真研读，尽快熟悉旅游团情况。领队应熟悉旅游团情况，包括以下几个方面：

（一）熟悉旅游团的基本情况

（1）熟记旅游团基本情况。包括团名、团号、人数（男、女、儿童人数），是否有单男单女，是否需要大床房或拼房、旅游者是否补单房差等情况。

（2）了解旅游团成员情况。包括团员的姓名、职业、性别、年龄、民族、宗教信仰、饮食禁忌和生活习惯等。

（3）掌握旅游者的联络方式。包括旅游者的电话号码或其他联络方式（微信、QQ等），并建联络群。

（4）掌握团内重点团员的情况。包括旅游团内较有影响的成员、需要特殊照顾的对象和重要客户的情况。

（5）掌握团队的完整行程。包括旅游线路、时间、景点；交通工具的安排；餐饮安排（形式和标准）和住宿安排（档次标准、具体位置）；购物、娱乐安排及自费项目；组团社和接团社的联系人和联络方式；遇到紧急情况的应急联络方式。

（6）熟记团队的特殊安排和特别要求。包括会见安排、座谈计划、特殊饮食要求等。

表 7.1　旅游团队名单表

来源	姓名 NAME	英文名 ENGLISH NAME	性别 SEX	护照号码 PASSPORT NO1	签证号码 VISA NO1	电话号码 PHONE NO1	出生日期 DATE OF BIRTH	签发期 DATE OF ISSUE	有效期 DATE OF EXPIRY	出生地 PLACE OF BIRTH	签发地 PLACE OF ISSUE	备注 COMMENT

（二）做好核对工作

领队在接受带团任务后，有一项最重要的准备工作是核对相关资料，主要包括：

（1）"中国公民出国旅游团队名单表"（一至四联，即出境边防检查专用联、入境边防检查专用联、旅游行政部门审验专用联和旅行社自留专用联）、护照、签证、机票订单。

中英文名字、护照签证有效期和所有号码是否完全正确且一致，需要领队仔细核对。

出境旅游行程表

（2）团队计划的行程内容是否与地接社安排一致、英文行程单是否准确无误（欧美非洲和澳大利亚需要）、全团卫生防疫注射情况、全球通意外商业保险及客人交费情况。如果发现问题，应及时报告旅行社。

拓展知识

护照是一国主管部门机关发给本国公民出国或在国外居留的证件，证明其国籍和身份（图 7.1）。

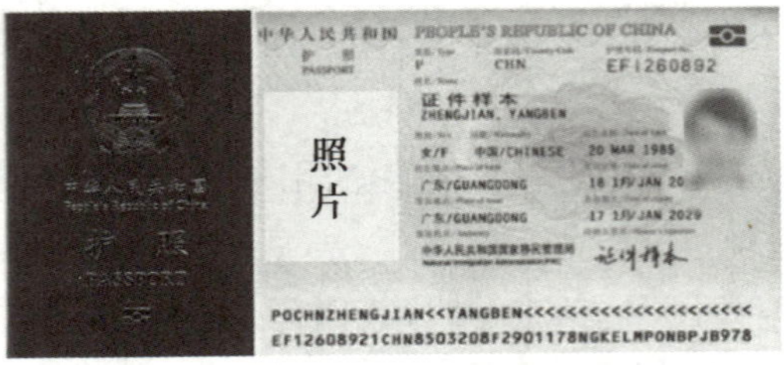

图 7.1　护照

护照一般分为外交护照、公务护照和普通护照三种。有的国家为团体出国人员（旅游团、体育队、文艺团体）发放团体护照。

签证是一国主管机关在外国公民所持的护照或其他有效出入证件上签注、盖印，表示准其出入本国国境或者过境的手续（图7.2）。

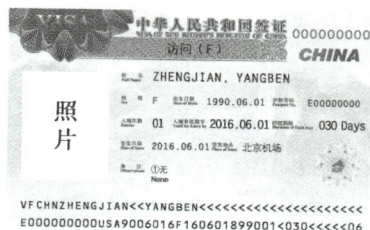

图 7.2　签证

我国签证分为外交签证、礼遇签证、公务签证、普通签证四种。旅游签证属于普通签证，在中国为L字签证。目前，世界上不少国家开通了电子签，可以足不出户线上办理签证，直接在智能手机上操作即可，而且签证进度、何时出签也可在手机端实时显示。

港澳通行证是内地居民往来港澳地区的合法旅游证件，由居民所在公安局出入境管理部门颁发（图7.3）。

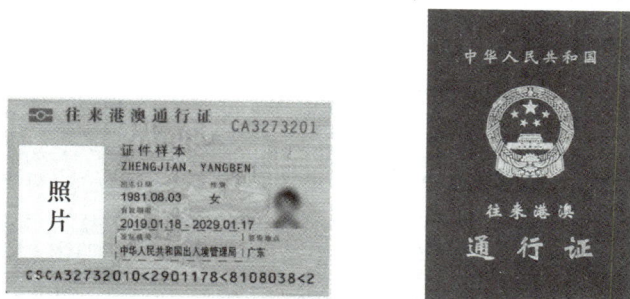

图 7.3　往来港澳通行证（新旧版对比）

台湾通行证是内地居民往来台湾地区唯一合法的旅行证件，由中华人民共和国政府授权中国公安机关颁发（图7.4）。

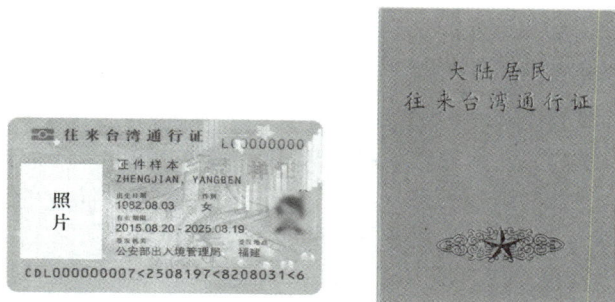

图 7.4　往来台湾通行证（新旧版对比）

（三）商定行前说明会相关事宜

在移交出团资料时，出境领队要与计调商定召开出团说明会的准确时间、方式（专门安排、出发当天机场、QQ群或微信群）以及具体内容，提前编辑短信通知旅游者并电话确认。

第二步：准备知识

领队的知识准备非常有必要。在旅游者询问有关行程、出入境和旅游目的地的一些基本情况时，领队如果能做到对答如流，可以提升旅游者对领队个人业务能力的认可度。

海关关于入出境旅客所携物品的规定

（一）旅游目的地概况

领队要熟知旅游目的地的政治、经济、地理、历史、文化、风俗习惯、物产、移民局和海关的规定等情况。

（二）旅游专业知识

领队应掌握海关知识和旅行常识等旅游专业知识（图7.5）。

@所有人
阁下您好！👋👋
我是5月18号澳大利亚旅行团的领队：[　　　]
电话和微信号[　　　]。相逢即是缘，很荣幸有机会为大家服务，有事没事都请吩咐哦。😄😄
首先，🚌请于5月18号20：45在江北机场国际出发大厅一号门集合。请勿迟到！

🌿有一些注意事项敬请关注：
1.🧳每人一件托运行李，限20千克以内。夫妻出行，建议携带两个箱子，否则合装一件行李可能超重。

2.🚬香烟只能带19支，也就是一包需要拆开拿掉一支。

3.💰境外只能使用澳币，建议每人换澳币1000元，同时携带好银联卡和信用卡。有62字头的银联卡最好，因为免税店经常有促销活动。

4.🧳请带上：牙膏、牙刷、拖鞋、厚外套、帽子、围巾、墨镜、雨伞、防晒霜、常用药品（十天用量，不能超多，最好有英文说明书，🈲不能携带扑尔敏和扑热息痛等药品）。

5.📱建议手机开通国际漫游，或者购买移动Wi-Fi（可以几个人同时使用）。📵在境外我们只用微信联系。酒店大堂保证有Wi-Fi，但是房间内不一定有。💻中国移动境外上网30元/天（北京时间计算），不限流量，30元封顶。

6.🍎🍳最重要的就是：不能携带任何水果、蛋类、肉类和干果（瓜子、花生、坚果）等食物，比如方便面、老干妈、粽子、月饼、自制咸菜、豆腐乳等，都不可以哦。😊如果一定要携带涪陵榨菜类咸菜，最好单独备在一个包里，澳大利亚入境时，申报海关，让其检查。这样，万一不合格最多没收，而不会涉及罚款等处罚。😊永远不要抱侥幸心理混关。澳大利亚和新西兰海关是世界上最严苛的海关！😱

7.👕建议洋葱式穿衣：最里面是短袖＋长袖薄衣＋厚外套🧥行李准备：托运箱子＋背包（或拎包）＋备用软包。

8.🔌我公司已经为大家贴心准备了转换插座，不过电器多的朋友，建议带上插线板。😊不清楚的地方，请来电或微信询问，我一定全力协助，谢谢您，预祝大家圆满愉快！😄😄🙏🙏

图7.5　澳大利亚旅游通知短信模板

（1）海关对出境旅游者所携带及托运物品的规定。

（2）禁止出境人员：

①出境人员如果是刑事案件的被告人或者犯罪嫌疑人。

②有未了结的民事案件的人。

③有违反中国法律行为尚未处理，经有关主管机关认定需要追究的人。

④未持有效证件或者持用他人证件的，以及持有伪造或者涂改的出境证件的人。

（3）目的地国海关入境的相关规定。领队人员需要全面掌握目的地国海关入境的相关规定，以便为旅游者提供更好的服务。

第三步：准备物品

主要包括护照及复印件、领队证件、机票订单、团队费用、社旗、行李标签、多份团队分房表、出入境卡、海关申报单、入境卫生检疫申报卡、客人需要签字的文件（行程安全告知书、行程单、自费和购物通知书、文明旅游倡议书）、目的地国家（地区）报警或救助电话号码、小礼品、Wi-Fi及领队个人物品等。

第四步：召开行前说明会

按照《旅行社出境旅游服务规范》，旅行社组织的出境旅游团都要在出发前召开说明会。

说明会的主要内容

（1）代表旅行社对全体旅游者致欢迎词。

（2）向旅游者发放"出境旅游行程表"、"旅游服务质量评价表"、团队标志等。详细说明旅游行程安排，强调在旅游目的地的实际旅游日程、自费项目等。

（3）介绍旅游目的地国家（地区）的基本情况、风俗习惯和相关法律法规知识，尤其是交通运行方向靠左的国家地区，向旅游者强调注意事项并提出要求，引导旅游者文明旅游。

（4）说明过海关的手续和程序、出境时海关的相关规定、入境国海关的相关规定、离开他国的退税政策和回国销签等重要事宜。

（5）告知旅游者外币兑换手续。在行前说明会上，领队要告知旅游者在旅游目的地国家（地区）所使用的外币名称、单位以及与人民币、美元、欧元等货币之间的兑换比例，还应提醒旅游者可以在机场、银行、饭店等地办理货币兑换。

（6）提醒旅游者在境外旅行要随身携带好护照、签证和身份证，提醒旅游者在境外时注意人身和财物安全。

货币和
保险知识

（7）提醒旅游者带齐个人必备的生活用品以及所需药品，敏感药品必须要有处方和说明书。

（8）跟旅游者确认分房名单。

（9）告知旅游者出发时的集合时间和地点。

（10）向旅游者说明并强调各种由于不可抗力/不可控制因素组团社不能（完全）履行约定的情况。

（11）向旅游者强调在旅游过程中的基本要求，如集体观念、统一行动、遵守时间、团结友爱、支持领队工作等。

（12）如果有的旅游者因故未能参加说明会，领队应将说明会的内容单独以微信和电话方式告知未参会的旅游者。

立德专栏

16 字秘诀带好出境游客
——访全国优秀导游、天津中国旅行社领队李楠

为了带好出境旅游的团队，李楠结合自己这些年的工作经验，总结出了 16 个字的秘诀，即严于律己、宣传引导、随时纠正、团队意识。

李楠解释说，严于律己就是作为领队，必须以身作则，成为游客文明出游的标杆和表率。"勿以恶小而为之，勿以善小而不为。"提高自身素质，认真服务好、引领好全团游客。宣传引导，就是在出境旅游前要召开行前说明会，给全团旅游者分发《出团通知》《中国公民出国出境旅游文明行为指南》，列举出境旅游中常见的不文明行为，讲述这些行为的危害，让游客出行前心中有数、心中有礼。随时纠正就是出境旅游者有不文明行为时，需要领队全程随时进行提醒规劝，包括依次排队，不要拥挤；安静用餐，不要浪费；爱护文物，不要刻画。当游客不自觉出现陋习时要及时纠正，用我们的行动提醒游客牢记自己是国家"形象大使"，不给中国人丢脸。团队意识就是结合多年带团经验，总结出出境游中的一些不文明行为的根源，比如与游客出境后的不安全感、紧张心理有关等，因此，我注重培养游客的团队意识，增强游客之间、游客和领队之间的信任感、依赖感，让大家时时感受到大家庭的温暖，有效地降低了不文明行为的发生概率。

（改编资料来源：全国优秀导游员李楠：16 字秘诀带好出境游客［EB/OL］.（2013-08-09）［2022-08-29］.北方网.）

技能考核

考核一：学生以小组为单位，讨论分析案例，并将讨论结果进行展示。

2019 年 5 月 8 日，重庆市民李先生一家三口在本市某旅行社报名参加了日本大阪 5 日行的旅游团，每人费用为 4980 元。在出发当天进行出境检查时，因李先生儿子的护照有效期不足半年，被海关告知其无法出境，导致李先生一家的赴日计划未能成行。

讨论：

（1）上述案例中，旅行社是否应承担责任？

（2）张婷作为领队，在出境前应做好哪些工作以避免此种情况再次发生？

考核二：跟着大师学带团（学习视频，将导游大师讲的行前说明会的内容梳理出来写入下表，并拍摄学习心得视频上传到学习平台）。

如何开好
出团说明会

序号	行前说明会的内容

考核标准

序号	考核细分项目	细分标准	分值	得分
1	课前准备	讨论回答	15	
2	技能考核一	语言表达	55	
		技能操作		
		展示效果		
		完成时间		
		技能操作		
		展示效果		
		完成时间		
3	技能考核二	按照考核要求完成任务	30	
总分				

考核汇总表

组别					
小组自评					
小组互评					
教师评价					
企业导师评价					
总分					

备注：小组自评 10%，小组互评 10%，教师评价 40%，企业导师评价 40%。

任务二 我国出境服务

我国出境服务

✎ 课前准备

查阅学习资料，结合微课视频，分析领队的出境服务工作包括哪些方面。

序号	名称	内容

✎ 时间安排

（1）任务介绍 5 分钟。

（2）任务分析 5 分钟。

（3）教师导学 25 分钟。

（4）学生实训 40 分钟。

（5）总结评价 5 分钟。

✎ 任务介绍

张婷将带领旅游团于 2019 年 7 月 20 日 13：00（北京时间）乘坐飞机从重庆江北机场飞往东京，抵达东京成田机场是 20 日 18：30（东京时间）。作为领队，张婷应为旅游者提供哪些出境服务？

✎ 任务分析

办理出境手续是比较复杂的一项工作，这是对张婷工作能力的检验。她必须对各项手续流程十分熟悉，才能够带领旅游团队顺利出境。本团是中学生团，绝大多数成员都是第一次出国旅游。青少年活泼好动，对什么都感兴趣，张婷还要讲清中国出境的有关规定。

她可以从以下八个方面开展出境服务工作：

出发集合 → 办理乘机 → 卫生检疫 → 海关检查 → 边防检查 → 安全检查 → 候机服务 → 途中服务

出境通关流程如图 7.6 所示。

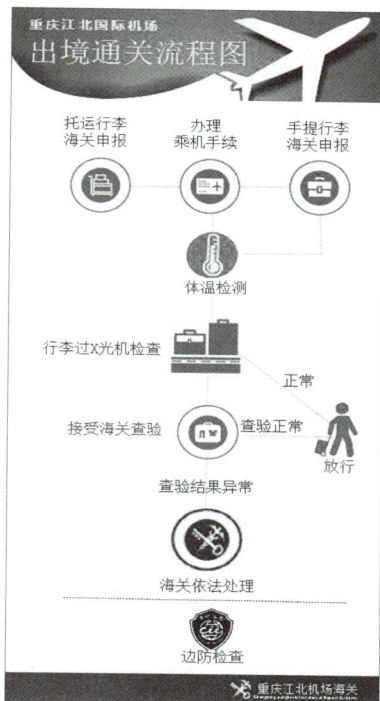

图 7.6　出境通关流程图

一、任务目标

（1）素质目标：培养耐心细致、文明礼貌的服务素养。

（2）知识目标：掌握出境工作的内容、要求和注意事项。

（3）能力目标：能根据工作要求独立进行出境服务环节操作。

二、任务重点

掌握领队出境服务工作的内容和要求。

三、任务难点

能根据工作要求独立进行出境服务环节的操作。

任务实施

第一步：出发前集合

（一）提前抵达集合地点

（1）领队要比约定的集合时间早 20 分钟赶到旅游者集合点。老年旅游者通常会早早赶到集合地点，所以，如果领队带的是老年团，还应更早一点抵达集合地点。

（2）竖起组团社的领队旗，以便旅游者容易找到自己。

（3）检查自己的手机是否正常，保证可以随时接听旅游者的电话。

（4）如果有独自出行的老年旅游者，应加上其家人的微信，方便行程中的沟通以及汇报老年旅游者的旅途情况，让其家人放心。

（二）组织旅游者签到

（1）领队组织已抵达的旅游者进行签到确认。

（2）如果临近规定的集合时间，尚有团队成员未到，领队要主动与未能及时赶到的旅游者联系，并催促其尽快赶到。

（三）核对证件并宣讲注意事项

（1）在全团成员到齐后，领队把证件发放给旅游者本人，并请旅游者核对信息。如果旅游者自带证件，要仔细核对其证件是否有效。（如果需要团体办理登机手续，就不用发放证件给旅游者，等统一办理完登机牌后，连同登机牌再一起发给旅游者，让其本人去办理行李托运手续。）

（2）向旅游者宣讲出境注意事项，告知我国海关有关规定以及办理登机手续、海关手续、边防检查手续等的步骤，并要求旅游者予以配合。

（3）如果集合地点不在出境的机场（车站、码头），旅行社还需要安排车辆送旅游团前往出境的机场（车站、码头）。领队可在途中介绍过关的手续和程序，并强调在境外期间的注意事项。旅游车到站后，领队要提醒旅游者带齐行李物品，不要遗落。

第二步：办理登机及行李托运手续

（一）告知旅游者航空公司关于行李的规定

在办理登机手续及行李托运手续之前，领队要告知全团旅游者航空公司免费托运行李额和行李赔偿的有关规定。告知旅游者行李托运的注意事项，比如锂电池、充电宝、自热食品等不能托运，需随身携带上机；单瓶超过100毫升的液体必须托运，不能随身带上机等。

（二）协助旅游者办理登机与行李托运手续

1.集体办理登机手续

（1）领队收齐全团所有旅游者的护照和机票后，到航空公司值机柜台的"团队"专用柜台统一办理登机牌，然后将证件和登机牌发给旅游者，让其自行办理行李托运手续。

领队在统一办理登机牌时，应以家人、朋友为小组，请工作人员尽量安排在一起或邻近座位，方便旅游者在飞行中互相照顾。

（2）领队应请旅游者配合将各自拟托运的行李在柜台前整齐摆放，以方便托运清点。

（3）领队要逐一检查行李是否上锁、是否包装完好，并填挂好行李标签。

领队检查行李上锁时，要告知旅游者：欧美等国家和日本的海关会打开锁抽检托运行李，如果不是全世界统一的海关锁，将会被破坏性打开且不会得到任何赔偿。如果是海关锁，则不会有问题。

2.旅游者单独办理登机手续

有些航空公司出于航空安全原因，要求乘客必须亲自办理乘机和托运行李手续。此时，领队要提醒旅游者注意事项，并带领全团旅游者来到航空公司的值机柜台前由旅游者自己办理乘机手续，领队在一旁协助，如图7.7所示。

图 7.7　办理登机和行李托运

（三）解读登机牌信息、介绍出境海关和边防程序

（1）办理乘机手续后，领队应一一告知旅游者登机牌的信息（登机口、登机时间、航班号）。

（2）介绍接下来的卫生检疫、海关、边防、安检四个程序。

（3）如果是团签或落地签团队，务必在此时按照"中国公民出境旅游名单表"的排序，组织旅游者排队（领队应提前在每位旅游者的证件封面上，贴好写有持有人名字、序号的标签）。

（4）通常情况下，领队率先换取登机牌，同时请工作人员把自己的座位安排靠前，因为到达目的地下机时，领队需要率先下机走在团队旅游者的前面，引领大家集合。

第三步：通过卫生检疫

为了防止传染病由国外或由国内传出，保护人身健康，根据国际惯例，各国都制定了《国境卫生检疫法》。

我国依照《中华人民共和国国境卫生检疫法》设立了国境卫生检疫机关，在出境口岸依法对包括旅游者在内的有关人员及其携带的动植物和交通运输工具等进行传染病检疫、检测和卫生监督，只有经过检疫，经国境卫生检疫机关许可，才能出境。

领队带领旅游者到卫生检疫柜台前，接受卫生检疫人员（系统）的检测。

如果前往有疫情的国家和地区，需提前进行国际预防接种，并持有《国际预防接种证书》（简称"黄皮书"），如有旅游者未办黄皮书，应在现场补办手续（图 7.8）。

第四步：办理海关申报

根据我国海关规定，除享受免检待遇的人员外，在出入境时，都应填写"中华人民共和国海关进出境旅客行李物品申报单"（以下简称"申报单"，图 7.9），并将全部行李物品交由海关进行检验。

领队在带领旅游团经过中国海关时，需要做下列工作：

（1）告知旅游者中国海关禁止携带出境的物品。

（2）请携带无须向海关申报物品的旅游者从绿色通道穿过海关柜台，进入等候区。

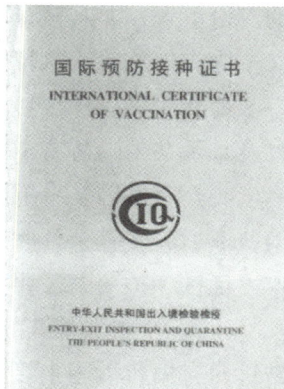

图 7.8　黄皮书

（3）领队带领携有向海关申报物品的旅游者从红色通道到海关柜台前办理手续。旅游者交验本人护照，由海关人员对申报物品查验后盖章。领队应提醒旅游者保存好"申报

单”，以便回国入境时海关查验。

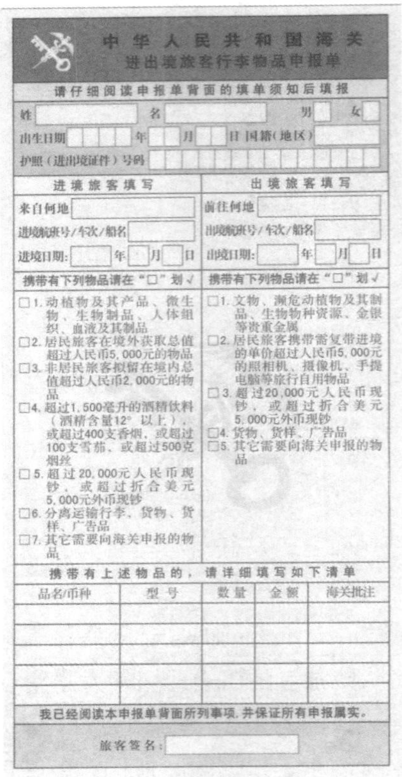

中华人民共和国海关
进出境旅客行李物品申报单

请仔细阅读申报单背面的填单须知后填报

姓 名 男 女
出生日期 年 月 日 国籍（地区）
护照（进出境证件）号码

进境旅客填写	出境旅客填写
来自何地	前往何地
进境航班号/车次/船名	出境航班号/车次/船名
进境日期： 年 月 日	出境日期： 年 月 日
携带有下列物品请在“□”划√	携带有下列物品请在“□”划√
□1. 动植物及其产品、微生物、生物制品、人体组织、血液及其制品 □2. 居民旅客在境外获取总值超过人民币5,000元的物品 □3. 非居民旅客拟留在境内总值超过人民币2,000元的物品 □4. 超过1,500毫升的酒精饮料（酒精含量12°以上），或超过400支香烟，或超过100支雪茄，或超过500克烟丝 □5. 超过20,000元人民币现钞，或超过折合美元5,000元外币现钞 □6. 分离运输行李、货物、货样、广告品 □7. 其它需要向海关申报的物品	□1. 文物、濒危动植物及其制品、生物物种资源、金银等贵重金属 □2. 居民旅客携带需复带进境的单价超过人民币5,000元的照相机、摄像机、手提电脑等旅行自用物品 □3. 超过20,000元人民币现钞，或超过折合美元5,000元外币现钞 □4. 货物、货样、广告品 □5. 其它需要向海关申报的物品

携带有上述物品的，请详细填写如下清单

品名/币种	型号	数量	金额	海关批注

我已经阅读本申报单背面所列事项，并保证所有申报属实。

旅客签名：

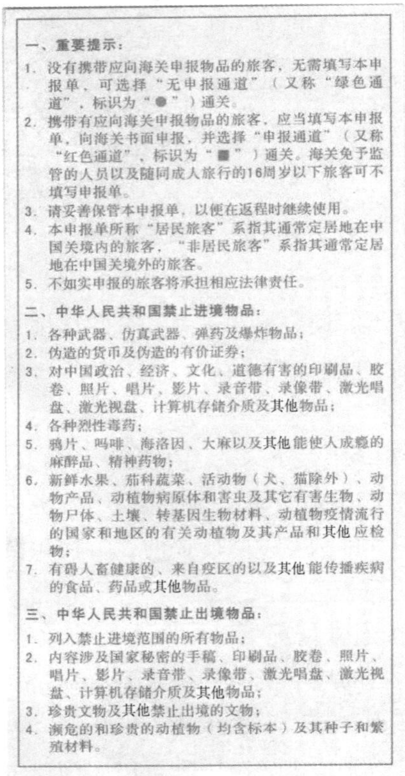

一、重要提示：

1. 没有携带应向海关申报物品的旅客，无需填写本申报单，可选择“无申报通道”（又称“绿色通道”，标识为“●”）通关。
2. 携带有应向海关申报物品的旅客，应当填写本申报单，向海关书面申报，并选择“申报通道”（又称“红色通道”，标识为“■”）通关。海关免予监管的人员以及随同成人旅行的16周岁以下旅客可不填写申报单。
3. 请妥善保管本申报单，以便在返程时继续使用。
4. 本申报单所称“居民旅客”系指其通常定居地在中国关境内的旅客，“非居民旅客”系指其通常定居地在中国关境外的旅客。
5. 不如实申报的旅客将承担相应法律责任。

二、中华人民共和国禁止进境物品：

1. 各种武器、仿真武器、弹药及爆炸物品；
2. 伪造的货币及伪造的有价证券；
3. 对中国政治、经济、文化、道德有害的印刷品、胶卷、照片、唱片、影片、录音带、录像带、激光唱盘、激光视盘、计算机存储介质及其他物品；
4. 各种烈性毒药；
5. 鸦片、吗啡、海洛因、大麻以及其他能使人成瘾的麻醉品、精神药物；
6. 新鲜水果、茄科蔬菜、活动物（犬、猫除外）、动物产品、动植物病原体和害虫及其它有害生物、动物尸体、土壤、转基因生物材料、动植物疫情流行的国家和地区的有关动植物及其产品和其他应检物；
7. 有碍人畜健康的、来自疫区的以及其他能传播疾病的食品、药品或其他物品。

三、中华人民共和国禁止出境物品：

1. 列入禁止进境范围的所有物品；
2. 内容涉及国家秘密的手稿、印刷品、胶卷、照片、唱片、影片、录音带、录像带、激光唱盘、激光视盘、计算机存储介质及其他物品；
3. 珍贵文物及其他禁止出境的文物；
4. 濒危的和珍贵的动植物（均含标本）及其种子和繁殖材料。

图 7.9 海关申报单

第五步：边防检查

出境边防检查是指对出入国境人员的护照、签证、出入境登记卡、出入境人员携带的行李物品、交通运输工具及其运载的货物进行检查和监护，以及对出入国境上下交通运输工具的人员进行管理，并对违反规章的行为进行处理。在这里，主要是指对出入国境人员的身份审查，尤其核查旅游者是否有被特殊限制的情况。

为方便旅客出入境，增强中国公民的民族自豪感，提高口岸通行效率，公安部决定进一步简化中国公民出境边防检查手续。从 2007 年 10 月 1 日起，包括内地公民、港澳台居民及华侨在内的所有中国公民，出境时一律免填“边防检查出境登记卡”。

（1）领队将“中国公民出国旅游团队名单”交给边检工作人员，边检工作人员收取第一联后，在其余几联盖章，并将盖章后的其余三联名单表交还领队妥善保管。旅游者持本人证件（护照）按照名单顺序排队接受边防检查。

（2）持个人签证的团队则由旅游者持本人证件（护照、含有效签证）、机票订单（通常针对自由行散客）接受检查。

（3）以上检查完毕后，边检工作人员在护照上加盖出境验讫章，将护照、机票交还游客，边检手续完成。

第六步：安全检查

安全检查是出境人员必须履行的检查手续，是保障旅客人身安全的重要预防措施。安全检查不存在任何特殊的免检对象，所有人都必须经过安全检查。

（1）安全检查的内容。主要是检查旅客及其行李物品中是否携带枪支、弹药、易爆、腐蚀、有毒放射性等危险物品。安全检查必须在旅客登机前进行，拒绝检查者不准登机，损失自负。

（2）安全检查的环节。主要包括托运行李物品检查、旅客证件检查、手提行李物品检查和旅客身体检查。安检之前领队应提前告知旅游者准备好登机牌和护照交给安全检查员进行查验，如图 7.10 所示。

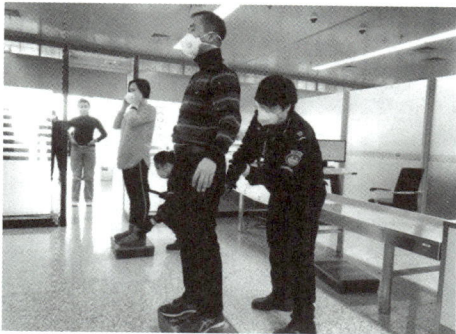

图 7.10　安全检查

第七步：候机服务

在登机前领队的主要工作有：

（1）再一次告知所有旅游者航班号、登机口、登机时间和起飞时间。

（2）领队应提醒旅游者随时留意机场广播及信息屏幕，注意登机口和登机时间的可能更改变化。如有变化，领队应及时通过电话、微信群等方式通知旅游者。

（3）提醒旅游者在机场免税区购买商品的注意事项并随时留意时间，切勿误机。

（4）登机时，领队一定要在登机口确保所有旅游者登机，并与登机口工作人员核对无误后才可登机。如果有旅游者临近登机结束时还没到达登机口，领队应马上通过登机口广播或电话与旅游者取得联系，让其尽快赶往登机口。

第八步：飞行途中服务

飞行途中，领队应协助机组人员向旅游者提供必要的帮助和服务。主要工作有：

（一）调整调换座位

通常不建议旅游者调换座位，如有特殊情况，领队可以在飞机平飞后，在旅游团成员之间协商解决。

（二）其他要求

（1）国际航班上通常都会配备毛毯、小枕头、眼罩、一次性拖鞋、餐具等用品，领队需要提醒旅游者，只有眼罩和一次性拖鞋可以作为纪念品带走，如果喜欢其他物品需要购买。

（2）航班上的餐饮服务。如果有特殊要求（如穆斯林餐等）需要在订票时申请。如果旅游者此时有特殊用餐要求，领队应做耐心解释，并在力所能及的条件下予以满足。

（三）指导旅游者使用娱乐设备

大部分国际航班在每个座椅靠背上配有电子娱乐屏，可以看电影打游戏听歌等。领队应教会旅游者操作并提示戴上耳机不要影响其他乘客。

（四）旅游者问询

领队应及时回答旅游者的问询。对于不懂外语的旅游者，要提供必要的翻译服务。

（五）填写资料

帮助旅游者填写目的地国家或地区的入境卡和海关申报单。

（六）告知旅游者统一集合地点及时差

下飞机前，领队应告知旅游者集合地点，并尽量走在团队前面引领集合。

立德专栏

优秀领队的素质对出境游的影响

随着人们生活水平的提高，出境游成为人们的家常便饭。随着出境游的火热，领队人员的需求量逐年增加。为了使旅游者可以有更好的体验，领队应该认识到自己的职业素质对出境游的影响。

1. 良好的思想道德素质有利于建立国家形象。在目的地国家居民心目中，领队人员是客源所在国家的代表，拥有优秀的道德品质可以显现这个国家的教育水平。

2. 广博的知识结构有助于两国文化的思想交流。领队人员在带领旅游团队前往不同的国家进行游览观光时，会和目的地国家的居民结交往来，帮助他们认识了解中国，促进目的地国家居民与中国人民相互了解，增进友谊，这一来一往更有助于两国文化的深入交流。

3. 较强的独立工作能力有助于提高服务效率。在出境游的过程中难免会发生意外事故，而是否能够妥善解决对于领队人员是一项艰巨的考验，处事不惊，处理事情果断，随机应变更是能够提高服务效率的手段。

（改编资料来源：张晓鸥 . 浅析领队人员素质对出境游活动的影响［J］. 当代旅游，2017（15）：23-24.）

📝 技能考核

考核一：学生以小组为单位讨论分析案例，并向全班同学展示讨论结果。

2018 年 1 月，领队杨某带领 A 团 18 位旅游者前往澳洲，乘坐飞机由重庆出发经香港转机前往悉尼。第一段航班落地香港后，团里有 6 位旅游者提出离下一段登机时间还早，香港机场又比较大，免税品种类也丰富，想在香港机场内自由逛逛，杨某同意并提醒旅游者一定要在登机时间前往登机牌上的登机口。后由于第二段航班临时更改登机口，航空公司通过机场大屏和广播进行通知，但那6位旅游者没有留意到更改通知。杨某在登机时，也未与登机口工作人员核对是否本团旅游者全部登机。航班起飞后，他才发现只有12位旅游者在航班上，在机场闲逛的6位旅游者被滞留在香港机场。

讨论：

（1）发生此次事件的主要原因是什么？

（2）作为领队应该如何避免此类事件发生？

考核二：请将出境服务工作的要点和流程制作成一个思维导图，上传到学习平台。

考核标准

序号	考核细分项目	细分标准	分值	得分
1	课前准备	讨论回答	15	
2	技能考核一	语言表达	55	
		技能操作		
		展示效果		
		完成时间		
		技能操作		
		展示效果		
		完成时间		
3	技能考核二	按照考核要求完成任务	30	
总分				

考核汇总表

组别				
小组自评				
小组互评				
教师评价				
企业导师评价				
总分				

备注：小组自评10%，小组互评10%，教师评价40%，企业导师评价40%。

任务三　目的地国家（地区）入境服务

课前准备

查阅学习资料，结合微课视频，分析领队带领旅游团在目的地国家入境服务工作包括哪些方面。

目的地国家
入境服务

序号	名称	内容

时间安排

（1）任务介绍 5 分钟。
（2）任务分析 5 分钟。
（3）教师导学 25 分钟。
（4）学生实训 40 分钟。
（5）总结评价 5 分钟。

任务介绍

领队张婷带领的旅游团将于 7 月 20 日 13：00（北京时间）乘坐飞机从重庆江北机场直飞东京，20 日 18：30（东京时间）抵达东京成田机场。作为领队，张婷需要带领旅游团办理入日本国境的手续，并顺利与日本的地接社导游会合。

任务分析

对于首次出国旅游的学生们来说，第一次踏上他国领土，兴奋是难免的。因此，在下飞机前，张婷应反复提醒同学们检查随身携带的行李物品，注意拿好护照、登机牌和行李托运小票依次下机，到指定地点集合。张婷应率先走在团队最前面，引导旅游者集合并简单介绍接下来的入境程序，同时告知旅游者下一步集合地点是提取托运行李的转台位置（通过电子屏幕查阅该航班的行李提取转台）。

张婷要带领旅游团办理的入境手续包括五个部分：

卫生检疫 → 办理入境 → 领取行李 → 海关手续 → 导游会合

一、任务目标

（1）素质目标：培养认真负责、踏实敬业的工作态度。

（2）知识目标：掌握目的地国家（地区）入境服务工作的内容、要求和注意事项。

（3）技能目标：能根据工作要求独立进行目的地国家（地区）入境服务工作。

二、任务重点

掌握目的地国家（地区）入境服务工作的内容和要求。

三、任务难点

能根据工作要求独立进行目的地国家（地区）入境服务环节的操作。

✎ 任务实施

第一步：卫生检疫

每个国家的卫生检疫形式各不相同。有的国家需要查验黄皮书和健康申报单，有的国家只是对入境旅游者进行检视，在发现患病旅游者时加以询问。所以，在经过体温电子检视区域时，领队应提醒旅游者摘下帽子配合检查。

第二步：办理入境手续

许多国家的入出境是由其"移民局"负责，领队带领旅游团沿"移民入境（IMMIGRATION）"标志前行，即可找到入境检查柜台。领队要带领旅游团在有"外国人入境（FOREIGNER）"标志的任一通道前排队，提醒旅游者有序排队，保持安静，不要拍照。领队还应提醒所有旅游者仔细检查移民局官员是否在护照上加盖入境印章。

（一）出示证件

（1）如果旅游团所持的是团队签证，则需要听从移民局工作人员的指挥，按照名单上的排序，带领团队到指定柜台办理。此时，领队应走在旅游团最前面将团体签证交给检查人员，并及时回答移民局官员的提问，确保全团成员顺利入境。

（2）旅游者向入境检查人员出示护照、签证、入境卡。有时移民局官员会要求领队出示当地旅行社的接待计划或行程表。

（3）一般情况下，出境登记卡中左边部分填写的是离境信息，会被入境检查官员撕下订在护照上，以便离开国境时查验。

（4）如果是陆地过境，比如从新加坡的兀兰海关进入马来西亚的新山海关，旅游者需带上护照、新加坡出境卡和手提行李，排队经过新加坡移民局和海关检查（大件行李留在车上），过关后重新回到新加坡旅游车，开往马来西亚的新山海关，然后携带护照、马来西亚入境卡和所有行李物品，排队接受马来西亚移民局和海关的检查，最后登上马来西亚的旅游车。

（二）接受询问

入境检查官员可能会就入境的原因进行简单询问，领队及旅游者面对询问不必紧张，要从容回答。如说不清楚，可将当地负责接待的旅行社的总经理姓名及电话告知检查官员。

（三）完成入境检查

入境检查官员经审验无误，在护照和出入境卡上加盖入境章，并将护照、出境卡、机票订单退还。欧美、非洲和澳大利亚等国通常需要领队出示英文行程单。至此，领队及旅游者即通过入境关，正式进入旅游目的地国家（地区）。

第三步：领取托运行李

（一）到指定通道领取托运行李

（1）移民局入境检查后，领队要带领旅游者到该航空公司的托运行李转台认领自己的行李。从机场行李区的电子指示牌上可以找到旅游团所乘航班的行李转台位置。

（2）领队确认自己及每位旅游者都拿到了托运的行李后，才可以带领旅游者一起去办理入境海关手续。

（二）托运行李出现问题应及时处理

（1）如果托运行李遗失或损坏，要立即持行李小票与机场行李部门进行交涉。

（2）若确认丢失，需当即填写行李报失单，交航空公司解决。

（3）领队应妥善保管行李报失单或拍照，同时记下机场服务人员的姓名及联系电话，以备日后查询。

（4）如果行李被损坏，领队要协助旅游者请机场行李部门或航空公司代表开具书面证明，证明损坏或遗失是航空公司的原因引起，以便索赔。赔偿方式有以下几种：当场赔偿现金，记录下信用卡日后转款，当场领取替代行李箱，旅游者自己购买同款行李箱后把发票以及自己的信用卡号寄给航空公司。

（5）行李领出清点无误后，带领旅游团前往海关处通关。

第四步：办理入境海关手续

通常情况下，旅游者在办完入境手续、提取托运行李后，才能进入海关检查区域。海关有红色通道（申报）和绿色通道（无申报）。

（1）领队应提醒旅游者，如果有拿不准的物品（比如较多数量的火锅调料、某些药品、炒瓜子花生等），最好走红色通道接受检查，这样万一有个别的轻微问题，也只是会没收物品而不会带来其他法律后果。通关是非常严肃的，绝不可心存侥幸。

（2）海关检查一般为例行检查，领队带领旅游者经过海关时，把申报单交付海关人员后，即可直接走出。

（3）海关工作人员权力较大，可以直接对当事人进行验身检查。领队应告知旅游者，如海关人员进行抽查，应当配合检查而不要与其争执。

（4）当所有旅游者通关后，领队应立即收取他们的护照，统一保管。

第五步：与接待社导游会合

（1）领队带领自己的团队顺利办完上述各项手续后，要高举领队旗，带领全体旅游者到机场出口，与前来迎接的地陪会合。

（2）与地陪见面后，领队应与地陪进行交流。

①告知对方旅游团人数是否有变化，以及接下来的行程安排和注意事项。

②让旅游者去洗手间梳理、更衣室换装或整理行李。

③如果立即开始游览行程，应提醒旅游者把需要用到的行李物品（如墨镜、帽子、伞、药品、相机、充电宝、外套、零食、水杯等）随身携带，其他物品则放入旅游车的行李箱。

立德专栏

少年强则国强，少年壮则国壮

梁劼是广州导游行业的一颗明星，2006年7月进入广州广之旅国际旅行社股份有限公司担任国宾导游，从事导游、领队工作。

十年来，他先后在国内游总部、入境游总部以及出境游总部承担各种类型团队的接待任务。无论何时，无论面对什么样的客人，他都能以高度的责任感、真诚细致的服务、专业的讲解和极具亲和力的微笑，让客人感到如沐春风、宾至如归。

在从事导游期间，他从省内游的地陪到入境游游客的接待，从国内导游到出境澳大利亚直踩领队，从一名普通的导游到广州市的金牌导游、全国优秀导游员和中国好导游，一步步走来，他积极乐观，刻苦耐劳，注重自我提升。

在他眼里，他所从事的导游工作并不是一份普通的职业。导游不仅是旅行社与客人之间的纽带，更是不同文化间沟通的纽带，是传播文化的使者。

近年来，他承担了出境游澳新部大部分重点公务团队的带团工作。从2013年开始，他更是参与到公司领队的前期授课培训以及实地踩线考察的带队工作，担负起培养新人的责任。难能可贵的是，他将自己的带团经验和教训毫无保留地告诉新从事这个领域带团的导游同事，现在已经成为这个线路的首席培训师。

"少年强则国强，少年壮则国壮"，梁劼总是以梁启超先生这一句名言来激励自己，作为自己的座右铭，时刻鞭策和勉励自己。

（改编资料来源：张秋晨.国旅"好声音"李滨：微笑改变世界 快乐从"心"出发［EB/OL］.（2016–12–15）［2022–08–29］.广东旅游南方号.）

✎ 技能考核

考核一：以小组为单位，讨论分析案例，向全班展示讨论结果。

领队黄先生带团前往欧洲，第一站抵达奥地利首都维也纳时，发现一位旅游者的行李丢失。在机场工作人员的指引下，领队黄先生带领旅游者找到"LOST AND FOUND"（行李遗失服务处），由于相关业务不熟悉，不知道如何与工作人员联系（正确的方法是向指定的电话号码报失，然后进入行李遗失服务处与工作人员联系办理手续），浪费了很长时间。在与工作人员取得联系后，又因为语言障碍双方沟通困难，将当场填写的行李报失表格带回了饭店。因为欧洲行程安排紧凑，待他10天后返回维也纳机场出境时再与机场交涉，为时已晚。领队工作的失误，造成旅游者在旅途中极大的不便，此事在回国后经过数月交涉才得以解决，这对组团社的诚信造成很大损失。

请问，旅游者托运的行李在出境游的过程中丢失时，正确的报失程序是怎样的？

考核二：跟着大师学带团（学习视频，将导游大师讲的他国入境服务的流程和注意事项梳理出来写入下表，并拍摄学习心得视频上传到学习平台）。

旅游目的地国家（地区）入境操作规范

序号	他国入境服务

✎ 考核标准

序号	考核细分项目	细分标准	分值	得分
1	课前准备	讨论回答	15	
2	技能考核一	语言表达	55	
		技能操作		
		展示效果		
		完成时间		
		技能操作		
		展示效果		
		完成时间		
3	技能考核二	按照考核要求完成任务	30	
总分				

✎ 考核汇总表

组别				
小组自评				
小组互评				

续表

教师评价					
企业导师评价					
总分					

备注：小组自评 10%，小组互评 10%，教师评价 40%，企业导师评价 40%。

任务四　境外服务

✎ 课前准备

查阅学习资料，结合微课视频，分析领队在境外的服务工作包括哪些方面。　境外服务

序号	名称	内容

✎ 时间安排

（1）任务介绍 5 分钟。
（2）任务分析 5 分钟。
（3）教师导学 25 分钟。
（4）学生实训 40 分钟。
（5）总结评价 5 分钟。

✎ 任务介绍

7 月 20 日，张婷带领旅游团抵达东京，即将开始在日本的旅游活动。在日本旅游期间，张婷要如何做好境外服务？

✎ 任务分析

为了确保旅游计划的实施和完成，领队张婷要尽力配合地陪的工作。她要始终维护旅游者的权益，关心旅游者，监督和配合当地的全陪和地陪全面落实旅游合同，还要做好与当地接待社的联络和沟通工作。

张婷可以从以下六个方面做好境外服务工作：

密切配合 → 饭店服务 → 购物服务 → 娱乐服务 → 浏览服务 → 其他服务

一、任务目标

（1）素质目标：养成不卑不亢的工作作风。

（2）知识目标：掌握领队境外服务的内容、要求和注意事项。

（3）能力目标：能根据工作要求独立进行境外服务环节操作。

二、任务重点

掌握境外服务工作的内容和要求。

三、任务难点

能根据工作要求独立完成境外服务环节的操作。

任务实施

第一步：与导游密切配合

领队作为客源国组团社的代表和旅游团的代言人，要维护旅游者的合法权益，监督目的地国家（地区）接待社旅游计划的执行，积极协助当地导游，为旅游者提供必要的帮助和服务，解决常见问题和突发事件。

（一）致欢迎词并介绍当地导游

在带领旅游团上车前，领队应再次清点旅游团的人数和行李，并引导旅游者上车。待全体旅游者登上旅游车后再开始致欢迎词。领队的欢迎词大致包括以下四项内容：

（1）代表组团社感谢旅游者参加旅游团。

（2）对旅游者经历漫长的旅程顺利抵达目的地表示祝贺，并预祝在当地的旅行顺利愉快。

（3）表达领队本人愿为旅游者提供良好服务的真诚愿望。

（4）向旅游者介绍当地导游和司机。

（二）妥善处理各种事故和问题

在境外游览活动期间，一旦发生问题和事故，无论责任在哪一方，领队都应先取得当地导游和接待社的帮助，及时、妥善地处理问题和事故，力求将损失和影响降到最低。

第二步：入店服务

（一）安排旅游者下榻饭店

1. 协助办理入住手续

在境外游览期间，通常是由领队协助当地导游办理入住饭店手续。领队根据分房名单填写房号并复印两份，复印件交导游和饭店前台，自己留手写的原件。

2. 介绍饭店设施设备和周边环境

具体包括：

（1）介绍早餐厅的位置。

（2）介绍电梯的位置、使用方法和逃生门位置。

（3）向旅游者讲清楚房间内免费和付费物品分别有哪些，包括 Wi-Fi 的使用方法。

（4）介绍房间电话的使用方法，同时将自己的房间号告知旅游者，方便联系。

（5）把饭店的定位发在团队微信群里，同时提醒旅游者如果外出自由活动，可以在前台取得饭店的卡片，或领队可以将饭店前台的卡片给旅游者每人发一张，以便旅游者离开饭店自由活动后能安全返回。

（6）介绍周边环境（超市和交通情况）。

3. 提醒注意事项

（1）领队应提醒旅游者尊重服务人员，服务人员问好时要友善回应。

（2）领队应指引旅游者爱护和正确使用住宿场所的设施设备，注意维护客房和公用空间的整洁卫生，提醒旅游者不在酒店禁烟区域抽烟。

（3）领队应提醒旅游者在客房区域举止文明，如在走廊公共区域时应衣着得体，出入房间应轻关房门，不吵闹喧哗，宜调小电视音量，以免打扰其他旅游者休息。

4. 告知旅游次日的行程安排

（1）告知旅游者次日的叫早时间（提醒旅游者行程期间均为当地时间）。

（2）告知旅游者次日的早餐时间、地点和用餐方式。

（3）告知旅游者次日的出发时间以及是否需要换酒店。

5. 安排房间分发房卡

（1）安排房间应以家庭朋友为单位，尽可能安排在同一楼层，老人的房间应靠近电梯。

（2）分发房卡时注意优先发放给老人和携带小孩的家庭。

6. 进行查房

在客人入住后，领队应一一查房（或电话查房），询问房间设施是否正常或是否需要帮助。如果 VIP 客户有行李服务的，还要检查行李是否及时准确送达旅游者房间。

（二）协助当地导游安排用餐

1. 讲解用餐礼仪

领队应与当地导游一起照顾旅游者用餐。用餐前，领队要将国外的一些用餐礼仪告知旅游者。提醒旅游者注意用餐礼仪，有序就餐，避免高声喧哗。

2. 提醒用餐禁忌

（1）旅游者用餐时，领队要随时走动，看看饭菜是否可口、量是否足够。

（2）如果是用自助餐，领队应提醒旅游者不能将自助餐区域的食物和饮料带离就餐区。

（3）集体就餐时，领队应提醒旅游者正确使用公共餐具。

（4）领队应提醒旅游者在国外用餐完毕后，需把餐盘放到指定回收处。

3. 协助解决旅游者需求

（1）如果旅游者要购买啤酒、饮料等，必要时，领队应提供语言翻译上的帮助。

（2）旅游者如果需要在就餐时抽烟，领队应提醒旅游者到指定抽烟区域就座，如果就餐区禁烟，领队应请旅游者遵守相关规则。

（3）就餐环境对服装有特殊要求的，领队应事先告知旅游者，以便旅游者提前准备。

（三）核定日程

（1）领队应主动与当地导游核实下榻饭店、游览景点、停留天数、离开时间等细节，若发现不一致的地方，应及时请当地导游与接待社联系，取得一致意见。对行程表涉及的住宿标准、用餐标准、购物次数、观看演出等诸多细节也要一一进行沟通。

（2）当地导游提出修改或新增游览项目。当地导游有时会对行程提出修改意见，领队应坚持"调整顺序可以，减少项目不行"的原则，必要时报告国内组团社。如当地导游员推荐自费项目时，不能超过接待计划或行程所列自费项目，并要征求全体旅游者的意见，以旅游者自愿参加为原则。

（3）旅游者对游览项目提出要求。领队对旅游者提出的合理而可能的要求，要努力争取，予以满足。若一时难以满足，应耐心做好沟通解释工作。

第三步：购物服务

（1）在境外遇有购物项目时，领队既要配合当地接待社和导游，又要维护旅游者的利益。

（2）领队要时时为旅游者提供购物的帮助和服务，不能只顾自己购物而疏忽了团内旅游者，更不能和当地导游、商店串通一气坑害旅游者。

（3）领队要提前向旅游者介绍旅游目的地国家（地区）的退税规定，并提醒旅游者购物时索要发票。

（4）旅游者购物时，领队要提醒旅游者注意商品的质量与价格，谨防上当。

（5）若当地导游安排购物次数及时长超过合同约定，或与合同约定购物不符，领队应及时交涉。

（6）领队应提醒旅游者理性诚信消费，适度议价，善意待人，遵守契约。

（7）领队应提醒旅游者遵守购物场所规范，保持购物场所秩序，不哄抢喧哗，试吃试用商品应征得同意，不随意占用购物场所非公共区域的休息座椅。

（8）领队还应提醒旅游者尊重购物场所关于购物数量的限制。

（9）在购物活动前，领队应提醒旅游者购物活动的结束时间和购物结束后的集合地点，避免出现因旅游者迟到、拖延而引发的不文明现象。

第四步：娱乐服务

在旅游团观看娱乐节目期间，领队和导游应自始至终坚守岗位，为旅游者提供贴心服务。

（1）在观看节目前，领队应将观看娱乐节目时的注意事项提前告知旅游者，如按时入场、有序出入等。

（2）领队应提醒旅游者在节目演出期间中途入场或离席时注意不要影响他人，鼓掌喝彩应合乎时宜。

（3）领队应提醒旅游者在观看过程中要根据要求使用摄像摄影设备，慎用闪光灯。

（4）一些正规的芭蕾舞和歌剧演出，还会对观众的服装有要求，领队及当地导游也应提前告知旅游者。

第五步：参观游览服务

（一）让旅游者清楚了解每日行程

（1）每到一地，领队及当地导游应将本地的行程计划告知全体旅游者。如果由于交通、天气等原因而对行程进行调整，领队在与当地导游商定后，也要将调整后的日程及时告知全体旅游者并讲清楚调整原因。

（2）每日上车后，领队和导游的第一个任务就是再把当日行程告知旅游者。当天游览任务结束时，领队或导游要将次日的全部行程、出发时间和注意事项提前告知旅游者。

（二）提醒旅游者文明旅游

（1）领队要将文明旅游的内容融合在讲解词中，并随时提醒旅游者遵守游览场所规则，依序文明游览。

（2）在自然类景区游览时，领队应提醒旅游者爱护环境、不攀折花草、不惊吓和伤害动物、不进入未开放区域。

（3）观赏人文类景观时，领队应提醒旅游者爱护公物、保护文物、不攀爬骑跨或胡写乱画。

（4）在参观博物馆、教堂等室内场所时，领队应提醒旅游者保持安静，不随意触摸展品。根据场馆要求规范使用摄影摄像设备，提醒旅游者摄影摄像时先后有序，不妨碍他人。如需拍摄他人肖像或与他人合影，应征得同意。

（5）游览区域对旅游者着装有要求的，领队应提前一天向旅游者说明，提醒旅游者按照要求进行着装。

（三）辅助导游完成游览计划

旅游团游览途中的导游和景点导游讲解是当地导游最主要的工作，领队既要监督其完成这项工作，也要在其讲解的过程中给予必要的辅助。

（四）保护旅游者安全

（1）在景点游览前，领队及导游应告知旅游者在该景点停留的时间、参观游览结束后集合的时间、地点及注意事项。

（2）领队要随时清点人数，以防旅游者走失；还要留意周围的环境和旅游者的动向，保护旅游者安全。

（3）一般情况下，领队应走在团队的最后面，与当地导游形成首尾呼应之势，防止旅游者掉队。

（五）做好上下站联络工作

当旅游团行程计划有变更时，领队一定要提前与下一站的地接社联系，告知下站导游本旅游团的变更情况。

（六）团队管理工作

领队应配合地陪管理好团队，对于个别不文明不礼貌的行为，要进行制止。

第六步：其他服务

（一）确认返程国际机票

按照国际惯例，对于往返和联程机票，如果在某地停留时间超过 72 小时，无论是否已订妥后续航班机位，都需要提前至少 72 小时在该地办理后续航班的机位再确认手续。领队在境外旅游期间，可以自己打电话给航空公司办理确认，也可以请导游或境外接待社代为办理确认。

（二）督促旅游计划的执行

督促旅游计划的执行是领队的主要任务。领队要时刻不忘自己是中国组团旅行社派出的代表，有权力对境外旅行社的执行接待计划情况和接待质量进行监督。一旦发现当地导游没有按计划安排游览项目，或提供与旅游协议规定质量不相符的服务，领队应立即向其指出，督促其改进，也可与当地接待社交涉，必要时可报告国内组团社。

另外，领队也是旅游者的代表，可以代表旅游者对境外旅行社或导游提出合理要求，并要时时处处维护旅游者的合法权益。

（三）维护旅游团内部的团结

领队应认真履行工作职责，维护旅游团内部的团结，协调旅游者之间的关系，妥善处理各种矛盾。与接待社导游也要团结协作，保证旅游计划顺利进行。

（四）保管工作

在境外期间，领队要做好旅游团集体签证、团员护照、机票订单、各国入境卡、海关申报单等资料的保管工作。

除了以上几项工作，领队带领团队在国外旅游时，还应提高政治觉悟及政治敏锐性，当出现危害祖国的言论及行为时，应及时制止。

立德专栏

"专业""细致"是她的代名词

8 年前，刚毕业不久的陈杨怀着走遍全世界的梦想选择了出境领队这个职业。从业多年来，她始终秉持"游客第一"的理念，"专业""细致""耐心"是游客们对她最多的评价。

2018 年 5 月，陈杨正带团进行"德法瑞意四国游"的行程，团内有不少老年人，其中还有一位客人腿脚不灵便，这让她尤为关注。当团队大巴行至巴黎凯旋门，打算穿过香榭丽舍大街时，恰巧遇到法国人游行抗议，街上聚集的人群越来越多，大巴车也被堵在道路中间。

凭借多年的领队经验，陈杨意识到一旦人群失控，游客的人身安全将受到威胁。于是，她请求司机找准机会往旁边小路开或者掉头，司机以交通违规为由拒绝。在多次与司机协商未果之后，陈杨果断号召客人下车步行："我们现在不能继续留在拥堵的香榭丽舍大街上，大家愿不愿意跟着我疏散到安全的地方？"基于对领队的充分信任，全团旅游者同意下车。

下车后，大批警察开始涌向街道，游行人群慌忙逃窜，场面一度失控。此时，团里游客惊吓不已，陈杨却临危不乱，她一边扶着腿脚不便的客人，一边指挥团队游客到达了安全的场所。事后，游客们纷纷为陈杨的机智和勇敢点赞。

对于此次获得"2018 年度优秀领队"的称号，陈杨表示，心情激动的同时感到自己肩上的责任更重，今后将不忘初心，努力为游客带去更好的出游体验。

（改编资料来源：途牛 50 名"2018 年度优秀导领"名单出炉 累计奖励"金牌导游"1603 人次［EB/OL］.（2019−01−23）［2022−08−30］.环球财富网.）

✎ **技能考核**

考核一：以小组为单位，讨论分析案例，向全班展示讨论结果。

某公司为了激励员工，决定组织一次境外旅游活动。在与一家具有出境游资格的国际旅行社洽谈协商后，该公司决定全额支付旅游费用，并按照旅行社的要求，为每一位员工支付了 800 元的境外自费项目。同时书面约定，所有参团员工不需要在境外支付其他任何费用，除非他们主动提出参加某些项目。

旅游团到达境外后，境外导游给每一位旅游者一份自费项目目录和价格，供旅游者选择，并规定每一位旅游者缴纳自费项目费用 1600 元，否则不再提供服务。在整个过程中，领队一言不发。由于身处异地，旅游者不得不按照境外导游的要求，每人支付了 1600 元的自费项目费用。回国后，旅游者向组团社提出返还 1600 元的要求，但遭到拒绝，后又向旅游管理部门投诉。

针对上述案例，请同学们分析讨论：

（1）案例中的领队有错吗？如有，错在何处？

（2）针对旅游者的投诉，旅游管理部门应当作何处理？

（3）旅游者向组团社提出返还 1600 元自费项目费用是否合理？旅行社是否应当返还？为什么？

考核二：跟着大师学带团（学习视频，将导游大师讲的境外服务的技巧梳理出来写入下表，并拍摄学习心得视频上传到学习平台）。

境外游客走失的预防和处理

序号	境外服务

考核标准

序号	考核细分项目	细分标准	分值	得分
1	课前准备	讨论回答	15	
2	技能考核一	语言表达	55	
		技能操作		
		展示效果		
		完成时间		
		技能操作		
		展示效果		
		完成时间		
3	技能考核二	按照考核要求完成任务	30	
总分				

考核汇总表

组别				
小组自评				
小组互评				
教师评价				
企业导师评价				
总分				

备注：小组自评 10%，小组互评 10%，教师评价 40%，企业导师评价 40%。

任务五 目的地国家（地区）出境服务

课前准备

查阅学习资料，结合微课视频，分析领队在目的地国家（地区）出境服务（简称"离境"）工作包括哪些方面。

目的地国家
出境服务

序号	名称	内容

时间安排

（1）任务介绍 5 分钟。

（2）任务分析 5 分钟。

（3）教师导学 25 分钟。

（4）学生实训 40 分钟。

（5）总结评价 5 分钟。

任务介绍

张婷带领的旅游团将于 7 月 26 日 21：00 乘坐飞机从大阪返回重庆。在离开日本之前，她需要带领旅游者在东京机场办理离境手续。

那么，张婷需要为旅游者提供哪些出境服务？

任务分析

张婷带领旅游团离开日本国境时，需要完成以下七个方面的工作：

退税盖章 → 办理乘机 → 海关检查 → 办理离境 → 购物退税 → 候机服务 → 途中服务

一、任务目标

（1）素质目标：培养认真负责、一丝不苟的工作作风。

（2）知识目标：掌握领队离境服务的内容、要求和注意事项。

（3）技能目标：能根据工作要求独立进行离境服务环节操作。

二、任务重点

掌握离境服务工作的内容和要求。

三、任务难点

能根据工作要求独立完成离境服务环节的操作。

✏️ **任务实施**

第一步：退税盖章

许多国家或地区都有对旅游者购物实行退税的规定。到底是先办理乘机手续还是先办理海关退税手续，各个离境机场的规定不尽相同，领队可先向机场查询并告知旅游者。领队还必须掌握各国的退税规定和操作方式，以便为旅游者提供帮助。

（1）填写退税单。部分营业员会代为填写，或在领队指导下旅游者自行填写。

（2）整理申请退税的商品和资料。领队应告知旅游者将每一个商品、对应的发票和退税单钉在一起。

（3）带领需要退税的旅游者带好本人护照、购物发票、未拆封的商品和填写好的退税单前往退税窗口。

（4）将所有材料交给检查官员进行检查，检查官员在检查完毕后将商品现场打包，贴上封条装进托运袋，然后在退税单上盖章。盖过章的退税单交还给旅游者。

（5）旅游者在办完离境手续进入机场候机大厅后，拿着退税单到退税窗口领取现金，或者将退税单装进信封投入邮筒，通常半个月左右，退税金额会自动返还到本人的信用卡上。

第二步：办理乘机手续

在境外各国（地区）机场办理乘机手续，与出国境时在国内的航空公司柜台办理手续基本一致。一般来说，境外接待社的导游应当帮助领队办理出境乘机手续。领队要根据销签表格记录好每位旅游者的航班座位编号。

（一）办理乘机手续

（1）领队要带领旅游者先通过行李安全检查。

（2）带领旅游者到航空公司值机柜台，由旅游者持护照签证——办理登机牌，同时办理行李托运手续。

（二）介绍乘机信息和下一步程序

（1）领队应集合团队旅游者，告知旅游者回国后的销签程序，即要收回每位旅游者的登机牌和护照，请大家务必检查出境时移民局官员是否有盖出境印章。

（2）介绍登机牌的信息（登机口、登机时间、航班号）。

（3）介绍接下来的海关检查、出境、退税、安检四个程序，请旅游者带好护照、登机牌、海关申报单和出境卡，一同前往海关接受检查，并在此与当地导游告别。

关于购买离境机场税：

通常情况下，国外机场收取的机场税在购买机票时会一起付清，但有些国家的国际机场需要在乘机前现场购买。领队在出团前就要对机场税的购买情况有所了解并提前告知旅游者。如果需要在现场购买机场税，一般情况下是由境外接待社负责支付机场税，由地陪代为购买，领队要督促地陪将机场税凭据发给旅游者。

第三步：通过海关检查

（1）通过海关前，领队应当向旅游者说明海关的规定以及海关申报的重要性，要求旅游者主动向海关申报限制携带出境的物品。

（2）领队应帮助旅游者填写海关申报单，协助旅游者与海关人员进行交流。

（3）无申报物品的旅游者，无须填写海关申报单，可直接通过。但多数国家的机场海关，会以抽查的方式进行检查，如发现旅游者携带了限制出境的物品而没有申报，则会进行处罚。

第四步：办理离境手续

（一）填写出境卡

许多国家的出境卡和入境卡印刷在一张纸上，旅游者在入境时就已经填写完成。如果旅游者不慎将夹在护照中的出境卡丢失，就需要再补填一张。领队在入境时就要提醒旅游者保管好出境卡，因为在有些国家（如新加坡）一旦丢失出境卡，后果会很严重。

（二）通过离境边检

（1）在进入边检区域后，领队要带领旅游者在出境检查柜台前排队，依次办理出境手续。

（2）旅游者向边检官员交上护照、出境卡和登机牌后，站立等候查验。

（3）如查验无误，移民局官员将在护照上盖离境印章，或在签证上盖"USED"（已使用）的印章，收取出境卡，然后将护照和登记卡交还旅游者，离境手续就完成了。

第五步：领取退税

带领在机场出发大厅办理好退税手续的旅游者，到离境处的退税柜台，出示已盖章的退税单，取回退还的现金或选择银行卡退税。

第六步：候机服务

（1）领队应注意收听机场的广播，或向机场内的咨询台询问，也可以从电脑大屏幕上查询所搭乘航班的登机闸口登机时间是否改变。在确认后要将闸口及登机时间告知旅游者，并提醒旅游者切勿因逛免税商店而误了登机时间。

（2）为了避免出现误机事件，领队要提前赶到登机闸口清点人数，尽快与未能及时赶到的旅游者联系。

（3）通常在候机时，请旅游者填写"意见表"，征求旅游者对本次行程各方面的意见和建议，如果有明显的和潜在的不满意之处，尽最大努力积极化解和修正，尽量不把问题带回国。

立德专栏

　　2007年，舒亮亮考取了导游证，但在应聘导游过程中，由于口音、外形等问题遇到了不少挫折。他通过刻苦练习，终于在2009年获得了导游工作机会。2012年他进入湖南海外旅游有限公司担任专职导游员，并被评为"2013年湖南海外十佳导游"，当年累计带团超过290天，创下一个月连续带团31天的纪录。

　　一次带团前往韩国，团中有一名残疾人。在韩国游览的五天里，舒亮亮坚持全程背着她上下车、爬台阶、进餐厅、回酒店。2014年，舒亮亮曾两次执行公司境外包机联络事宜，连续两个月常驻巴厘岛担任领队工作。国庆期间，湖南海外旅游公司首发的马尔代夫包机起航，舒亮亮作为常驻马尔代夫联络员，独自在马尔代夫机场接待766位游客。因为舒亮亮在马尔代夫给游客提供24小时中文服务，游客对湖南海外旅游有限公司提供的人性化服务给予了高度评价。

　　（改编资料来源："寻找最美导游"提名奖人选简介［EB/OL］.（2015-04-17）［2022-08-30］.光明网.）

✎ 技能考核

考核一：以小组为单位，讨论分析案例，向全班展示讨论结果。

某旅游团赴新、马、泰三国进行 10 日游。行程中乘坐国泰航空公司的航班，由新加坡飞中国香港，再由香港转机回内地某城市。在香港转机过安检时，经 X 光检查，旅游团中的刘先生随身携带的旅行包中有两件飞机上的救生衣。安检官员问他："你的旅行包里有什么东西？"刘先生摇摇头说："没什么东西，是自己穿的衣服。"安检官员责令他将旅行包打开，将随身携带的物件全部拿出来……检查的结果是，旅行包里除有两件鲜艳的救生衣外，还有一些飞机上用的非一次性餐具、刀子、叉子以及乘客喝热饮料用的玻璃杯。安检官员立即将刘先生扣留并报警。两分钟不到，来了两名警察将他带走，当该团领队王小姐询问安检官员，这位刘先生是否还能随团上机时，得到的回答是："这位乘客违反了法律，先拘留再经相关法院审判后才有结果。"

讨论：

（1）旅游者刘先生错在何处？

（2）组团社和领队是否也负有责任？

（3）这件事给我们的教训是什么？

考核二：跟着大师学带团（学习视频，将导游大师讲的目的地国家出境的注意事项梳理出来写入下表，并拍摄学习心得视频上传到学习平台）。

浅谈他国
离境退税

序号	目的地国家出境的注意事项

✎ 考核标准

序号	考核细分项目	细分标准	分值	得分
1	课前准备	讨论回答	15	
2	技能考核一	语言表达	55	
		技能操作		
		展示效果		
		完成时间		
		技能操作		
		展示效果		
		完成时间		
3	技能考核二	按照考核要求完成任务	30	
总分				

考核汇总表

组别					
小组自评					
小组互评					
教师评价					
企业导师评价					
总分					

备注：小组自评 10%，小组互评 10%，教师评价 40%，企业导师评价 40%。

任务六　归国入境服务

课前准备

归国入境
服务

查阅学习资料，结合微课视频，分析领队带团归国入境的服务工作包括哪些方面。

序号	名称	内容

时间安排

（1）任务介绍 5 分钟。

（2）任务分析 5 分钟。

（3）教师导学 25 分钟。

（4）学生实训 40 分钟。

（5）总结评价 5 分钟。

✎ **任务介绍**

张婷带领的旅游团将于北京时间 7 月 27 日 1：10 抵达重庆江北机场。张婷要带领旅游者完成入境手续。她要做哪些工作才能保证旅游团顺利入境？

✎ **任务分析**

经过八天的精彩旅程，同学们安全回到祖国。一边是舟车劳顿的疲乏，一边是马上要回到亲人身旁的期待。此时，张婷要关注每一位同学的状况，提醒他们注意安全，检查随身携带行李、物品和证件，按照次序下飞机。

张婷要带领同学们完成的归国入境手续可分为六个部分：

检验检疫 → 边防检查 → 领取行李 → 海关检查 → 团签销签 → 欢送告别

入境通关流程如图 7.11 所示。

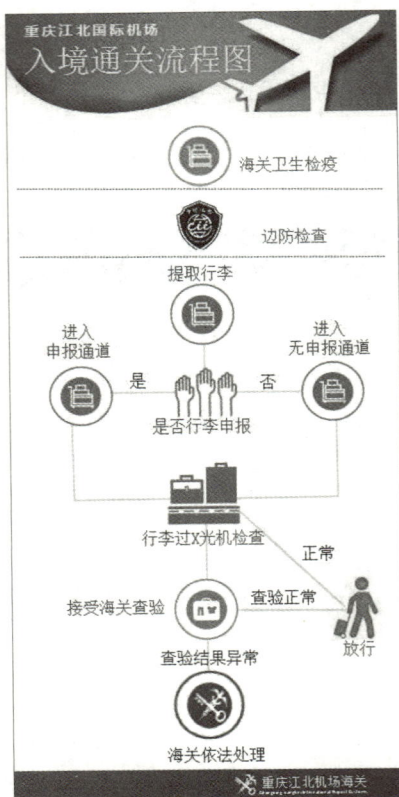

图 7.11　入境通关流程图

一、任务目标

（1）素质目标：具备集体主义精神。

（2）知识目标：掌握领队带团归国入境服务工作的内容、要求和注意事项。

（3）能力目标：能根据工作要求独立进行归国入境服务工作环节操作。

二、任务重点

掌握领队带团归国入境服务工作的内容和要求。

三、任务难点

能根据工作要求独立进行归国入境服务工作环节操作。

🖉 任务实施

第一步：接受检验检疫

下飞机后，领队需要带领旅游者在"中国检验检疫"柜台前交验健康申明卡。如无意外，即可通过检验检疫。

第二步：接受入境边防检查

（1）领队要带领旅游者在边检柜台前排队，接受边防检查站的入境检查。旅游者将护照交给入境检查员，入境检查员核准后在护照上加盖入境验讫章，退还护照，完成入境边检手续。

（2）如果旅游团当初是持"中国公民出国旅游团队名单表"和团体签证出境的，领队则带领旅游团通过团队通道，旅游者按"名单表"中的顺序排队办理入境手续。

需要注意的是：为便利旅游者出入境，增强中国公民的民族自豪感，提高口岸通行效率，公安部决定进一步简化中国公民出入境边防检查手续。从 2007 年 1 月 1 日起，包括内地公民、港澳台居民及华侨在内的所有中国公民，入境时一律免填边防检查入境登记卡。

第三步：领取托运行李

（1）领队及旅游者可按行李大厅的电子指示牌标志，在行李转台上找到自己的托运行李。

（2）如果有旅游者发现托运的行李破损和遗失，领队要协助旅游者与机场行李值班室进行联系和登记。遗失行李通常在查找 21 天后仍无下落的话，就应当由承运航空公司负责赔偿。

第四步：海关检查

（1）领队要事先向旅游者说明我国海关禁止携带入境的物品和允许入境但需要申报检疫的物品。

（2）如果旅游者有需要申报的物品，应在入境飞机上就填写好海关申报单并走红色通道。

（3）对没有物品需要申报的旅游者，无须填写海关申报单，可直接携带行李走绿色通道。

（4）出境时旅游者经过申报的旅行自用物品，如照相机、摄像机、个人电脑等，旅游者复带入境应出示出境时填写的申报单。

第五步：团签护照销签回收

对于持团签的旅游团，需要将每一位旅游者的登机牌和护照收回交公司进行销签。

销签流程：

（1）回国前（换登机牌时），领队根据销签表格记录好每位旅游者的航班座位编号。

（2）离开目的地出境时（即过移民署），提醒所有旅游者仔细检查所有出、入境印章。

（3）抵达国内后，领队需要回收所有旅游者的护照原件、回国航班登机牌原件。

（4）回国后两个工作日内将以上原件材料交回给旅行社。

（5）旅行社根据以上材料制作销签材料（已完成的团队行程、团队名单、护照原件、登机牌等）。

（6）提交材料至使馆销签，一般3~7个工作日完成。

（7）销签完成，退还旅游者护照。

第六步：致欢送词

由于行程结束时旅游者归心似箭，所以通常在提取行李和过海关时，领队就分别和客人道别，在目送最后一名客人离开后，领队方可离开机场。

如果有统一接机大巴车，领队则可以在车上进行行程总结和致欢送词。

立德专栏

从IT业来的好导游

2005年，李滨放弃了IT行业优厚的待遇，进入旅游行业做了一名全职导游。十余年来，李滨每年带团三百多天，服务游客数万人次，走过了四大洲，几十个国家。他始终满怀着对导游这份职业的无限热爱，一直工作在旅游服务最前线。

2014年他带了一个30多人、平均年龄73岁的老年团游欧洲六国，在15天旅途中，李滨时刻关心着这些老人，光伸手扶团员上下车就达3000多次。旅途中正好赶上父亲节，李滨身在国外，不能陪在父亲的身边。他对记者说："我把这群老人当作自己的长辈，他们的孩子放心把他们交给我，我要做他们这15天的临时好儿子。"

带团之余，李滨经常放弃个人的休息时间给导游上课，并利用微信、微博、导游管理App在多个平台交流分享服务经验。同时，他还积极参与多项校企合作项目，为多家院校旅游专业及旅游院校的学生授课，认真参加校企合作"旅行社业务管理及导服技能实训"系统的开发推广，该系统目前已经在高校应用，近千名学生受益。

（改编资料来源：张秋晨.国旅"好声音"李滨：微笑改变世界 快乐从"心"出发［EB/OL］.（2018-06-17）［2022-08-30］.中工网.）

✎ **技能考核**

考核一：以小组为单位，讨论分析案例，向全班展示讨论结果。

某公司经理去南非考察旅游，乘坐由约翰内斯堡出发经香港转机抵达上海虹桥国际机场。入境时，他未向海关申报任何物品，直接选走绿色通道。机场海关在对其行李进行检查时，发现在其随身携带的拉杆行李箱中有象牙1根、象牙手镯3只、象牙印章9枚、白腿大羚羊角2对。

讨论：

（1）该旅游者能否携带这些物品入境？

（2）从该案例中我们能得到哪些警示？

考核二：请根据归国入境服务制作一个思维导图。

考核标准

序号	考核细分项目	细分标准	分值	得分
1	课前准备	讨论回答	15	
2	技能考核一	语言表达	55	
		技能操作		
		展示效果		
		完成时间		
		技能操作		
		展示效果		
		完成时间		
3	技能考核二	按照考核要求完成任务	30	
总分				

考核汇总表

组别				
小组自评				
小组互评				
教师评价				
企业导师评价				
总分				

备注：小组自评10%，小组互评10%，教师评价40%，企业导师评价40%。

任务七 后续工作

课前准备

查阅学习资料，结合微课视频，分析领队的后续工作包括哪些方面。

后续工作
服务

序号	名称	内容

时间安排

（1）任务介绍 5 分钟。

（2）任务分析 5 分钟。

（3）教师导学 25 分钟。

（4）学生实训 40 分钟。

（5）总结评价 5 分钟。

任务介绍

领队张婷在送走旅游团后，稍事休息，就开始了这个团队的后续工作。她需要做好哪些后续工作？

任务分析

带旅游者回国并不意味着张婷的工作就此全部结束，她在送团后还应当做好以下四个方面的后续工作。

交接工作 ➡ 处理问题 ➡ 报账还物 ➡ 与客联络

一、任务目标

（1）素质目标：培养热爱旅游事业和尽职敬业的精神。

（2）知识目标：掌握领队后续工作的内容、要求和注意事项。

（3）技能目标：能根据工作要求独立进行后续工作的操作。

二、任务重点

掌握领队后续工作的内容和要求。

三、任务难点

能根据工作要求独立进行后续工作的操作。

任务实施

第一步：和计调交接工作

（一）上交"领队日志"

领队要按照要求坚持每日填写"领队日志"（表7.2），记载旅游团队每天的主要情况。日志内容包括住宿、用餐、游览、导游、当日交通工具的运用等方面的情况。"领队日志"是团队运行的原始记录，领队应将其交给计调并归入该团的档案中。

表 7.2　领队日志

团号		领队		行程	
填表日期		地陪		人数	
服务情况评价（指旅游者对导游、司机、饭店、餐饮、游览、交通、购物等具体情况评价）：					
旅游者对公司服务及产品的批评与建议：					
团队运行中发生的问题、经过及处理情况：					
领队自己的建议（包括经验及教训）：					
行前沟通评价与总结：					
注意事项	1. 领队必须按格式认真填写，内容真实，字迹清楚。 2. 领队出团结束报账时，应将此表交领导审阅，否则不予报销。 3. 如有特殊情况需要说明，此表可翻写背面。				

（二）撰写"领队小结"

领队在送走团队后，还要写"领队小结"，内容包括：

（1）团队名称、人数和行程安排，以及旅游者对本次旅游活动的反映和意见。

（2）旅游者下次旅游的意向。

（3）本次带团工作的得失。

（三）上交"旅游服务质量评价表"

"旅游服务质量评价表"通常是行前说明会上发给旅游者，在旅游活动结束时回收交给计调。"旅游服务质量评价表"集中反映了旅游者对旅行社提供的境外旅游、食宿、导游等多项服务的评价意见，有助于旅行社改进工作。

第二步：汇报和处理遗留问题

（1）带团结束后，领队要将旅游者提出的有价值的提议、重大事情的处理过程以及尚待解决的问题整理后向旅行社汇报。并在旅行社领导的指导下，认真办理旅游者的委托事宜。

（2）如果带团过程中发生了意外事故，领队要根据旅行社领导的指示做好事故的善后处理工作，帮助旅游者向有关保险公司索赔等。

（3）领队还要协助旅行社处理可能出现的投诉问题。

第三步：报账和归还物品

（1）按照旅行社要求按时进行报账。领队应在带团结束后，在旅行社规定的时间内及时到旅行社财务部门进行报账。

（2）归还出团时所借物品。领队要尽早交还出团时从旅行社借出的带团物品。

第四步：与旅游者保持联络

领队带团归来并不意味着与旅游者彻底告别，必要时在公司的指示下，将旅游者作为旅行社的人脉资源加以重视，争取将旅游者变成"回头客"。领队可以通过打电话、发短信或者通过电子邮件以及 QQ、微信等沟通工具与旅游者交流感受、表达问候，巩固旅游者对领队及旅行社留下的良好印象，提高旅游者选择本旅行社其他旅游项目的可能性。

立德专栏

疫情中的选择

新冠疫情发生 2 年了，王燕华已经有些习惯了防疫常态下的旅游业务，从一开始的猝不及防到现在的泰然自若。

"我最初是从事日语翻译工作的，由于对旅游业务感兴趣，因此多年前转行做了导游，因为具有外语的优势，所以我大部分时间都是在带出境游团队，做出境游领队，从东南亚团到澳大利亚、新西兰团队游等都有。以前最忙的时候，一个月 30 天，我有 27 天都在带出境游团队。最夸张的时候是'连轴转'，比如今天刚刚从泰国飞回来，第二天又要飞新加坡。"王燕华坐在第一财经记者对面回忆道。

虽然很忙碌，但王燕华觉得生活十分充实。精通日语，又学习过俄语、英语的王燕华随后被派往日本，成为春秋旅游在日本当地的地接导游。疫情发生后，出境游业务几乎全部停滞，带着 3 箱口罩的王燕华回到了上海。也是从那时开始，王燕华从一名出境游领队变为国内游导游。

"在我看来，无论是做出境游还是国内游，导游的业务是相通的，其实国内游的市场也很大，在跨省游恢复后，我就开始带第一批的国内游团队。红色旅游景点是我去年带得非常多的线路。"王燕华告诉第一财经记者。

　　带红色旅游团，需要具有大量的专业知识储备，这与王燕华此前做的出境游业务有很大不同，且一切都要从零开始学习。"但我不觉得这样的转变很辛苦，因为我之前在日本工作的时候，每天都会遇到很多困难，在异国他乡只能依靠自己解决，也要学会调整心态，加强承压能力。"王燕华转型为国内游导游后，在去年带了不少红色旅游团。"说实话，从出境游转到本地游，收入肯定是变少的，我身边也有不少同事都转行了，有做电商卖货的，也有做保险业务的。但我还是喜欢旅游行业，我觉得带团很有成就感，做讲解员也是。如果我有 1～2 周没有带团，我看到大巴车就想上去讲解。建筑可阅读的讲解很有意义，可以让更多旅游者更了解这些地标性建筑的历史文化。疫情之下，安全第一，本地微游可减少人们跨省流动，而我们把建筑可阅读讲解好了，就能吸引更多微游客人，也为旅业业的复苏尽一份力。"王燕华对第一财经记者表示。

　　（改编资料来源：乐琰·任玉明.从出境游领队到本地游讲解员：一名导游的蜕变之路［EB/OL］.（2022-02-06）［2022-08-30］.第 1 财经.）

✎ 技能考核

　　考核一：学生去当地一家旅行社进行实地调研，调研内容包括"领队日志"和"领队小结"的填写和管理。

　　考核二：请将领队后续工作的内容制作成思维导图，上传到学习平台。

✎ 考核标准

序号	考核细分项目	细分标准	分值	得分
1	课前准备	讨论回答	15	
2	技能考核一	语言表达	55	
		技能操作		
		展示效果		
		完成时间		
		技能操作		
		展示效果		
		完成时间		
3	技能考核二	按照考核要求完成任务	30	
总分				

✎ **考核汇总表**

组别					
小组自评					
小组互评					
教师评价					
企业导师评价					
总分					

备注：小组自评 10%，小组互评 10%，教师评价 40%，企业导师评价 40%。

参考文献

[1] 王雁.导游业务 [M].2 版.北京：高等教育出版社，2019.

[2] 杜炜，张建梅.导游业务 [M].3 版.北京：高等教育出版社，2018.

[3] 许丽君.旅行社服务质量评价与集成化发展研究 [D].南京：南京航空航天大学，2017.

[4] 孙玉.新时期我国导游职业道德建设存在的问题及对策研究 [D].长春：吉林农业大学，2013.

[5] 李娌，王哲.导游服务案例精选解析 [M].2 版.北京：旅游教育出版社，2009.

[6] 王晓宁，易婷婷.导游实务案例与分析 [M].北京：中国人民大学出版社，2014.

[7] 全国导游资格考试统编教材专家编写组.导游业务[M].6 版.北京：中国旅游出版社，2021.

[8] 全国旅游标准化技术委员会.导游服务规范 [M].北京：中国标准出版社，2010.

[9] 徐郅耘，龙睿.定制旅行服务与技能 [M].上海：上海交通大学出版社，2020.

[10] 韩德琼，杜晨.旅行管家实务 [M].北京：中国人民大学出版社，2021.

[11] 龙睿，徐璐，宋臻.当地向导实务 [M].上海：上海交通大学出版社，2021.

[12] 刘晓丽.基于"当地向导"模式的社群型旅游众包研究 [J].北方经济，2019（9）：53-55

[13] 阙庆华.论导游言语交际中合作原则的运用 [D].长沙：湖南师范大学，2008.

[14] 余飞.论导游人员的第一印象 [J].合肥学院学报（社会科学版），2008，25（3）：36-37.

[15] 付冰峰.论导游语言的修辞策略 [D].长沙：湖南师范大学， 2007.

[16] 杨培玉.导游专业学生导游应变技能培养的必要性及其方法[J].北京城市学院学报，2008（1）：57-63.

[17] 任春.加强对导游人员的管理提高导游人员的素质 [J].中山大学学报论丛，2002，22（4）：21-24.

[18] 陈静.如何提高导游人员的综合素质 [J].重庆教育学院学报，2002，15（1）：61-64.

[19] 王彦. 导游员职业自我效能感和职业倦怠感研究: 以郑汴洛地区为中心 [D]. 开封: 河南大学, 2010.

[20] 任艳. 导游服务现状及导游职业素养提升对策研究 [J]. 开封教育学院学报, 2015, 35 (12): 287-288.

[21] 尹燕. 当代导游知识结构优化的初步研究 [D]. 南京: 南京师范大学, 2005.